*Durant l'absence de pluie
ce sont les jeunes arbres qui jaunissent les premiers ;
les vieux ont des cachettes souterraines
qu'on appelle l'expérience.*

Félix Leclerc

DU MÊME AUTEUR

L'Empire désorienté
(Art Global / Flammarion Québec, 2001)

« Il faut rester dans la parade ! »
COMMENT VIEILLIR SANS DEVENIR VIEUX

Pour Alan

En espérant que tu trouveras de nouvelles idées dans ce livre —
Nous allons tous faire une belle et longue parade !

Catalogage avant publication de Bibliothèque et Archives Canada

Bergman, Catherine

    Il faut rester dans la parade! : comment vieillir sans devenir vieux

    ISBN 2-89077-301-9

    1. Personnes âgées - Québec (Province) - Entretiens. 2. Vieillissement - Aspect social. 3. Personnes âgées - Québec (Province) - Conditions sociales. I. Titre.

    HQ1064.C3B47 2005   305.26'09714   C2005-941908-3

L'éditeur tient à remercier toutes les personnes qui lui ont aimablement fourni les photographies qui illustrent l'intérieur et la couverture de ce livre.

Crédits

p. 31 : photo Carl Lessard; p. 53 : photo Michel Boulet © Centre Canadien d'Architecture / Canadian Center for Architecture, Montréal; p. 61 : photo Christian Desrochers; p. 73 : photo Tony Frank; p. 81 : photo Claire Dufour; p. 89 : photo M. Pourny / Ligue ROC; p. 107 : photo Laurence Labatt; p. 119 : photo Richard-Max Tremblay, 1994; p 143 : Gracieuseté de l'Institut et Hôpital neurologiques de Montréal; p. 167 : photo Monic Richard; p. 173 : photo Laszlo, Montréal; p. 199 : photo Bob Fisher, © Club de hockey Canadien; p. 219 : photo Michael Bedford; p. 229 : photo Paul Labelle; p. 253 : photo Karina Jacobsen; p. 283 : photo Pierre Crépô; p. 291 : © Dolores Breau (Moncton, NB)

Conception graphique et mise en pages : Olivier Lasser

© 2005, Flammarion Québec

Tous droits réservés
ISBN 2-89077-301-9
Dépôt légal : 4ᵉ trimestre 2005

Imprimé au Canada

www.flammarion.qc.ca

CATHERINE BERGMAN

« Il faut rester dans la parade ! »
COMMENT VIEILLIR SANS DEVENIR VIEUX

À mes parents Edmond et Éva

Je tiens à remercier les professeurs Renée Houde, Jean Carette, Jacques Légaré et Gérald Larose qui m'ont aidée à mesurer l'ampleur du sujet de ce livre et à le baliser ;

les docteurs Yves Joanette, Guylaine Ferland, Sylvie Belleville et Louis Bherer du Centre de recherche de l'Institut universitaire de gériatrie de Montréal, le docteur Bernard Groulx, chef du département de psychiatrie à l'hôpital Sainte-Anne, et le docteur Marie-Paule Dessaint pour leurs explications, leur patience et leur disponibilité ;

et les trente et une personnes qui ont eu le courage, l'humilité et la générosité de se prêter à mes questions et de dire tout haut ce que les gens de leur âge pensent tout bas. Ce sont les vedettes de ce livre.

TABLE DES MATIÈRES

9   Avant-propos

11   Introduction : Comment nos héros vivent leur âge

17   **Dominique Michel** – *« Il faut rester dans la parade ! »*

31   **Jacques Languirand** – *« Je suis encore en train de me faire. »*

45   **Bernard Lamarre** – *« Je suis un vieux lion sans ses griffes. »*

53   **Phyllis Lambert** – *« Rien ni personne ne nous apprend jamais à vieillir. »*

61   **Paul Buissonneau** – *« C'est ça qui est beau ! De se redécouvrir chaque matin et de se dire : T'es encore là, vieux con ! »*

73   **Charles Aznavour** – *« Il faut savoir rester assis devant sa porte à regarder le monde passer. »*

81   **Clémence DesRochers** – *« Si mon corps me trahit, je ferai un jardin plus petit. »*

89   **Hubert Reeves** – *« Je me sens dans une sorte de nouvelle jeunesse. »*

99   **Jacques Proulx** – *« Faut-il que nous soyons riches comme société pour délaisser le savoir des aînés ! »*

107   **Gilles Vigneault** – *« Quand on a atteint un certain âge, on aime mieux ce qu'on fait, et on aime le faire davantage, parce qu'on connaît mieux son métier. »*

119   **Claude Tousignant** – *« C'est un bon métier pour vieillir parce que plus on avance dans le temps, plus on s'améliore. »*

127   **Claire L'Heureux-Dubé** – *« Avec le temps, il est possible de se dépasser, parce qu'on a accumulé tellement de connaissances ! »*

133   **André Chagnon** – *« Se dire : Il me semble que tout le savoir-faire que j'ai acquis pendant toutes ces années pourrait apporter quelque chose à quelqu'un. »*

143   **Brenda Milner** – *« L'ennui d'avoir à mourir, c'est qu'on ne saura jamais ce qui a été découvert après nous. »*

151 **Lise Payette** – « *Qu'est-ce que j'ai envie de faire? maintenant!* »

159 **Richard Garneau** – « *Il faut constamment se remettre en question.* »

167 **Janine Sutto** – « *Je n'ai aucune pudeur à demander : Pouvez-vous me donner le bras?* »

173 **Ben Weider** – « *Il n'est jamais trop tard pour commencer.* »

183 **Guy Saint-Pierre** – « *Aimer ce que l'on fait et apprendre constamment.* »

191 **Monique Bégin** – « *Mon problème, c'est que je n'ai jamais planifié ma carrière.* »

199 **Jean Béliveau** – « *Il faut rester à son meilleur.* »

211 **Marguerite Lescop** – « *S'ennuyer, c'est mourir à petit feu.* »

219 **Jean Lapointe** – « *C'est en donnant qu'on reçoit. C'est un cliché, mais j'en retire beaucoup.* »

229 **Philippe de Gaspé Beaubien** – « *On veut laisser le monde un peu meilleur qu'on l'a trouvé.* »

237 **Frédéric Back** – « *Il y a quatorze milliards de mains sur la terre, dont trop ne foutent rien.* »

245 **Flora MacDonald** – « *Il y a deux choses qu'on sous-estime dans la vie : l'énergie et la curiosité.* »

253 **Père Emmett Johns** – « *Les gestes parlent plus fort que les paroles.* »

265 **Jean Coutu** – « *En Afrique, quand un vieux parle, on l'écoute.* »

273 **Père Benoît Lacroix** – « *Il faut se souvenir que Dieu est un vieux…* »

283 **Pierre Dansereau** – « *Quand on me laisse entendre que je suis dépassé, je dis : Je l'espère bien!* »

291 **Antonine Maillet** – « *Notre vie est plus grande que nous. Il ne faut pas passer à côté.* »

301 Conclusion : Qu'en pensent les experts?

AVANT-PROPOS

Il est souvent question des baby-boomers dans ce livre.

C'était à leur intention que j'avais entrepris de l'écrire. Ils sont les premiers dans l'histoire à avoir encore trente années devant eux quand ils prennent leur retraite, ils sont en bonne santé (par rapport aux générations précédentes au même âge) et *ils n'ont aucun modèle de vie.* Mon propos était de leur en offrir quelques-uns en interrogeant des personnes hautement crédibles et qui ont remarquablement bien réussi ce passage.

Cependant, les êtres exceptionnels que j'ai rencontrés ont souvent exprimé amertume et désabusement et utilisé des termes tels que « enfants gâtés », « éternels adolescents », « vision à court terme, consommateurs, égoïstes » à propos de ces baby-boomers qui dans le fond pourraient souvent être leurs enfants.

Car c'est dans la société gérée par les baby-boomers que l'expérience a cédé le pas à la nouveauté, la maturité à la jeunesse, et que la voix des aînés a perdu de son poids.

Or, les démographes le disent tous, le profil de la société est en train de changer et nous nous acheminons vers une société vieille. Nos institutions et les valeurs qui les sous-tendent vont subir d'importantes modifications (les baby-boomers en seront d'ailleurs les premiers bénéficiaires), et ce sont leurs enfants et même leurs petits-enfants qui auront la responsabilité de les gérer.

C'est la génération d'après les baby-boomers qui devra tâcher que la voix des aînés soit de nouveau entendue dans la communauté, réintégrer la valeur de l'expérience dans le marché du travail et inventer de nouvelles façons de vivre dans un monde où chacun, tout au long de sa vie, devra se redemander tous les huit ou dix ans : « Qu'est-ce que je veux faire à partir de maintenant ? »

C'est donc à eux, les enfants et petits-enfants des baby-boomers, que les recommandations égrenées dans ce livre seront peut-être le plus utiles.

INTRODUCTION

COMMENT NOS HÉROS VIVENT LEUR ÂGE

À quoi faut-il s'attendre après soixante-cinq ans? Au fond, nous n'en savons pas grand-chose. Rien ni personne ne nous apprend à vieillir.

Nous savons bien sûr que l'image de l'aïeule se berçant doucement sur la galerie de la maison familiale appartient à l'imaginaire collectif d'une époque révolue.

À l'autre extrême, nous nous doutons bien que l'image traîtresse véhiculée par la campagne promotionnelle «Liberté 55» est un leurre nocif. Mais entre les deux, comment avoir soixante-cinq ans de nos jours? Ou soixante-dix ou quatre-vingts?

Les gens qui le vivent n'en parlent guère, et c'est bien le fond du problème. Dans un monde jeune et bronzé, ils ont l'impression qu'ils ne peuvent partager avec personne cette nouvelle expérience qu'est la vieillesse.

Les trente et une personnes qui ont accepté de participer à ce livre font exception. Nous les connaissons bien. Au firmament des vedettes et des célébrités, elles font partie des noms qui nous sont les plus familiers. Ces héros de notre quotidien ont ceci en commun qu'il y a six décennies ou davantage qu'ils accumulent les expériences. Ils ont tous eu une vie hors norme, leur réussite professionnelle est acquise, ils n'ont rien à prouver à quiconque, et cela leur donne le loisir de parler en toute franchise de ce que leurs contemporains occultent – de l'âge, de leur âge.

Ils viennent d'horizons variés, leurs expériences de vie ont été très diverses, mais il y a des constantes dans leurs témoignages. Tout d'abord, et ils en sont les premiers surpris, *ils ne se sentent pas vieux.* Ils utilisent tous pratiquement les mêmes mots pour le dire.

« Je n'ai pas l'impression d'avoir soixante-douze ans, j'ai l'impression d'avoir trente ans. » (Dominique Michel)

« Même aujourd'hui, je ne sais pas que j'ai quatre-vingt-dix ans. » (Père Benoît Lacroix)

« Peut-être que les autres me voient vieille, mais moi, je me perçois jeune. » (Antonine Maillet)

« Je me sens comme à vingt ans ! Ce sont les autres qui nous voient vieilles. » (Claire L'Heureux-Dubé)

« Ce qui est drôle, c'est qu'en vieillissant on ne se sent pas vieux, jamais ! » (Bernard Lamarre)

« Je suis étonnée d'avoir l'âge que j'ai. Dans ma tête, je n'ai pas cet âge-là. » (Lise Payette)

« C'est clair et net. Je ne suis pas vieille. » (Marguerite Lescop)

« Ce n'est pas que tu refuses de vieillir, mais tu oublies que tu vieillis. » (Jacques Proulx)

Aucune fanfaronnade dans leurs mots. Ils ne clament pas : « Je suis jeune. » Simplement, le chiffre de leur âge ne correspond pas à l'image qu'ils s'en faisaient.

Ils parlent aussi de cette surprenante découverte : *Tout n'est pas déclin* quand on avance en âge, bien au contraire, et nombre d'entre eux s'étonnent d'être aussi bien dans leur peau.

Introduction

« Je me sens dans une sorte de nouvelle jeunesse. » (Hubert Reeves)

« Ma baisse d'énergie physique est compensée par une énergie psychique encore plus grande. » (Jacques Languirand)

« Je crois que j'ai plus d'énergie maintenant que quand j'avais vingt ans… parce que je fais plus attention à moi. » (Phyllis Lambert)

« J'ai l'impression que l'esprit devient plus vif à mesure que le corps ralentit. » (Paul Buissonneau)

Plusieurs parlent du bonheur indicible de se sentir au sommet de son art :

« Quand on a atteint un certain âge, on aime mieux ce qu'on fait, et on aime le faire davantage, parce qu'on connaît mieux son métier. » (Gilles Vigneault)

« Je suis davantage en possession de mes moyens, j'ai confiance en mon analyse du droit. » (Claire L'Heureux-Dubé)

« Plus on avance dans le temps, plus on s'améliore. » (Claude Tousignant)

« Je ne pouvais pas écrire à vingt ans ce que j'écris aujourd'hui, parce que je ne savais pas. » (Antonine Maillet)

Ils ne prennent pourtant rien pour acquis.

« Je continue à me corriger, je continue à apprendre. » (Richard Garneau)

« Quand je suis inquiète, je prends quelqu'un pour me faire répéter. » (Janine Sutto)

Rigueur dans le travail, discipline de vie sont des mots qui reviennent souvent dans leur vocabulaire. Pas autant cependant que le mot « passion », qui semble être rien de moins que leur pain quotidien.

« Devenez passionnés. C'est ce qui donne du soleil les jours de pluie. » (Jean Lapointe)

« C'est devenu une passion et une mission. » (Ben Weider)

« C'est aussi la passion de continuer à faire un métier que j'ai toujours aimé et que j'aime toujours. » (Richard Garneau)

Gens de haute performance, perfectionnistes et généreux, ils ne se laissent pas arrêter par un genou arthritique, une oreille un peu dure ou un drame personnel, parce qu'ils adorent ce qu'ils font.

Pourquoi ces êtres d'exception ont-ils accepté de parler de leur âge alors que c'est un sujet qu'on n'aime guère aborder dans notre société ?

La réponse est peut-être dans la fréquence et la virulence avec laquelle, dans le courant de nos entrevues, ils ont évoqué (d'eux-mêmes) les messages promotionnels « Liberté 55 ». Cette publicité les a marqués comme un fer rouge.

« Quand je vois les annonces de "Liberté 55", je pète les plombs. À cinquante-cinq ans, je commençais au Festival "Juste pour rire". » (Dominique Michel)

« C'est une horreur, cette publicité-là ! » (Frédéric Back)

« "Liberté 55" ! Tu es dans un hamac sur une plage avec une boisson rose. C'est la pire annonce que j'aie jamais vue ! » (Antonine Maillet)

« Il ne faut surtout pas vous imaginer que vous allez être heureux en vacances perpétuelles comme dans "Liberté 55" ! » (Brenda Milner)

Ce message publicitaire voudrait envoyer les jeunes vieux sur la plage, à défaut de les parquer dans des maisons de retraite. Ce qu'il a de plus offensant, c'est qu'il dévalorise l'expérience accumulée pendant toute une vie.

Or nos trente et une personnalités ont une conscience aiguë de la valeur de cette expérience, et si elles expriment une inquiétude, c'est de ne pas pouvoir la partager autant qu'elles aimeraient le faire.

« On se prive de façon extraordinaire de mieux s'entendre entre générations. » (Jean Coutu)

« On a toujours cette inquiétude de la relève. » (Hubert Reeves)

« On s'aperçoit qu'il y a des choses qu'on ne pourra jamais transmettre. C'est ce qu'il y a de pire. » (Jacques Languirand)

« Tout le savoir-faire que j'ai acquis pendant toutes ces années pourrait apporter quelque chose à quelqu'un. » (André Chagnon)

C'est pourquoi ils partagent avec générosité les trucs, les recettes, les manières d'être et de voir qu'ils se sont trouvés pour vivre le mieux possible cette nouvelle période de vie entre la retraite et le grand âge, qui n'existait pratiquement pas il y a deux générations.

Ces gens d'exception peuvent-ils servir de modèle au commun des mortels ? Leurs conseils sont-ils applicables à tous ? C'est ce que j'ai demandé à une dizaine d'experts qui se penchent chaque jour sur les questions relatives au vieillissement de la personne et de la société. Leurs réponses se trouvent dans la conclusion de cet ouvrage.

Il en ressort que tous ces trucs, ces petits secrets, ces nouvelles façons d'aménager la vie que chacun de nos « héros » a découverts empiriquement pour son usage personnel correspondent très souvent aux recommandations les plus récentes des professionnels de la santé.

Leurs observations sur la maturité, l'expérience et les relations entre les générations reflètent également la pensée la plus actuelle des démographes, gérontologues et sociologues qui envisagent un modèle de société, pas très éloigné dans le temps, où les aînés auront une présence plus concrète dans la vie publique.

C'est ce que souhaitent ardemment les participants à ce livre.

« Tant qu'on peut apporter une contribution, on se doit de le faire. » (Jacques Proulx)

« Il y aurait des structures à inventer pour que les personnes âgées soient plus publiquement présentes. » (Pierre Dansereau)

Cela ne fait aucun doute : Ils sont toujours dans la parade, activement présents dans la société. Cela ne signifie pas pour autant qu'ils s'accrochent et qu'ils refusent le temps qui passe. Ils disent au contraire qu'il faut oser ralentir pour vivre à plein cette étape nouvelle de la vie, et qu'il faut dissocier les notions de pouvoir et d'autorité, pour réhabiliter la sagesse.

C'est en cela qu'ils sont des précurseurs.

Dominique Michel

Comédienne, interprète, animatrice, Dominique Michel a été une pionnière de la télévision au Québec dès 1952. Son nom demeure lié aux séries *Moi et l'autre* (1966-1972), *Dominique* (1977-1979) et *Catherine* (2000-2002) ainsi qu'au *Bye bye*, la revue de fin d'année de Radio-Canada à laquelle elle a été associée pendant trente et un ans. Au cinéma, elle a joué entre autres dans *Un zoo la nuit*, *Le déclin de l'empire américain* et *Les invasions barbares*. Elle a animé à plusieurs reprises le Festival « Juste pour rire ». Elle a obtenu le grand prix de l'Académie des prix Gémeaux en 1995. Elle est officier de l'Ordre du Canada et chevalier de l'Ordre national du Québec.

« Il faut rester dans la parade ! »

Transparente. Claire. Honnête jusqu'au fond de l'âme. Toute d'une pièce. C'est l'impression qui se dégage de cette femme que les Québécois considèrent un peu comme un membre de leur famille.

Elle me reçoit pieds nus, en jeans, et m'invite dans son bel appartement lumineux où tout est blanc, même le chat.

Je suis un peu surprise de la voir si petite. Si mince aussi – même si elle se plaindra à plusieurs reprises des cinq livres qu'elle vient de prendre pendant ses vacances.

Elle est dans la vie comme elle est sur la scène. Pas question de faire la distinction entre la personne publique et la personne privée. Elle est rigoureusement la même partout, avec tout le monde. Il n'y a qu'une Dominique Michel, notre Dominique Michel.

Je vous regarde, et vous me faites peur. Vous avez douze ans de plus que moi et vous avez l'air d'en avoir dix de moins. J'ai envie de vous demander quel est votre secret.

Mon secret, c'est que je me suis fait refaire le cou. Tous les matins je me levais et ça pendait. Ça me dérangeait, ça faisait des années que je trouvais que ce n'était pas esthétique.

Je ne m'attendais pas à une entrée en matière aussi directe ! Pas de mystère, pas de vague à l'âme, ça pend, on ramasse.

C'est arrivé pendant le tournage des *Invasions barbares.* À la fin du film, dans la séquence où nous devions défiler pour faire nos adieux à Rémy, Denys Arcand nous avait dit : « Faites chacun ce que vous voulez. Mais ne parlez pas et ne pleurez pas. »

Bizarrement, juste avant qu'on tourne la scène est arrivé un hydravion. Jean-Claude Lauzon était mort peu de temps auparavant, dans son hydravion justement. Nous nous sommes regardés, Denys et moi, et nous avons tous les deux pensé à lui. On a arrêté de tourner.

Quand on a repris le tournage et que je suis arrivée devant Rémy Girard, je me retenais pour ne pas pleurer, mais il y a une larme qui est sortie malgré moi et qui a coulé sur ma joue. On était en gros plan. Quand j'ai visionné la séquence, je voyais mes rides, je voyais mon chagrin, je voyais mon âge. J'ai eu un choc : « Qu'est-ce que j'ai vieilli ! Ce n'est pas drôle ! »

Après les *Invasions,* je suis allée voir un ami plasticien et je lui ai demandé :

– Peux-tu me refaire le cou ?

– Certainement.
Pendant tout le temps de l'opération je lui ai parlé.
– Tu en as enlevé combien?
– Un pouce et demi.
– C'est épouvantable!
Il y avait un pouce et demi de trop. C'est une affaire de rien, mais cela a quand même duré presque trois heures.

Vous en parlez sans complexe.

J'en parle. Il ne faut quand même pas devenir fou! Je recommanderais de le faire à ceux qui sont mal dans leur peau de vieillir. Ça donne un petit coup de… comment dire? On ne rajeunit pas, mais on a l'air plus reposé. Quand on vieillit, il ne faut pas être comme Joan Rivers. Elle est belle, mais ce n'est plus la même personne. On ne la reconnaît pas. Alors, j'ai fait quelque chose pour ici (elle se touche le cou) mais c'est tout. Mon front ne plisse pas et j'ai hérité des bons gènes de mon père. Je vous montrerai une photo de lui à quatre-vingts ans. On a une belle peau dans la famille.

Il faut dire aussi que je n'ai jamais fumé, l'alcool, je n'aime pas beaucoup, et le café j'en bois une tasse le matin. Mais je bois beaucoup d'eau. Certainement trois quarts de litre par jour. J'ai toujours de l'eau dans mon sac quand je pars le matin. Je suis incapable de boire du vin à midi.

Et l'exercice physique?

Je marche beaucoup, deux kilomètres par jour, le long du fleuve. J'aime voir le fleuve, j'aime l'eau. Je suis bien ici. Avant, j'étais une fille de la campagne, mais maintenant je suis mieux en ville. On est là, on est dans l'action. Il ne faut pas sortir de l'action. Il faut toujours rester dans la parade. Aller voir les spectacles, les films, s'intéresser à ce qui se passe, marcher, regarder.

Pour revenir aux *Invasions barbares*, comment avez-vous vécu de rejouer le même personnage quinze ans plus vieux ?

Pour nous tous, c'était dur. Dans le casting du *Déclin de l'empire américain*, tous les personnages avaient un tempérament assez proche du nôtre. Je me souviens qu'Arcand nous avait demandé : « Comment vous voyez-vous dans quinze ans ? »

J'étais la plus vieille, et j'avais répondu : « Je me vois à la retraite, je voyage, j'ai des amis à qui je vais rendre visite. »

En fait, c'est un peu ce qui se passe. J'ai des amis, je voyage beaucoup. Je n'ai jamais pris ma retraite toutefois, je travaille toujours, mais pas autant qu'avant. Je refuse beaucoup de choses. Je viens de refuser un film, puis une série télévisée.

Pourquoi refusez-vous ?

Je n'ai plus la même force physique. À quatre heures, je suis fatiguée. Soixante-douze ans... C'est comme une vieille voiture. Une voiture de soixante-douze ans, tu ne la sors pas l'hiver ! Tu la laisses dans le garage.

C'est très dur, la télévision ! Je fais des apparitions dans *Virginie*. Il faut que tu saches ton texte vite. J'apprends vite mais tout de même ! Il faut le savoir vite, le jouer bien, tu n'as pas beaucoup de chances de le refaire... Quand ils m'ont appelée, je leur ai dit : « D'accord, mais ne me donnez pas des tirades longues jusqu'à demain ! » Ils m'ont donné des pages entières de textes ! Je les ai dites, mais c'était difficile !

Vieille et fatiguée un moment, jeune et pleine d'allant l'instant d'après... J'apprendrai par la suite que les contradictions de Dominique ne sont pas rares chez les gens qui, comme elle, adorent ce qu'ils font.

Il faut que je fasse attention parce que je n'ai pas l'impression d'avoir soixante-douze ans, j'ai l'impression d'en avoir trente. Je fonctionne comme si j'avais trente ans. Je ne pense jamais à mon âge.

Quand je tournais *Catherine*, on finissait à dix heures du soir, on était dans le studio depuis six heures du matin. Je me demandais : « Comment se fait-il que je sois si fatiguée ? » Mais les plus jeunes l'étaient tout autant. Tout le monde était fatigué. On n'y pense pas sur le moment, mais en revenant à la maison, je me disais : « Pourquoi est-ce que je continue ? »

Sauf que, pendant les heures où vous étiez sur le plateau...

... J'avais du plaisir, c'est sûr ! J'aime travailler avec les gens, c'était une équipe formidable, *Catherine*, tout le monde était de bonne humeur.

Dans un métier où l'on redoute toujours de se faire oublier, d'avoir des passages à vide, Dominique ne craint pas le jour où le téléphone s'arrêtera de sonner, parce que c'est une expérience qu'elle a déjà vécue.

J'avais travaillé pendant cinq ans à *Moi et l'autre*. On tournait trente-neuf semaines par année, toutes les semaines on jouait, on apprenait des textes, et quand la série s'est terminée au bout de cinq ans, j'ai eu comme un « Je fais quoi ce matin ? »

Puis, je me suis dit : « Bon. On passe à autre chose. » Je suis un peu fourmi, j'avais mis de l'argent de côté, donc je n'avais pas d'inquiétude de ce côté-là et j'ai commencé à penser à un nouveau projet.

Le jour où Radio-Canada a annulé le *Bye bye*...

... C'est moi qui ai commencé à dire que je ne le ferais plus. J'ai radoté pendant huit ans : « Je ne le fais plus, je ne le fais plus. » C'était un peu pour me convaincre moi-même. Mais je n'étais pas capable d'abandonner. C'était comme laisser un amoureux que tu adores. C'est pour cela que je l'ai dit fort. Je me disais qu'à force, j'y arriverais. Au total, j'en ai fait trente et un. Trente et un ans de ma vie!

J'adorais faire le *Bye bye*, mais je n'avais plus de vie. On commence exactement au mois de juillet. Il y a déjà six mois de passés. Qu'est-ce qu'on retient de ces six premiers mois? Est-ce qu'en décembre on se souviendra de ce qui s'est passé en janvier, février? On mettait tout ça sur papier, avec Jean-Pierre Plante et André Dubois qui allaient écrire des sketches, on faisait tous du brainstorming autour de la table. J'ai toujours de bonnes idées, mais après il faut écrire les sketches. Le 31 décembre, on travaille toute la journée jusqu'à minuit et demi; le jour de Noël, on n'est pas avec sa famille pour ne pas se coucher trop tard parce que le 26 décembre on répète, le 27 aussi, et le 28, le 29, le 30 puis le 31 toute la journée. Là il faut être au top!

Si Dominique s'est mise à parler au présent, ce n'est pas par hasard. Le *Bye bye* a fait partie de sa vie pendant si longtemps! Elle pense encore, par habitude peut-être, à ce qu'aurait pu être le prochain.

L'an dernier, ça aurait été les grandes vendanges. Il y en avait, il y en avait! On aurait fait un *Bye bye* extraordinaire. Parfois, je souhaiterais qu'on reprenne parce que les gens aiment ça.

Vous le referiez?

Pas comme interprète, mais pour travailler dans l'équipe, oui. Il y a de très bons nouveaux auteurs, des jeunes extraordinaires.

Généreuse, Dominique Michel. Elle ne se sent pas menacée par le talent des autres, bien au contraire. Elle a entrepris d'aider une jeune humoriste qui débute : « Je l'aide à se décanter » dit-elle. Elle lui offre son expérience : Comment *puncher* son texte, comment être drôle, comment mettre le public de son côté. « Les jeunes se reconnaissent en elle. Elle va être très bonne ! » Dominique Michel assure la relève, mais cela ne veut pas dire pour autant qu'elle est prête à passer le flambeau !

Il lui arrive d'avoir des moments de déprime, et elle en parle très ouvertement. Mais même la déprime l'amène à penser à un spectacle possible. Ce métier, elle le vit vingt-quatre heures sur vingt-quatre !

On met les gens de côté à soixante ans. À soixante ans, tu n'es pas vieux ! Quand je vois les annonces de « Liberté 55 » je pète les plombs. À cinquante-cinq ans, je commençais au Festival « Juste pour rire ». Mais quand j'ai eu soixante ans, quand je me suis dit « J'ai soixante ans », j'ai eu un choc. Le jour de mon anniversaire, j'ai assez haï ma journée ! Je ne voulais parler à personne. Tous mes amis étaient là, je n'ai pas aimé ça. Je leur ai dit : « Si à soixante-dix ans vous me fêtez, je ne viendrai pas. » Et le jour de mes soixante-dix ans, je suis partie à Las Vegas, avec deux amies de filles.

J'aimerais faire un sketch avec des personnes âgées. J'avais même le titre d'une mini-série : *Ma grand-mère me fait honte.*

J'ai une amie de mon âge dont la fille unique est morte dans un accident de voiture, avec son mari qui était lui aussi enfant unique. Ils avaient deux enfants, et c'est elle qui s'en est occupée. À soixante-sept ans, elle a commencé à élever deux enfants de huit et dix ans. « Grand-maman, il faut absolument que tu viennes parce qu'il y a la course des parents samedi matin. Il faut que tu ailles courir avec les autres. » Elle s'est entraînée pendant un mois pour ne pas leur faire honte… et elle a gagné !

Je pensais qu'on aurait pu amorcer une série là-dessus. Elle est belle, elle n'a pas de soucis d'argent, elle aime voyager, elle pensait commencer une nouvelle vie, et voilà qu'elle se retrouve à la maison à élever des enfants.

Avez-vous le sentiment qu'il vous reste moins de temps pour faire tout ce que vous avez envie de faire ?

Ah oui, oui, oui ! Je me dis : « Il en reste moins. » Il y a deux ans, j'ai été très malade. J'ai attrapé un virus, personne ne savait ce que c'était. Du jour au lendemain, j'étais clouée au lit, tellement faible que je n'étais pas capable de me lever, du 15 mai au 7 août. Je me souviens des dates. J'avais soixante-dix ans. Je me suis dit : « C'est fini. » Je ne parvenais pas à dompter la maladie. Je restais debout dix minutes, et j'étais obligée de retourner me coucher. Je pensais : « C'est ainsi qu'on meurt. Je vais mourir. » Puis, je me disais : « Ce n'est pas vrai ! Ça ne se peut pas ! » Tous les jours j'avais espoir que ce ne serait pas pire que la veille. Deux mois et demi au lit, couchée. J'avais des amis qui venaient me voir, mais j'étais toute seule.

Êtes-vous croyante ?

Pas trop. Je dirais même pas du tout. Je ne pense pas qu'il y ait une vie après la mort. Quand mon père est décédé – j'adorais mon père – je me souviens l'avoir vu sur son lit de mort, c'était comme un meuble, un objet, un morceau de chair mort. C'était épouvantable. Je n'avais jamais vu la mort d'aussi près. Je lui ai dit : « Ferme tes yeux » et il est parti.
Mais la religion, la morale... Quand je rencontre des *squeegees* dans la rue, je leur donne deux dollars. Je ne me pose pas la question de savoir s'ils vont s'acheter de l'alcool ou de la drogue. Je me dis qu'ils n'ont pas eu la même chance que moi, la chance de pouvoir travailler et d'avoir une passion.

C'est de cette passion que vous vient votre dynamisme ?

J'ai toujours été comme ça. Quand j'étais petite, j'allais réveiller mon père : – On se lève-tu ? Il est cinq heures du matin.

– Pourquoi ?
– On a des affaires à faire.
J'ai toujours été super-active. C'est mon tempérament.

Et les hommes, Dominique ?

Si c'était à refaire, je ne me serais peut-être pas mariée. Qu'est-ce que ça change, de se marier ? Quand on se sépare, on se sépare. Je ne sais pas si les longues relations peuvent durer. J'ai vécu pendant dix-sept ans avec un chirurgien. Mais il a eu un intérêt ailleurs, il est parti avec une fille très jeune, qui l'a quitté au bout de quelques semaines. À partir d'un certain moment, on ne veut pas refaire le monde ! Sortir, danser toute la nuit, on a tous fait tout ça ! Mettre des jeans à soixante ans pour aller faire le *cute* dans les discothèques, tu n'en es plus capable. Tu as envie de rester à la maison, et relaxer. Tu as été toute la journée sur le terrain à opérer, c'est très dur d'être chirurgien.

Vous avez été avec quelqu'un pendant dix-sept ans à un âge où l'on pense que c'est pour le reste de la vie. Il vous quitte pour…

… une jeune femme.

Vous vous êtes sentie…

… rejetée. Comme n'importe quelle femme. J'avais soixante ans, poquée, je me suis dit : « C'est l'âge. » Je me demandais : « Est-ce que j'irais avec un gars de vingt ans de moins ? Non. »

C'était une période où votre carrière marchait à plein. Cela a dû vous aider.

Cela m'a ébranlée. J'ai pensé à l'âge. J'ai adoré la vie de couple. Maintenant, je vis seule et je suis bien. Mon copain actuel, je l'avais connu il y a longtemps, il était très beau, il a sauté toutes les femmes de Montréal. Quand il est revenu au bout de trente ans, je lui ai demandé :
– Pourquoi tu reviens ? T'as besoin d'argent ?
– Pas du tout. J'avais envie de te revoir.
– Ben moi, je vis seule depuis huit ans, je n'ai aucune envie de me rembarquer avec quelqu'un.
– Mais je te marierai !
– Je ne veux me marier avec personne.
On se voit quand on en a envie. On voyage ensemble.

Et le sexe ?

C'est quelque chose qui ne s'arrête pas. J'ai une vie sexuelle active. C'est peut-être plus difficile pour les hommes, à cause de l'érection. Ce n'est pas le cas de mon copain. Il a soixante-deux ans mais il a l'air d'en avoir quarante-deux.

Elle me montre la photo du copain. Dix ans de moins qu'elle, en forme, une belle peau, il paraît en effet très jeune. Et mince ! « Il fait du trente-deux ! » me dit-elle fièrement.

Le jour où il va vous quitter pour une jeunesse de soixante-neuf ans, cela va vous donner un coup ?

Plus maintenant. Cela ne me dérange plus. J'aime être autonome, n'avoir besoin de personne, mais avoir des amis. Il y a des jeunes garçons de quarante-cinq ans qui me font la cour ! Je leur dis : « Je pourrais être ta mère ! » Mais ils s'en foutent, ils ont du plaisir avec moi. Je ne fais jamais de drame.

Mon père m'avait dit : « Quand tu vas vieillir, tu n'auras peut-être plus de grands bonheurs, mais tu n'auras plus de grands malheurs non plus. »

Il y a aussi de petits plaisirs imprévus et intenses...

Nous étions en voyage en France, dans le TGV, avec mon copain. Un monsieur s'approche de nous, qui faisait un sondage sur la satisfaction des utilisateurs du TGV. Il nous pose toutes ses questions, puis nous demande notre âge.
– Soixante-douze ans.
– Non. Écoutez, c'est un sondage sérieux, vous me dites votre âge.
– J'ai soixante-douze ans.
– Non, vous vous moquez de moi, ça suffit ! Si vous ne voulez pas être sérieuse, j'abandonne !
Et il déchire la feuille !
C'était drôle, mais cela m'a également fait plaisir, surtout qu'il ne me connaissait pas. C'était un velours !

Dominique a pour elle une sorte de sagesse paysanne, une sagesse des gens de la terre qui savent qu'avant de s'offrir des états d'âme, il faut d'abord assurer le concret. Cela aussi, elle l'a hérité de son père.

Mon père me disait : « On a un toit, on mange trois repas par jour, qu'est-ce que tu veux de plus ? »
J'ai toujours suivi son conseil : « Il ne faut pas avoir de dettes. » Cela m'a obsédée toute ma vie, de sorte que je n'ai jamais eu d'hypothèque. C'est normal d'avoir une hypothèque sur une maison, mais moi, je ne pouvais pas. Quand je ne pouvais pas acheter cash, je n'achetais pas.
J'ai beaucoup travaillé avec mon père. On achetait des vieilles maisons, on les décapait, on les arrangeait, on les remettait en état, on les revendait. C'est avec lui que j'ai appris. J'aime beaucoup mettre la main à la pâte, et je ne suis pas une gaspilleuse.

Pas gaspilleuse, et pas ostentatoire non plus.

À un moment donné, j'avais beaucoup de maisons en même temps, mais je n'en ai plus envie. Je n'ai même plus de maison à la campagne. On part le vendredi soir, on arrive à la campagne, on lit son journal, on va manger chez des amis, le samedi matin on travaille un peu, on arrache quelques mauvaises herbes, là c'est le dimanche après-midi, il faut rentrer tôt parce qu'il y a trop de monde sur la route vers cinq heures en revenant des Laurentides. On y allait les fins de semaine et deux semaines l'été. J'ai vendu la maison.

Décantée, Dominique Michel. Dégagée des possessions qui vous alourdissent, des relations qui vous entravent, toute à son métier et capable de choisir.

Tout à l'heure vous disiez : « Je n'aime pas vieillir. » Pourtant, vous n'avez jamais eu autant le contrôle de votre vie, dans tous les domaines !

C'est le physique. C'est comme un vieux divan qu'il faut faire recouvrir de temps en temps. C'est l'âge, la déchéance physique, tu as une tache ici, des petits plis là, je n'aime pas ça. J'aime les belles choses, et ça je n'aime pas. Je me souviens que Françoise Giroud disait : « Je déteste vieillir ! » Je la comprends. Il y a une certaine déchéance. La beauté du diable, la jeunesse, c'est beau ! Quel cadeau du ciel ! Mais on passe tous par là.

J'essaye de me tenir. Je ne veux pas me laisser aller. Je me maquille, je m'habille même si je suis toute seule dans la maison. Je ne me promène pas en robe de chambre toute la journée. J'aime beaucoup les jeans. Je fais attention. Là j'ai un drame, j'ai pris cinq livres, il faut que je les perde. Je fais attention à moi, à mes cheveux blonds. J'aime m'habiller jeune, tant que je ne serai pas ridicule.

Malgré tout, vous êtes très bien dans votre peau.

Oui. C'est le seul avantage. Je travaille un peu moins, je vis un peu plus, j'ai un peu plus de plaisir. Je me dis que si je lève les pieds à quatre-vingts ans, j'aurai eu une belle vie. J'ai travaillé très fort, j'ai aimé ce que j'ai fait, je ne regrette rien, je n'ai pas peur de la mort. Là-dessus, je suis très sereine.

Jacques Languirand

Écrivain, dramaturge, journaliste, pionnier du multimédia à Expo 67, comédien, metteur en scène, professeur à l'École nationale de théâtre et à l'Université McGill entre autres, ce communicateur professionnel anime tout seul depuis trente-cinq ans l'émission *Par quatre chemins* à la radio de Radio-Canada.
Jacques Languirand est officier de l'Ordre du Canada et chevalier de l'Ordre national du Québec.

« Je suis encore en train de me faire. »

Voici quelqu'un qui a pris pour métier de ne rien vivre à la légère. Depuis près de quarante ans, il est notre vieux sage. Chaque semaine, par quatre chemins, il distille pour nous l'essentiel de la réflexion sur le monde que nous aimerions bâtir si seulement nous n'étions pas si pressés.

Au cours de sa vie, il a rencontré à peu près tout ce qui pense. Il analyse douze livres par semaine, tous les domaines l'intéressent, en vrac, ce qui lui permet de faire des rapprochements parfois imprévus, parfois loufoques, souvent «illuminants».

Il est capable, en l'espace d'une minute, de parler d'Einstein et de la théorie du chaos, de la baise à soixante-dix ans et de son chat qu'il a fait tondre. Tout ce qui lui arrive dans la vie quotidienne sert de matière première à sa réflexion. Aujourd'hui, son ménisque lui a fait mal en descendant l'escalier, ce qui tout naturellement l'amène à parler de Shakespeare.

Catherine, je pensais à vous ce matin en promenant le canin. Je me disais : « J'ai connu cette personne en 1993 au Japon. » Vous étiez en train de faire un documentaire sur Robert Lepage. Moi, j'étais à Tokyo avec Robert qui avait monté le cycle Shakespeare. Je pensais : « Voilà un bon point de repère pour parler de vieillissement. » En 1993, je jouais quatre rôles dans ces trois pièces, et je pouvais me traîner à quatre pattes dans *Coriolan* – Vous savez combien les mises en scène de Robert sont exigeantes! Dans *Coriolan* il fallait que je traverse la scène à quatre pattes pour ne pas être vu, avec un faux verre de whisky à la main, puis que je surgisse du bas en même temps que le bar descendait du haut. Cette scène, c'est mon point de repère. Je me dis : « Voilà où j'en étais à ce moment-là. J'avais soixante-trois ans, et j'étais encore assez souple pour marcher à quatre pattes. »

Aujourd'hui, douze ans plus tard, j'aurais un peu de difficulté à suivre dans une mise en scène aussi dynamique que celle que Robert avait faite à l'époque.

Cela vous inquiète ?

Pas vraiment. Je le constate simplement. Je suis plus attentif que par le passé au phénomène du vieillissement. Je m'y intéresse parce que c'est important et que c'est une très belle étape. Je n'ai pas le sentiment que ma conscience a vieilli, je dirais même que c'est le contraire. Il me semble que j'ai un bagage derrière moi qui me permet de voir les choses avec beaucoup plus d'assurance.

Je ne vois pas le vieillissement comme une chose dramatique, mais comme une étape qui doit être vécue avec beaucoup de lucidité. Il faut prévoir les choses, s'organiser pour être capable de tenir le coup correctement, honorablement, en étant aussi indépendant que possible. Avec ce que cela implique d'abandon.

Comment prévoir les coups quand on ne sait pas à quoi s'attendre ? Il y a là un paradoxe. La vieillesse est le seul âge de la vie à propos duquel ceux qui savent ne parlent pas.

Les gens sont discrets. Cela doit les prendre un peu par surprise. Vous savez que moi, j'ai beaucoup vécu avec des gens âgés dans ma jeunesse. Si cela vous intéressait, nous pourrions parler du fait de passer de soixante-trois ans à soixante-quatorze.

Si cela m'intéresse ! D'entendre l'auteur de tant d'analyses, de commentaires et d'exégèses se prendre lui-même comme sujet ! Parlez, Jacques Languirand. Parlez-nous de ce que c'est vraiment que de vieillir, parce que peu osent le faire.

J'essaye de voir techniquement les choses, froidement.
Tout à coup, tu te rends compte que le corps commence à lâcher. Tu es en train de descendre l'escalier, soudain le ménisque se déplace, tu te mets à boitiller, etc. Donc il faut être conscient de ce qu'on fait pour corriger les choses. Par exemple, tu descends l'escalier, tu regardes où tu mets les pieds, en montant aussi, c'est le genre de choses dont je parle. Autrement dit, ce qui était un contrôle automatique du corps doit devenir un contrôle conscient.
Mais là, il y a une nouvelle inquiétude, au plan psychique, celle-là. Tu te dis : « Si j'ai perdu le contrôle automatique de mon corps, est-ce qu'il va m'arriver la même chose sur le plan psychique ? Est-ce que je vais perdre aussi le contrôle automatique de mes facultés mentales ? »
C'est là qu'on commence à se demander : « Est-ce que je suis encore capable de faire telle chose ? Est-ce que je peux encore improviser sur ce thème-là ? »

Autrement dit, l'inquiétude se reporte à un autre niveau. À partir de ce moment, si tu n'es pas attentif, le psychisme va commencer à devenir perméable, c'est-à-dire qu'on va faire l'équivalent au plan psychique : « J'oublie les noms, j'oublie telle affaire... »

J'aimerais le rassurer : « Mais non, mais non ! Votre mental ne vous lâche pas, vous épluchez douze livres par semaine, vous nous préparez quatre heures d'émission, vous faites du direct le dimanche matin, ce qui est la plus impitoyable des choses... » Ce serait cependant d'une condescendance intolérable envers quelqu'un qui justement me fait l'honneur de partager son inquiétude lucide.
Jacques Languirand explique gravement cette chose terrible : Quand le corps commence à lâcher, on se met à avoir peur que le cerveau en fasse autant. Le voici qui s'apprête à m'annoncer quelque chose de plus terrible encore.

Quand vous rencontrez des gens qui vous disent qu'ils vont rester actifs jusqu'au bout, il faut se souvenir qu'il y a une règle qu'ils ne connaissent pas et qui est redoutable, c'est que la chute est cumulative. C'est-à-dire...

Il s'interrompt. Il hésite. C'est trop dur à énoncer. Il fait une pause.

Je n'ose pas parler de chute !

Si vous, Jacques Languirand qui osez parler de tout, si vous n'en parlez pas, personne ne le fera !

Essayons une autre formule. Je regarde ce que j'ai perdu en onze ans, mais je ne peux pas dire que, si je vis encore onze ans, la déchéance continuera selon la même courbe. Si je donne la valeur trois à ce que j'ai perdu, dans la période d'après ce ne sera pas trois, ce sera cinq. C'est une suite géométrique.

Alors, quand les gens me disent : « Quand j'aurai quatre-vingts ans, je serai encore très actif », cela me fait sourire, parce qu'ils ne peuvent pas être certains qu'ils pourront le faire.

C'est cela dont on n'a pas conscience quand on entre dans la vieillesse. On n'est pas semblable à soixante-dix ans à ce qu'on était à soixante ans, et à quatre-vingts ans, on est différent de ce qu'on était à soixante-dix. Moi, à soixante-quatorze ans, je suis encore très actif et, moi aussi, j'espère l'être jusqu'à quatre-vingts ans. Mais je sais que c'est impossible à prévoir. Je sais que dans trois ans, j'aurai perdu une énergie plus grande que celle que j'ai perdue au cours des trois années précédentes.

Et vous ne savez pas comment se manifestera cette perte d'énergie.

Aucune idée. Parfois j'ai de la difficulté à descendre et à monter l'escalier. Je le supporte parce que je n'en ai pas besoin pour gagner ma vie. Mais je sais que cela va empirer. Je sais que l'impuissance va se manifester de plus en plus. Je le sais. Alors j'essaye de développer une certaine sagesse à cet égard, et je vis avec le temps qui passe.

Si c'était à refaire, auriez-vous acheté une maison avec ces quatre petites marches qui séparent élégamment la salle à manger du salon ?

Il rit.

J'ai une amie plus âgée qui m'a posé la question quand on a acheté ici. Récemment, j'ai décidé de faire mettre une rampe. Mais c'est seulement maintenant que j'y pense correctement.

Il a également pensé à faire installer un ascenseur. Et à mettre un lit dans le salon, si jamais il devait subir une opération.

Ce sont des choses possibles. Je ne sais pas comment je le vivrai. J'espère que j'aurai conservé un peu de mon sens de l'humour. Pour l'instant, j'ai mal à la hanche, est-ce que je dois me faire opérer ? J'ai mal à un genou, est-ce que je dois me faire opérer ? Je me pose ces questions, puis je pense à Maurice Béjart : ses deux genoux sont artificiels et ses deux hanches aussi. Ses pieds ont été recollés. Il a eu des accidents, et il fonctionne encore. Il ne danse plus pour le public, mais il fait encore des démonstrations de mouvements. Il continue d'être ce qu'il était mais il a mis l'accent sur l'enseignement, l'accompagnement, la formation des jeunes.

Il arrive un moment où il faut lâcher le pouvoir et assumer plutôt une fonction d'autorité.

Dans mon cas, si je veux continuer à travailler jusqu'au bout, il va falloir que j'adapte mes méthodes de travail. Actuellement, mon épouse, qui est ma collaboratrice, a une fonction bien précise dans mon système, alors qu'autrefois je fonctionnais tout seul. Je fonctionne encore tout seul pour ce qui est de la performance, mais les décisions de logistique, les arrangements passent par Nicole. C'est quelqu'un qui planifie pour moi. Ce n'est d'ailleurs pas sans inconvénients pour la vie de couple ! (Rire.)

Parlons donc de la vie de couple.

Je suis dans une situation particulière, parce que je me suis remarié avec une personne beaucoup plus jeune que moi. Elle pourrait être ma fille. Je voulais une fin de vie professionnelle, solide. J'ai été attiré par les qualités de rigueur de Nicole qui faisaient que je pouvais prendre une partie de mon autorité et la déléguer. C'est bizarre, mais c'est comme ça.

Vous avez toujours été un homme à femmes, elles vous plaisent, vous leur plaisez, vous les attirez, vous avez été un grand séducteur. Quand vous voyez une femme très belle, est-

ce que vous vous sentez vieux ? Est-ce que vous vous dites : « Si seulement j'avais vingt ans de moins... »

J'ai touché un point sensible. Jacques Languirand hésite. Il cherche à trouver non pas la bonne réponse, mais le mot juste. Et finalement :

On va demander à ma femme.

Et il appelle : « Nicole ! »
Je dois rassurer Nicole qu'elle n'a pas à intervenir, c'est simplement Jacques qui se défile. Nicole semble avoir l'habitude et passe son chemin d'un air indulgent.

Vous vous défilez, monsieur Languirand !

Il sourit d'un air grave.

J'ai beaucoup de mal à répondre... mais je ne me défile pas.

Si la question est idiote, on peut passer à autre chose ?

Non. Elle n'est pas idiote, cette question.

L'instant est lourd d'intensité. Le grand homme se concentre longuement en silence. Enfin, il semble avoir trouvé comment formuler sa réponse, et je sens que, venant de si profond, il va s'agir d'une réflexion complexe et mémorable. Le visage grave, les yeux plongés dans mes yeux, il articule lentement, d'une manière décidée :

Elle est extrêmement importante, cette question-là. J'ai une autre façon d'aborder mes rapports avec les femmes...

Et soudain, grand éclat de rire, rabelaisien, tonitruant, venant du fond du ventre, un rire à la Languirand, un rire qui balaye tout.

Au fond, je suis bien débarrassé! Je suis comme Sophocle qui disait : « Maintenant que je suis vieux, et que je n'ai plus d'attrait pour les questions du sexe, je suis bien tranquille, je peux écrire mes pièces en paix. »
Il y a une chose que je ne voulais plus faire. Je ne voulais plus vivre l'épouse, les maîtresses, les aventures en plus. J'ai vécu ça une bonne partie de ma vie, c'est très bien, mais c'est très épuisant. Je suis débarrassé de la contrainte de la séduction, mais je ne suis pas heureusement débarrassé du plaisir d'avoir des rapports amicaux avec les femmes. Il y a plusieurs femmes qui viennent autour et que j'aime bien.

Vous dites que vous êtes débarrassé de la danse de la séduction mais... ce n'est pas l'âge qui vous en empêche. Les séducteurs de soixante-quinze ans, ce n'est pas rare. C'est un choix que vous avez fait.

Oui. J'ai choisi d'être très différent. Cela me rappelle une de mes amies qui venait de m'entendre dire : « J'ai décidé que je serais fidèle. » Elle a lancé à la cantonade : « Tu as attendu d'avoir soixante-dix ans pour le faire ! » Il y a du vrai là-dedans aussi.

Avez-vous le sentiment que la vie est courte et qu'il ne faut pas gaspiller le temps qui passe ?

Ah! je vous dirais qu'il y a de ça dans toutes les réponses. Le temps passe très vite. Tellement vite que je me demande si c'est le fait de la vieillesse. On dit que le métabolisme est rapide chez les enfants, donc ils perçoivent le temps lent, tandis que chez les gens plus âgés, le métabolisme est plus lent, donc ils perçoivent le temps rapide. C'est une explication, mais elle est troublante parce que je vois le temps passer à une vitesse… Il me semble que j'avais le temps de faire tant de choses autrefois! Je pouvais faire de la méditation le matin, aller faire de la radio, à midi déjeuner avec une amie, l'après-midi faire du travail, à cinq heures retrouver cette amie, trouver un motel, aller baiser, revenir, avoir des réunions… Je vous fais un portrait de l'homme d'action.

Est-ce qu'il vous arrive de penser : « Il y a encore tellement de choses que je veux faire ou que je veux apprendre avant…»
Je n'ai pas le temps de finir ma phrase. La réponse vient, rapide, comme un cri du cœur.

Ça oui! J'ai dans ma vie des objectifs qui reculent à mesure que je les atteins ou que je m'en approche. Par exemple, des livres et des conférences. Dans certains cas, c'est vraiment moi qui ai envie de pousser une recherche pour trouver la réponse à certaines de mes questions.
Prenons la spiritualité. Je suis bouddhiste. Ce n'est pas vraiment une religion, c'est une thérapie, c'est une école de pensée. En même temps, je me suis intéressé à beaucoup d'autres sujets, à la réincarnation en particulier, et je me dis : «Comment faire un tout avec les choses que j'ai amassées?» C'est le temps pour moi de réaliser le puzzle. (Il joue avec ses mains comme s'il tenait un cube hongrois entre les doigts.) J'ai cet élément ici, et cet autre là, ceci vient à cet endroit… Je cherche, presque pour moi, pour mon plaisir, à faire une chose impossible, à faire une synthèse.

Comme vous l'avez fait toute votre vie dans votre émission *Par quatre chemins*.

Exactement. Mais j'avance tout le temps, et à mesure que j'avance, je découvre de nouveaux besoins de connaître.

Actuellement, je travaille sur un livre à long terme. Mais ça m'énerve tellement que cela va aboutir à court terme parce que je veux en finir au plus vite : *Le Dieu d'Einstein*.

Einstein était croyant. La moitié des scientifiques le sont, malgré ce que l'on s'imagine souvent. Mais il croyait en quoi au juste ? Cela m'amène à me pencher sur Spinoza – Einstein avait donné des conférences sur Spinoza –, cela me confirme l'importance que Spinoza avait pour lui, je continue, et je découvre des tas de choses dont j'ai un peu parlé à l'occasion à la radio. Sur quoi je reçois une lettre d'une dame qui m'écrit : « J'avais une amie à New York à qui Einstein rendait visite parfois. Il lui avait dit un jour : *I am beginning to smell the odor of God!* »

Je commence à sentir l'odeur de Dieu? C'est très troublant, très inattendu, une telle formule chez un scientifique. Ça va très loin ! Sa croyance l'a aidé à trouver la relativité, son premier principe, et elle lui a nui pour la mécanique quantique puisqu'il a dit : « Dieu ne joue pas aux dés. »

Alors je creuse. Je n'ai pas de prétention. J'hésite à en parler, mais j'en viens à penser qu'Einstein a fait une erreur dans la deuxième étape parce que rien n'empêche de considérer que le hasard fait partie d'un plan, et cela m'étonne qu'il n'y ait pas pensé.

Une conversation avec Jacques Languirand peut mener partout, à n'importe quel moment, sans crier gare. C'est ainsi que soudain, au détour d'une phrase, j'apprends un mot nouveau : néoténie.

La néoténie, c'est la capacité de s'adapter à tout ce qui se présente. Comme le bébé qui est tellement souple qu'il va s'adapter à toutes les circonstances : à ses parents, à la langue qu'on va lui apprendre, aux coutumes. Il arrive, il est neuf. Il y a des gens qui gardent cette faculté plus que d'autres. Pour ma part, je l'ai conservée. Je suis encore en train de me faire. Mais il y a des gens qui à trente ans sont finis. Ils sont faits. Il y a une partie d'eux-mêmes qui est arrêtée. Ils n'ont plus besoin de croissance.

Est-que ce serait cela, la vieillesse ? De considérer qu'on n'a plus rien à apprendre ?

À un moment donné, oui. Mais il faut tenir compte du fait qu'il y a des vieux qui ont davantage cette dimension néoténique, donc ils ont une possibilité d'adaptation plus grande.

Les baby-boomers ont conservé des vertus néoténiques. Ils ont gardé et gardent encore quelque chose de l'adolescence. C'est intéressant, parce que cela leur donne une force de renouvellement. Leur pouvoir est tel qu'en vieillissant ils vont certainement avoir une influence sur l'évolution des valeurs et sur la façon dont on voit les personnes âgées. Mais il y aura des surprises des deux côtés. Ils risquent de nous surprendre en étant vaillants plus longtemps que prévu, mais en même temps, ils risquent eux-mêmes d'être surpris de voir qu'ils n'étaient pas aussi vaillants qu'ils pensaient.

Nous sommes interrompus par l'arrivée du petit-fils de Jacques Languirand, qui vient faire de la méditation avec son grand-père.
Ce qui nous amène à parler du rôle des grands-pères. Manifestement, il ne trouve pas cela facile.

Être grand-père, cela m'apporte beaucoup, bien sûr, mais en même temps, cela me donne un certain recul sur la vie. On s'aperçoit qu'il y a des choses qu'on ne pourra jamais transmettre. C'est ce qu'il y a de pire. C'est la plus grande frustration. Je vous donne un exemple dans le domaine de l'écologie, qui m'intéresse passionnément parce que je pense qu'on va chez le diable comme on est partis.

Je prends comme référence une petite rivière à la campagne, la rivière Blanche. Quand j'étais petit garçon, il y avait des sangsues, des petits crabes, des écrevisses, des patineurs, de la barbote. Or maintenant, c'est un égout. Je peux le raconter, je peux en faire un film, je peux le dire à la radio, mais je ne peux pas transmettre mon expérience. Je ne peux pas dire à mes petits-enfants : « Prenez conscience du fait que vous vivez au milieu des égouts. » Ils ne le savent pas parce qu'ils n'ont jamais rien vu d'autre. Eux commencent là où moi j'achève. Pour eux, la vie commence LÀ.

Autrefois, dans les sociétés traditionnelles, on passait beaucoup plus l'expérience d'une génération à l'autre parce que l'évolution était beaucoup plus lente, et les jeunes devaient travailler avec les mêmes outils qu'avaient les grands-parents. Ce rapport n'existe plus. Cela me désole, c'est un mal de société.

Par exemple, cela fait près de seize ans que je rappelle ce qu'avait dit Pierre Dansereau à l'occasion de la Déclaration de Vancouver (1989) : « Dans dix ans, si nous n'avons pas pris les moyens de contrôler la pollution, nous allons vers la fin de l'humanité. » Manifestement, ce message ne passe pas, parce qu'on n'a pratiquement rien fait depuis dix ans. Il doit être terriblement malheureux, Dansereau, parce qu'il voit bien ce qui se passe.

Et Hubert Reeves, quand il parle du lac Saint-Pierre ! Il se baignait là quand il était petit, les gens avaient des plages, c'était un autre monde. Mais ce n'est pas communicable.

Les jeunes vont se réveiller quand tout à coup, ayant pris dix ou quinze ans de plus, ils vont se dire : « Voyons donc, il y a dix ans, on pouvait faire telle chose. Maintenant on ne peut plus. » Là ils vont commencer à entrer dans le constat, mais ce sera trop tard.

Quelle ironie pour un communicateur professionnel que de réaliser qu'il ne peut pas faire profiter son petit-fils (et ses contemporains) de l'expérience accumulée au cours de sa vie !

Je me rends compte que les paroles ne font pas grand-chose, et que ce qui va faire la différence, c'est mon comportement, mon attitude, ce que je fais, ce que je suis. J'essaye d'être le plus positif possible.

Aussi, depuis peu, le grand-père et le petit-fils font ensemble de la méditation. C'est grâce à elle que, depuis des années, cet homme de paroles est demeuré capable de faire « cesser le bavardage ».

Ce qui m'importe beaucoup, c'est de faire cesser ou de suspendre ou de ralentir le mental. Les bavardages dans la tête, cela n'arrête jamais, comme vous le savez. Ça parle, ça parle. Si je fais une méditation, je concentre mon attention sur quelque chose, par exemple l'ambiance qui est ici dans cette pièce.

Il ferme les yeux.

Et si je maintiens mon attention, le bavardage est suspendu.
La posture est également très importante. Il faut que le dos soit bien droit. Je ne fais pas la méditation avec les jambes en grenouille. Je la fais assis. Je vais vous montrer.

Il se lève de son divan, s'installe dans une bergère et montre comment il faut s'asseoir.

Je dois pouvoir redresser ma colonne vertébrale au niveau de la cinquième lombaire, exactement, comme en équitation. Les mains n'ont aucune tension, je suis dans un certain équilibre, je me donne quelques objectifs, par exemple, m'associer à un bruit, devenir attentif à un bruit, ce qui fait que le bruit ne me dérange pas puisque je l'utilise. Au lieu de le rejeter, je l'accepte. S'il y a un klaxon, je l'intègre. Si je dois méditer dans le bruit, je médite dans le bruit. Cela consiste à dire « oui » à la situation.

Ensuite je contrôle ma respiration en mettant l'accent sur l'expiration. Pendant des années j'ai médité toujours à la même heure, une demi-heure deux fois par jour. Maintenant, j'ai changé. À n'importe quel moment de la journée, je me dis : « Tiens ! je vais méditer. » Je ne médite plus régulièrement, je me laisse méditer. Quand ça me prend, je le vis. Quand j'en ressors, je suis bien, reposé, nettoyé.

En terminant, Jacques Languirand me raconte l'anecdote de ce vieil Écossais qui habitait tout seul dans une cabane au bord d'une falaise face à la mer, et qu'une équipe de télévision était allée interviewer.

À la question : « À quoi occupez-vous vos journées ? » il avait répondu : « Parfois, je suis assis là, dans mon fauteuil, je pense, je rêve un peu en regardant la mer. Et parfois, je suis assis, seulement. » Or « être assis, seulement » c'est exactement la formule pour définir la méditation. Ça lui était venu tout seul !

La vie passe. Tu la prends en passant.

Bernard Lamarre

Le nom de Bernard Lamarre sera toujours associé à la société d'ingénierie Lavalin, dont il a été le président jusqu'à l'acquisition de Lavalin par SNC en 1991. Aujourd'hui, il est président du conseil d'administration du Musée des beaux-arts de Montréal, de la Société du Vieux-Port, de l'École Polytechnique, du groupe Bellechasse Santé, de l'Institut de design, et de plusieurs autres conseils d'administration à Montréal.
Il a été fait officier de l'Ordre du Canada et de l'Ordre national du Québec.

« Je suis un vieux lion sans ses griffes. »

Tels sont les premiers mots de Bernard Lamarre, alors qu'il m'invite à entrer dans son bureau. « Je suis un vieux lion sans ses griffes. »

Il a une vue panoramique sur le vieux port de Montréal. Un train de marchandises interminable prend en grinçant le tournant qui s'amorce sous ses fenêtres. À deux cents mètres, le Centre des sciences dont il fut l'un des instigateurs. Au loin, le tunnel Hippolyte-Lafontaine. Derrière lui, l'autoroute Ville-Marie, l'estacade du pont Champlain.

Bernard Lamarre a laissé sa marque partout à Montréal. Mais sa carrière a été brutalement écourtée au moment de l'acquisition de Lavalin par SNC, et on a l'impression qu'encore aujourd'hui le vieux lion lèche un peu ses plaies.

Au moment de l'acquisition je suis devenu conseiller auprès du président. Je l'ai été pendant six ans. L'avantage d'être conseiller, c'est qu'on donne des conseils mais que personne n'est obligé de les suivre. Quand on est à la retraite, tout le monde nous aime parce qu'on ne peut plus nuire à personne ! (Rire.)

**Bernard Lamarre a beau être à la retraite, il demeure un bourreau de travail. Président de pas moins de cinq institutions de première grandeur dans la région de Montréal, trois bureaux, deux secrétaires, c'est plus que du plein temps !
Il a toujours vécu ainsi, il ne sait pas vivre autrement.**

Pour moi, l'important, c'est d'avoir quelque chose à faire et un horaire chargé tous les jours de la semaine. J'ai toujours vécu à cent à l'heure.

Il y a eu un clivage quand SNC a acquis Lavalin, mais pas de clivage dans ma vie. On dirait que rendu à un certain âge, on quitte un peu la vie active pour laisser la place à d'autres, mais on se reprend en faisant du bénévolat, parce qu'il n'y a pas grand monde qui aime et qui ait les moyens d'en faire. Cela vient meubler un peu mes heures de loisir.

Il exsude un curieux mélange de sens du dérisoire et de sens des responsabilités.

Je suis devenu un quêteux en chef. Dans mon bénévolat, une des grosses responsabilités, c'est d'organiser des campagnes de financement. Ici au Vieux-Port, il faut aller chercher de l'argent à Ottawa tous les ans, il faut solliciter l'entreprise privée pour la fondation du Vieux-Port ; à Polytechnique, il faut dénicher des donateurs potentiels parce que l'argent de l'État ne suffit pas ;

même chose pour le Musée des beaux-arts. On est toujours obligé de trouver des fonds. C'est vrai aussi pour l'Institut de design, et pour la Société de développement Angus. Mon rôle est d'aider ces sociétés à recueillir l'argent qu'il leur faut auprès des mécènes, des bienfaiteurs.

Vous êtes particulièrement bien placé pour le faire à cause de votre carnet d'adresses...

... Assez bien rempli! (Rire.) Les gens savent, quand je les appelle, que ce n'est jamais pour une raison personnelle, mais que c'est pour une œuvre. Ce sont toujours des œuvres éminemment acceptables par les mécènes et par le grand public, et qui reflètent mes intérêts. Je suis un ancien de Polytechnique, pour ce qui est des Beaux-arts, j'ai toujours été un collectionneur, et même ici au Vieux-Port, le Centre des sciences est un peu le successeur d'Expotec que Lavalin avait organisé dans le Vieux-Port dans le temps.

Bernard Lamarre continue dans sa retraite à s'intéresser aux mêmes domaines qu'avant, mais par d'autres moyens. Est-ce que cela le motive, le stimule? Sa réponse est empreinte de nostalgie.

Oui, cela me motive, mais on ne peut pas dire que cela me stimule vraiment. Quand vous êtes en affaires, en plus de la motivation, vous avez toujours la pression du *bottom-line*, des craintes qu'un projet n'aboutisse pas, etc. Donc vous avez une tension qui est créatrice, mais continuelle. Maintenant, je suis beaucoup plus philosophe sur l'atteinte des objectifs. On les atteint aussi, mais avec moins de stress.

Vous avez eu et vous avez encore un tel impact sur la ville de Montréal! Est-ce que vous vous voyez comme un patriarche?

Pas encore. C'est ça qui est drôle : en vieillissant, on ne se sent pas vieux, jamais. Dans ma vie, j'ai toujours été le plus jeune. Quand je suis devenu ingénieur j'avais vingt ans, mes confrères avaient tous vingt-quatre ou vingt-cinq ans. J'étais toujours le plus jeune de la classe. Au début quand j'ai commencé en affaires et que j'allais chercher des contrats, on me disait : «Vous êtes bien jeune!» Je répondais : «Je travaille tous les jours à corriger ça.» Pour moi, c'est drôle d'arriver à soixante-treize ans et de voir que soudain je suis parmi les plus vieux.

Comment se sent-on quand on réalise qu'on ne fait plus partie des jeunes ?

Ma vie s'est passée à aller solliciter des contrats. Quand tu es jeune, tu as le droit de faire des sottises parce que tu manques d'expérience. Quand tu deviens plus âgé, et c'est cela qui est le pire, tu n'as plus le droit de faire des bourdes. Cela rend plus sérieux, et un peu moins agressif. Si tu te trompes, on ne te pardonnera pas. Plus tu avances dans la vie, plus les gens prennent tes maximes pour la vérité pure et simple. Tu es donc obligé d'être plus prudent.

Pourtant, Bernard Lamarre est très réservé quant au devoir des anciens de faire partager leurs expériences aux nouvelles générations.

Il faut le faire, bien sûr, mais il faut aussi laisser la place aux idées nouvelles.
En vieillissant on devient intolérant, alors qu'en fait on devrait devenir de plus en plus tolérant. On a facilement tendance à critiquer ce qui est nouveau, ce qui n'est pas prouvé, et il faut y faire bien attention. Voyez la question des mariages gais. On en parle depuis vingt ou trente ans, mais pour les gens de mon âge, c'est une idée complètement nouvelle, et qui leur répugne. On

n'est pas sûr que les idées nouvelles soient bonnes, mais il faut quand même leur laisser une chance de réussir.

Sur ce plan-là, je me sens plus à l'aise avec les jeunes qu'avec les gens de mon âge. Les conversations sont plus enrichissantes avec des jeunes qui acceptent ces changements dans la société qu'avec des vieux bonzes qui sont restés sur les principes des années quarante ou cinquante. Bien de mes confrères de classe sont contre le mariage des homosexuels, contre l'avortement et pour la peine de mort.

Comment se fait-il que vous soyez différent de vos contemporains ?

À cause de ma femme. Elle était très d'avant-garde. Quand on allait voir des expositions ensemble, c'était seulement pour la peinture contemporaine. Elle était toujours à l'affût des jeunes peintres, des nouvelles idées. Elle avait une attitude très ouverte. Bien sûr, je partageais ses sentiments dans le fond. Par exemple, on a arrêté de fréquenter les églises en 1962-1963. C'est ma femme qui a décidé : « La messe, c'est terminé. On laisse tomber tout ça. »

Vous étiez d'accord ?

Si j'étais d'accord ! Ça faisait longtemps que j'attendais qu'elle le décide. (Rire.)

Sa femme a manifestement laissé un grand vide.

Je suis plus occupé que je ne pensais l'être pour la simple raison que ma femme est décédée. Il est évident que si elle était encore là, je serais à la maison plus souvent. Maintenant, cela m'arrive une fois par semaine de manger à la maison. Pendant la semaine, j'ai tout le temps dont j'ai besoin pour faire ce que j'ai à faire. Comme je suis seul, même si j'arrive à dix heures à la maison, il n'y a personne qui rouspète! (Rire.) Il y a un remplissage de vide qui se fait.

J'ai une nouvelle compagne avec qui je passe les week-ends et les vacances, et qui est à mes côtés pour les évènements culturels et mondains. J'ai mes enfants et petits-enfants qui veillent aussi à ce que je ne sois pas solitaire. C'est pour éviter d'emmerder ma compagne et mes descendants que je travaille tellement.

Il n'a guère eu le temps de développer d'intérêts en dehors de son travail. Son amour pour la peinture est la seule exception.

Visiter une belle exposition, c'est un de mes grands plaisirs. J'ai toujours été attiré par les arts visuels parce que j'aime les couleurs. J'apprécie l'art abstrait parce qu'on n'est pas distrait par le dessin. En outre, on peut visiter une exposition à son propre rythme. Ma mère fréquentait l'église parce que c'était la seule place où elle pouvait se reposer en silence. Pour moi, les expositions jouent un peu le même rôle. C'est comme un silence sacré. Admirer un tableau de Matisse ou de Picasso, je trouve que c'est divin. Le ciel sur la terre.

Il n'aime pas jouer au golf.

J'ai été membre du club de golf de Laval-sur-le-Lac à partir de 1958, et j'ai joué deux parties. Courir après une petite balle, ça me fatigue terriblement. Tous les sportifs courent après un petit objet : au hockey c'est un petit cylindre plat, au baseball une petite balle, au football la balle est plus grosse et ovale. Pour moi, tout ça c'est une perte de temps.

Par contre, Bernard Lamarre prend soin de sa santé physique... un peu!

Je fais un peu de marche. J'ai la même théorie que Bernard Shaw, qui disait que tout l'exercice qu'il faisait, c'était de marcher derrière le corbillard de ses amis sportifs. Mes amis sportifs ont de gros problèmes de santé à l'heure actuelle, moi je n'en ai pas.

L'agilité mentale semble être en filigrane la préoccupation de tous les gens de sa génération, et il ne fait pas exception.

Il faut garder le cerveau actif. Depuis quatre ou cinq ans, je fais des mots croisés avant de m'endormir le soir. J'avais une petite machine pour jouer au bridge, mais je me suis lassé parce qu'elle était trop facile à battre. Les mots croisés, c'est bon parce que cela oblige à se souvenir des mots et de l'épellation. Il y en a qui disent que regarder dans le dictionnaire c'est tricher, mais moi je regarde, et c'est là que j'apprends. Pour la même raison, je n'utilise jamais ma machine à calculer. J'aime faire du calcul mental.

Dans son bureau du Vieux-Port, Bernard Lamarre a toujours la même élégance recherchée que lorsqu'il sillonnait la planète à la recherche de contrats pour Lavalin. Je lui en fais la remarque.

C'est Maurice Chevalier qui m'avait dit un jour : « Plus tu vieillis, plus il faut que tu fasses attention à ta toilette. » Parce qu'on est porté à se négliger en vieillissant – ne pas se faire la barbe, ne pas se peigner – et il disait : « Il n'y a rien de pire. En faisant attention à ta toilette, à ton costume, à tes soins personnels, c'est comme si tu n'avais pas vieilli. » Même si je suis tout seul, je le fais pour moi. Il le faut absolument.

J'imagine Bernard Lamarre rentrant chez lui tard le soir, échangeant son costume pour une tenue élégante et décontractée… Que mange-t-il pour souper ?

Je prends des céréales ou je vais m'acheter un pâté de canard.

Vous n'êtes pas cuisinier...

Non ! Quand je fais bouillir de l'eau, ça prend au fond. (Rire.)

Il avale son bol de céréales, et il continue à faire la seule chose qu'il aime vraiment faire : travailler.

À ma table de travail, je me retrouve dans mon état normal. Quand je suis tout seul, si je n'ai pas des papiers à brasser... La seule télévision que je regarde, c'est les nouvelles de dix heures le soir. Il ne me viendrait jamais à l'idée de regarder autre chose. J'ai besoin d'avoir un crayon dans les mains et de repasser des textes. Pour moi, c'est une passion, et c'est mon genre de plaisir.

Phyllis Lambert

Architecte, Phyllis Lambert a fondé le Centre canadien d'architecture de Montréal et créé l'Institut de recherche en histoire de l'architecture. Elle a participé à la fondation de la Société de patrimoine urbain de Montréal et est présidente-fondatrice d'Héritage Montréal.
Elle a participé à des projets dans le monde entier : la Maison Seagram à New York, premier gratte-ciel construit en acier et en verre, dont elle a été le maître d'œuvre ; la rénovation de l'hôtel Biltmore à Los Angeles et la restauration de la synagogue Ben Ezra au Caire. Elle a reçu le prix Hadrien décerné par le World Monumental Fund pour la mise en valeur du patrimoine culturel mondial.
Elle a été nommée compagnon de l'Ordre du Canada et chevalier de l'Ordre national du Québec.

« Rien ni personne ne nous apprend jamais à vieillir. »

Dire d'elle qu'elle est une femme d'action serait un mot bien faible. Phyllis Lambert est à la fois une visionnaire et une fonceuse. Elle a des rêves, elle les fait partager, elle les réalise. Et elle n'aime pas perdre son temps. « Je ne gère pas mon temps, je fais ce qu'il y a à faire, me dira-t-elle. »

Elle est intense, présente et efficace. Son pas est rapide et son visage souriant, car la perspective de cet entretien l'intéresse. Elle évacue les préambules et prend immédiatement le contrôle.

Elle avoue d'emblée qu'elle a d'abord hésité à faire cette entrevue.

Je me suis dit : « Devrais-je accepter ou pas ? » Je n'aime pas qu'on pense à moi comme à une personne âgée. Puis, j'ai pensé : « Voyons, il y a des gens qui se sentent vieux à cinquante ans, il y en a même qui se sentent vieux à trente ans. » Moi, à soixante-dix-huit ans, je ne pense jamais que je suis vieille.

Elle a aussi réalisé que le sujet de notre entretien avait son importance.

C'est vrai qu'on n'a pas de modèles. Quand on est enfant on va à l'école primaire, puis secondaire, ensuite on étudie à l'université ou dans une école professionnelle, puis on commence à travailler, mais dans le fond rien ni personne ne nous apprend jamais à vieillir.

De nos jours, il reste tellement de temps à vivre quand on prend sa retraite que je pensais que ce serait important de suggérer aux gens comment vivre au mieux cette période de leur vie. Par exemple, les gens qui siègent au conseil d'administration d'une compagnie peuvent se servir de cette expertise et en faire profiter des organisations bénévoles.

Il faut penser à des choses qui nous fassent sortir de nous-mêmes, qui nous passionnent et qui nous dépassent.

J'ai un ami psychiatre ; il était doyen du département de psychiatrie au Massachusetts Institute of Technology. Lorsqu'il a pris sa retraite, il a commencé à dessiner et à peindre. Il est en train de faire de grands progrès et de devenir très bon. Cela lui plait énormément.

Sur le fait de vieillir, je n'ai pas le temps de poser de questions. Elle a déjà réfléchi à ce qu'elle voulait me dire. Tout d'abord, cette évidence étonnante reprise par beaucoup des participants à ce livre.

Pour commencer, on ne pense jamais qu'on est vieux. Ma mère avait quatre-vingt-quinze ans quand elle m'a dit : « C'est tellement étrange de penser à l'âge que j'ai… parce que je ne me sens pas comme ça. »

Elle m'avait dit un jour :
– Phyllis, ta mère est vieille.
– Tu n'es pas vieille.
– Si ! je suis vieille.
– Qu'est-ce que c'est, vieux ? Est-ce que soixante ans c'est vieux ?
– Non.
– Soixante-dix ?
– Non.
– Quatre-vingts ?
– Non.
– Quatre-vingt-dix ?
– Oui ! Et elle s'était mise à rire.

Vous avez hérité de bons gênes. Comment aimeriez-vous être quand vous serez vieille ?

Question intéressante ! Je ne veux pas être vieille. Être vieille signifie ne pas avoir l'énergie de faire ce qu'on veut faire. Ne pas avoir l'énergie de penser, ne pas avoir la liberté de bouger. Pour moi, être vieille serait de ne pas pouvoir penser en me couchant le soir : « J'ai hâte de faire telle ou telle chose demain. »

J'ai des amis qui sont très âgés. À quatre-vingt-quinze ans, Richard Krautheimer, un historien de l'art, me disait : « À partir de maintenant, je ne vais plus faire de grands projets. Je ne vais plus entreprendre de gros livres. Seulement des petites choses. » Nous faisions de longues promenades ensemble. J'aimerais être comme lui au même âge.

La grande peur, pour tout le monde, c'est de perdre son autonomie. Mais on garde la maîtrise sur sa vie si on prend le temps de se faire des bilans, des rapports à l'étape.

Il est essentiel de prendre conscience d'où l'on en est. Ainsi, quand mon père est mort, nous avons encouragé ma mère à écrire un livre. Je pensais qu'il était important pour elle de prendre du recul et de faire un bilan de sa vie, de mesurer le chemin accompli et de voir où elle en était.
Elle avait soixante-treize ans à l'époque.

Pour ce qui est de l'autonomie physique...

Il faut bien reconnaître qu'on n'a pas toujours autant d'énergie que lorsqu'on était plus jeune – encore que ce n'est pas nécessairement vrai. Je crois que j'ai plus d'énergie maintenant que quand j'avais vingt ans. Je me souviens, pendant mes années de collège, avoir eu à me traîner pour monter les escaliers tellement j'étais fatiguée. Maintenant, je ne me sens jamais fatiguée parce que je fais plus attention à moi, je suis plus consciente de ma forme physique.
Il y a certaines choses que je ne fais plus, comme le ski. Je ne cours pas non plus, ni un mille, ni rien. Je suppose que je pourrais m'y entraîner, mais cela ne m'intéresse pas. C'est une question de niveau d'énergie, mais également le fait qu'à différentes étapes de la vie on s'intéresse à différentes choses. Par contre, je suis en meilleure forme physiquement qu'il y a cinq ou six ans.

Y a-t-il eu un tournant, un moment où vous avez, délibérément, changé vos habitudes de vie ?

Pas vraiment. Mais quand j'ai eu soixante ans, une amie m'a entraînée dans un club de yoga et je me suis dit que ce serait intéressant d'essayer de mettre le corps et l'esprit en harmonie.

Cela m'a beaucoup plu, et j'ai continué. Je fais du yoga deux fois par semaine et, plusieurs fois par an, je vais passer quelques jours dans un centre de yoga du Massachusetts.

Je mange convenablement, je suis végétarienne depuis dix-huit ans. C'est quelque chose que j'ai commencé en même temps que le yoga. J'ai essayé, sans y croire vraiment, et j'ai constaté qu'effectivement je me sentais mieux.

D'autre part, je sais qu'il faut faire des étirements parce qu'on devient plus raide avec le temps. Mais le corps change toujours de toute façon.

Quand on est plus jeune, on n'a pas besoin de ce genre d'exercice parce que le corps a plus de ressort. Mais il arrive un moment où, si on ne le fait pas, on en paie le prix.

Lorsque vous étiez jeune adulte, comment envisagiez-vous le fait d'avoir soixante-quinze ans et plus ?

J'ai toujours pensé qu'à un certain moment de la vie, je ne savais pas trop quand, mais certainement avant soixante-quinze ans, il fallait commencer à cesser de gérer les choses et devenir plus contemplatif. Écrire, lire, être plus introspectif que tourné vers l'extérieur. Être tourné vers l'intérieur, cela a toujours été une sorte de sagesse idéale.

Pourtant, vous gérez le Centre, vous donnez des conférences, vous faites partie de plusieurs conseils d'administration, tout cela ne laisse pas beaucoup de temps pour la contemplation !

Il m'a toujours semblé que je devais garder à la fois un côté actif et un côté contemplatif dans ma vie, parce que l'action, c'est ce qui m'anime, c'est le sel de mon existence. J'apprends à partir de l'action.

Ici, au Centre d'architecture, il m'est très difficile d'écrire. On ne peut pas à la fois travailler sur un livre et faire une quantité d'autres choses. Je peux tout juste rédiger quelques articles. Mais j'ai beaucoup de projets de livres pour plus tard. J'adore écrire. L'écriture, c'est comme le design. C'est créatif, et à mesure qu'on avance, on découvre des perspectives insoupçonnées au départ.

Phyllis Lambert est privilégiée, comme tous ceux qui sont dans des métiers créateurs, en ce sens qu'ils s'améliorent avec le temps.

On ne dit pas à un chef d'orchestre qu'il est trop vieux pour être chef d'orchestre. Mais je me souviens que lorsqu'Arthur Erikson (architecte de Vancouver, considéré comme l'un des plus grands architectes canadiens) a eu quatre-vingts ans, il ne voulait pas que ses clients le sachent, parce qu'il craignait qu'ils ne pensent : « Il ne sera pas capable d'aller jusqu'au bout. »

En architecture, Mies van der Rohe, par exemple, est demeuré concentré sur la même idée pendant toute sa vie. Je pense que les gens les plus intéressants sont ceux qui suivent longtemps la même ligne et qui continuent à approfondir leur art à mesure que le temps passe, au lieu de se disperser. Mies avait fait de l'architecture pendant soixante-dix ans quand il est mort.

Elle, à dix ans, savait déjà qu'elle voulait être artiste.

J'ai eu la chance de faire de la sculpture quand j'étais enfant. J'ai appris à faire quelque chose qui m'appartenait, que j'aimais beaucoup, qui me passionnait, et cela m'a donné énormément de force. Tous les enfants devraient avoir un projet qui leur appartient, qu'ils peuvent mûrir, et sur quoi ils peuvent travailler, que ce soit se préparer à devenir athlète ou mathématicien. Devenir excellent dans un domaine quelconque, cela donne de l'assurance, à n'importe quel âge.

C'est cette assurance qui lui a permis de sauver Montréal de la destruction qui était en train de ravager les autres grandes villes nord-américaines.

Grâce à vous, les Montréalais portent sur leur ville un regard différent. Je pense au Vieux-Montréal, à ce qu'il est et à ce qu'il aurait pu être !

Dans les années cinquante, une étude en cours à la Ville de Montréal suggérait de faire passer une voie rapide tout le long de la rue Saint-Paul. C'est en allant aux archives dénicher d'anciennes cartes de la ville fortifiée qu'on a pu démontrer que c'était une zone historique. Personne n'y avait jamais pensé !

C'était comme si l'Amérique du Nord avait voulu être comme l'Europe – détruite, pas par les bombes évidemment, mais tout de même détruite, pour pouvoir recommencer à neuf. C'était vraiment ce qui se passait !

À Montréal, j'ai pensé qu'on pouvait encore faire quelque chose. Quand je suis revenue vivre dans cette ville, j'ai retrouvé la passion de mon enfance pour les édifices en pierre grise et j'ai entrepris de les photographier. Les gens se demandaient bien pourquoi je prenais des photos de ces vieux bâtiments.

Vous avez donné aux Montréalais un sentiment de fierté à l'égard de leur ville.

C'est comme cela qu'on se souviendra de vous.

Cela me fait particulièrement plaisir. Lorsque j'étais en train de construire l'édifice où nous nous trouvons, j'en étais très consciente. J'ai joué un rôle important pour l'avenir de l'architecture, non pas tellement pour ce que j'ai fait moi-même, mais pour ce que j'ai donné aux autres la possibilité de faire, et je l'ai fait de façon tout à fait délibérée et cohérente.

Les résultats sont là, même s'il aura fallu le temps d'une vie.

Il se passe un phénomène remarquable en ce moment. Les gens s'intéressent de plus en plus à l'architecture et à l'environnement. C'est un vaste sujet. La préservation de l'énergie, des ressources naturelles, de la santé, de l'histoire, tout cela arrive en même temps.

Le mot de la fin, Phyllis Lambert l'a prononcé lorsque je lui ai demandé s'il y avait des choses qu'elle ferait différemment aujourd'hui d'il y a vingt ou trente ans.

Justement, hier, je disais à un ami : « Mon Dieu ! Quand je pense à quel point j'étais immature il y a un an ! » Si on n'était pas capable de penser de cette façon, ce serait terrible. La vie serait finie.

Paul Buissonneau

On l'a appelé le père de la mise en scène moderne au Québec. Lui aime volontiers se présenter comme « un plombier du théâtre ».
Paul Buissonneau, c'est l'inoubliable Picolo. C'est le créateur de la Roulotte, le fondateur du Théâtre de Quat' Sous, l'accoucheur de toute une génération d'artistes de la scène tels qu'Yvon Deschamps, Clémence DesRochers, Claude Léveillé, Michel Tremblay, Claude Jasmin...
Lors du cinquantième anniversaire de la création du Théâtre de Quat'Sous, Yvon Deschamps lui a rendu hommage en lui disant : « Tu seras toujours mon maître. »
Il est lauréat du prix du Gouverneur général pour les arts de la scène (1998) et du prix Denise-Pelletier (2001).

« C'est ça qui est beau! De se redécouvrir chaque matin et de se dire : T'es encore là, vieux con!»

« **M**oi, je suis un fonctionnaire municipal à la retraite. »
Paul Buissonneau est célèbre pour son sens de la provocation, aussi je ne m'étonne pas outre mesure de cette surprenante entrée en matière.
Ce géant du monde du spectacle a en effet été employé de la ville de Montréal depuis la création de la Roulotte jusqu'à

l'âge de cinquante-huit ans. Techniquement, il était fonctionnaire, il a pris sa retraite, donc il est maintenant fonctionnaire à la retraite.

Je ris de la plaisanterie.

Lui ne rit pas du tout. Il a même l'air tragique. En quittant son poste à la ville de Montréal, qui ne représentait qu'une petite partie de sa vie, il pensait que désormais il aurait le champ libre et plus de temps à consacrer à ses autres projets.

En fait, du jour au lendemain, le téléphone a cessé de sonner.

Les gens ont entendu dire que j'avais arrêté à la Ville et ils ont cru que j'arrêtais, point final. Alors ça a été fini, le téléphone n'a plus sonné, ou pour des niaiseries que je ne tenais pas à faire.

Au début, cela ne m'a pas inquiété, parce que j'ai toujours improvisé ma vie, ce qui arrivait arrivait, ce qui n'arrivait pas n'arrivait pas... Je suis un peu fataliste. Sauf qu'à un moment donné je me suis dit : « Bon c'est l'fun les trois premiers mois, les doigts de pieds au soleil... » D'autant plus que ce n'était même pas au soleil. Monik (sa compagne) travaillait, donc on se voyait peu, les gens venaient me rendre visite pour dîner, ensuite ils retournaient travailler, et je restais seul avec la vaisselle sale.

J'ai toujours eu des activités parallèles, et ça s'est arrêté un peu. (Pause.)

Beaucoup.

Il n'avait que cinquante-huit ans. Il avait l'impression que son monde l'abandonnait.

Je me suis dit : « Bon, c'est la vie, ça y est, je suis vieux. » Mais je ne me sentais pas vieux du tout. J'ai un peu déprimé.

Cela a duré près de quatre ans. C'est dur de parler de cette époque avec Paul Buissonneau, parce que cet homme ne relate pas ses souvenirs, il les revit, littéralement, avec autant d'intensité que la première fois. Quand il s'interroge : « Je ne sers plus à rien ? » il a les mêmes larmes dans les yeux et le même ton indigné, il emploie les mêmes mots que tous ceux qui, ayant été actifs toute leur vie, se retrouvent soudain dans leur salon un matin de semaine à dix heures avec strictement rien à leur programme pour la journée.

Puis, très progressivement, il a reconstruit sa vie.

Ce qui lui avait manqué le plus, c'était le sentiment d'appartenir à ce milieu dont il avait été un des piliers pendant tant d'années. Il a renoué en acceptant de jouer des rôles parfois assez mineurs.

J'ai joué dans trois pièces je crois. Je ne suis pas comédien, ce n'est pas ma tasse de thé, j'ai de la misère à apprendre un texte. Mais je me suis dit : « Je vais rencontrer MON monde. » Je m'ennuyais d'eux autres, c'est sûr, donc j'ai accepté. Cela m'a fait du bien parce que je me suis retrouvé avec des jeunes comédiens que je ne connaissais pas, cela m'a replacé dans le milieu. Lorsque vous quittez, les gens et les choses changent vite.

Ensuite, Lorraine Pintal du TNM s'est rendu compte que j'étais encore vivant, et elle m'a proposé une mise en scène. C'est elle qui m'a remis le pied à l'étrier avec le spectacle de Gozzi, *L'oiseau vert*.

Ensuite, le Théâtre du Rideau Vert, voyant que je n'étais pas tout à fait écroulé, m'a appelé pour monter *Les chaises* de Ionesco, qui a eu un gros succès.

En 2003-2004, à l'âge de soixante-dix-sept ans, soudain on vous balance *Les précieuses ridicules* et, vous qui avez toujours dit que vous n'aimiez pas Molière, vous le réinventez.

On a tendance à vouloir monter Molière comme un auteur comique. Molière parle de choses graves, essentielles. Même si le ton est léger en apparence, le fond est sérieux, la plupart du temps.

J'ai monté *Les précieuses ridicules* sérieusement. Les aspects comiques de la pièce, car il y en a, sont peut-être mieux ressortis.

Paul Buissonneau, qui avait toujours fonctionné à l'adrénaline, a appris à apprécier le luxe de la lenteur. Mais il lui vient encore souvent de grandes bouffées de nostalgie pour le rythme fou des années héroïques.

Je fonctionne différemment maintenant. Je prends plus de temps, étant donné qu'on ne m'appelle pas tous les jours – avant je pouvais monter un opéra, deux pièces de théâtre, diriger la Roulotte, écrire vingt-six émissions de télévision, plus d'autres trucs à la télé ici et là, c'était effrayant!

Je n'avais pas le temps de finir un projet que j'étais déjà sur autre chose. En plus, mon travail à la Ville me prenait quand même trente-sept heures et quelques. Donc, dans ma semaine, je devais faire soixante-quinze heures, c'est-à-dire des semaines doubles. Je travaillais les fins de semaine. J'aimais ça. C'était euphorique! Il y en a qui cherchaient, qui gommaient, qui attendaient les coups de téléphone, moi j'avais besoin de ce rythme créatif qui me donnait des ailes!

À cette époque, vous deviez vous dire : « Si seulement j'avais un peu plus de temps! »

Oui, oui! Et maintenant que je l'ai, je l'assume d'une façon formidable! Je n'y avais jamais pensé... Le travail que j'ai fait sur les *Précieuses*, les recherches, la minutie, je n'aurais jamais eu le temps de le faire avant! J'aurais monté la pièce différemment. J'ai travaillé sur ce Molière comme un flic dans une enquête policière.

Donc c'est un luxe d'avoir du temps.

Oui. Je me paye un luxe. Mais attention! Il n'y a pas que le temps. Il y a aussi l'expérience que j'ai acquise durant tant d'années, qui me sert maintenant. Comme le dit la vieille chanson de Philippe Clay : «Si on avait mis en quarantaine / Tous les hommes de quarante ans / L'humanité en serait à peine / Au Moyen Âge et pour longtemps...» On en serait encore au Moyen Âge. C'est vrai! L'âge est intéressant sur ce plan-là. J'ai un vécu de cinquante ans, avec des hauts et des bas, et c'est quelque chose qui forme un mec, je crois. C'est l'accumulation des expériences qui fait que j'arrive à penser complètement différemment d'il y a dix, quinze, vingt ans. C'est sûr. Je n'aurais jamais pu faire ce que j'ai fait avec les deux pièces que j'ai montées l'an dernier (*Les précieuses ridicules* et *Le cabaret des mots*) sans cette somme d'expériences. Il est certain que l'âge, de ce point de vue-là, est un avantage.

Est-ce que l'esprit devient plus vif à mesure que le corps ralentit ? Paul Buissonneau n'est pas le premier à en faire l'observation.

Évidemment, sur le plan physique, c'est moins drôle. Parce que les bobos se mettent à apparaître... Bon. Mais ça va avec le reste. Je fais de l'arthrose dans le dos, j'ai de la misère à mettre mes chaussures, j'ai un truc spécial pour mettre mes chaussettes, je n'ai pas honte de le dire! En toute franchise, je suis trop lourd. Je suis un gros... en plus du reste.

Est-ce que vous trouvez ça déprimant ?

Non. Pas à ce point-là. Ça m'emmerde, mais ça fait partie du lot. Il ne faut quand même pas tout demander! Que je monte encore des spectacles comme je le fais à soixante-dix-sept ans, je suis très, très heureux. Je le souhaite à tout le monde. (Pause.)

Je ne sais pas combien de temps ça va durer. (Pause.)

Je m'en fous !

J'ai la nette impression que, quand Paul Buissonneau affirme « Je m'en fous », c'est que, justement, il ne s'en fout pas.

Vous avez toujours donné l'impression d'être un homme pressé, impatient, comme si vous aviez peur de manquer de temps.

J'ai toujours été pressé, parce que… Mes deux parents sont morts à l'âge de quarante ans. Donc, quand j'étais jeune, je pensais qu'à quarante ans, c'était fini.

Et une fois que vous avez atteint quarante ans ?

Je me suis dit : « Merde, ça y est, il va se passer quelque chose. » J'avais le modèle de ces deux individus qui s'appelaient Andréa et Lucien Buissonneau. J'étais fataliste, je n'avais plus d'illusions à me faire : La vie finit à quarante ans. Puis, tout d'un coup, ça s'est mis à dépasser. Pis ça dépasse, pis ça dépasse… Je me dis : « Merde qu'est-ce qui se passe pour que ça dépasse ? »

Aviez-vous l'impression d'être en sursis ?

Tout le monde est toujours en sursis. Je m'en suis persuadé très jeune.

Est-ce qu'il faut vivre comme si on était en sursis ?

Je crois que oui. Sinon, on se met en état de défense continuelle. Alors que si on considère qu'on est en sursis, on se dit : « Ça arrivera quand ça arrivera, baptême ! »

Moi, c'est un peu mon truc. On me demande : « As-tu peur de la mort ? » Moi, la mort, je n'en ai rien à faire ! La mort, c'est quoi ? Elle viendra, c'est sûr ! Ce dont j'ai peur, c'est d'être malade. Mais le reste… Advienne que pourra !

La facilité de cet homme à passer en un instant du tragique le plus déchirant au comique le plus loufoque est désarmante.
Sur les planches d'un théâtre, on s'y attend, autour d'une table de cuisine, c'est plus dur.
Soudain, le mime génial m'offre un aperçu de l'étendue de son talent – et de son arthrose.

Le matin quand je me réveille, je me dis : « Merde, je suis encore là ! » C'est un étonnement continuel. C'est ça qui est beau ! De se redécouvrir chaque matin, et de se dire : « T'es encore là, vieux con ! »
Pis là, tu te mets… (Il fait mine de poser le pied par terre.)
– Aouch !
Pis là… (Il fait mine de se lever, et se met la main sur la hanche.)
– Aouch ! (Il se lève et se prend le genou à deux mains.)
– Aouch ! (Il rit !)
– Aouch cââlisse ! Oh merde !

Il marche plié en deux, les jambes tordues, une grimace affreuse sur le visage, un vrai bossu de Notre-Dame, pour mieux illustrer ses douleurs du matin au réveil.
Puis sans transition, il se redresse, son ton devient posé et dégagé :

J'arrive dans la cuisine. Elle me regarde. (« Elle », c'est Monik.)
– Ça va ?
– Ouais. Bof. Ça va.
Et la journée reprend son cours. La levée du corps est oubliée.

Vous avez souvent dit : « Je suis comme un écolier qui remet constamment le compteur à zéro. » C'est une image qui vous a servi de règle de vie, on dirait ?

C'est vrai. Je remets toujours le compteur à zéro.
Souvent je m'entends dire aux comédiens : « Retourne au zéro, baptême ! » Quand ils le comprennent, ils disent : « Tu as raison. »
Quand j'étais jeune, les gens me disaient (grosse voix grave, comme un enfant qui imite les adultes) : « Écoute, tu ne vas pas m'en apprendre à mon âge ! »
Je trouvais ça épouvantable. J'ai toujours trouvé ça révoltant. Les gens s'arrêtent à un niveau, parce qu'ils sentent qu'ils n'iront pas plus loin. Moi, je redémarre et à chaque fois c'est nouveau.

Vous donnez l'impression d'avoir conservé la capacité de regarder le monde avec vos yeux de petit garçon.

C'est vrai ! Parce que si j'avais perdu ça, j'aurais perdu énormément. Je me serais pris pour un autre, et les adultes m'ont assez emmerdé dans ma jeunesse que pfff... N'oubliez pas que j'ai commencé à gagner ma vie à l'âge de quatorze ans. Les problèmes des ados, je ne les ai pas connus. Mon problème, c'était survivre.

Pensez-vous que tout le monde garde le petit enfant en soi, même en arrivant à un certain âge ?

Paul Buissonneau prend soudain un ton très doux, très tendre et tout triste, un ton qu'on n'entend pas souvent dans sa bouche.

Je ne sais pas. C'est-à-dire qu'on le chasse beaucoup trop vite, l'enfant ; on l'enterre très vite. Combien de fois on m'a dit : « Arrête de jouer ! Essaye d'être un peu plus adulte ! » Si je ne l'ai pas entendu! Un adulte, c'est quoi un adulte? Un adulte, c'est déjà un abus de pouvoir sur l'enfant.

Soudain, son ton n'est plus doux du tout. C'est un spectaculaire crescendo.

C'est eux, les cons. Eux! qui donnent des leçons en se basant sur leur petite expérience personnelle. Je voulais bien m'en servir de leur expérience, tout en me forçant pour aller plus loin... Et ils me disaient: «Arrête de jouer!» Le jeu est l'apprentissage des jeunes. J'ai appris en jouant. Pour moi, c'était logique de continuer... «Arrête de jouer!» qu'ils me disaient.

Maintenant, il hurle, comme seul Buissonneau est capable de hurler.

Si c'est ça, JAMAIS!
C'est ça que je pensais quand j'étais petit. Et cela ne m'a jamais quitté.

Et maintenant que vous êtes grand?

Des cons, il y en aura toujours. J'aime autant garder cette espèce de couverture. Maintenant, je suis un enfant gâté.

Vous dites encore «un enfant». Est-ce que c'est une coquetterie, quand on a soixante-dix-huit ans, de dire «Je suis un enfant gâté»?

Mais non! On dit toujours qu'on retombe en enfance quand on est vieux. Moi, je n'y retomberai jamais puisque je ne l'ai jamais quittée. Je SUIS un enfant et j'assume de l'être, sans complexes, jusqu'au bout.

Le gérontologue Bernard Groulx dit que l'expression «retomber en enfance» recouvre quelque chose de scientifiquement vrai. Quand les gens avancent en âge, ils retrouvent la capacité d'être plus sensibles aux détails, comme les enfants qui sont capables de se concentrer sur un pétale de fleur ou un coquillage...

Je suis sûr de ça. Je crois en cette capacité-là, je ne l'ai jamais perdue. D'où me viennent ces espèces de recherches que je fais, ces trouvailles? C'est grâce à ce côté-là. Si j'étais adulte, je dirais (il prend l'accent parisien): «Ah non, ce n'est pas logique!»

Paul Buissonneau fait référence à ces trouvailles de mise en scène pour lesquelles il s'est rendu célèbre, à commencer par les fameux stores vénitiens qui lui avaient permis de planter deux décors en un à l'époque d'*Orion le tueur* et de la Roulotte, pour arriver à faire des décors économiques et transportables.

Vous avez pris beaucoup de risques dans votre vie.

Je les ai tous pris! Même de devenir fonctionnaire! C'était un risque, j'aurais pu m'emmerder, et puis j'en ai fait quelque chose de formidable, à tel point que tout le monde m'enviait, et en plus de ça, je suis parti avec une PENSION!

Vous, vous avez survécu à cette traversée du désert après avoir pris votre retraite de la Ville. Tout le monde n'a pas un métier aussi créatif que le vôtre ni une personnalité aussi inventive, mais tout de même, auriez-vous des suggestions, des conseils pour les gens qui se retrouvent dans la situation que vous avez connue: à déprimer à la maison en ayant l'impression que la vie est finie.

Je ne suis pas très fort comme conseiller. Chacun a sa vie, chacun a sa manière. Il ne faut pas accepter ses fragilités. Tant que la santé le permet, il faut assumer sa finalité, sans morbidité, et s'y préparer.

Moi j'ai fait la bêtise de ne pas me préparer à la retraite. Pourtant, la Ville proposait des recettes et donnait des cours.

J'ai dit : « Aye! ils me font marrer, ils prennent des cours de retraite, ils sont malades! » Mais quand je suis arrivé au point où je me disais : « Ho! qu'est-ce qui m'arrive? » J'ai regretté de ne pas avoir pris ça au sérieux. Finalement, personne n'est au-dessus de ça. J'aurais dû le faire. Ça apporte toujours quelque chose, ne serait-ce que le fait d'en parler. C'est ce que j'ai appris dans la vie.

Pour moi, le meilleur moyen de ne pas déprimer, c'est de m'accrocher à quelque chose, même un truc bidon.

Paul Buissonneau décrit le projet, pas du tout bidon, auquel il vient de consacrer un mois de travail. Il s'agissait d'adapter pour le théâtre un roman biographique sur Duplessis.

J'ai eu la chance que Claude Jasmin m'envoie son maudit roman, *Le patriarche bleu*, que j'ai lu d'un premier jet en pensant : « Bof, qu'est-ce qu'on peut faire avec ça? »

Je l'ai relu… « Wow! »

Je l'ai fait. J'ai gardé les mots du roman sans changer un iota, mais j'ai choisi. J'ai épuré, épuré… et en même temps, j'ai fait et écrit la mise en scène. J'ai travaillé comme un malade – malade de bonheur – pendant un mois. Ce serait intéressant que cette pièce soit montée, pour que les jeunes sachent ce qu'était l'époque des années cinquante et qui était Maurice Duplessis.

Son enthousiasme est palpable. Manifestement, il « voit » déjà ce que ce projet donnerait au théâtre.
Spontanément, je lance : « J'espère que ça va marcher! »

Je m'en fous! Je l'ai fait, je l'ai fini, et ça m'a fait du bien. Comme je dis souvent, je suis un plombier de l'art dramatique.

On me demande de réparer le tuyau, je ne me pose pas de questions, je répare.

Il ne s'en fout manifestement pas. Il n'est pas certain que *Le patriarche bleu* trouve preneur à la télévision, mais ce genre d'incertitude a toujours fait partie de sa vie professionnelle. C'est une conjoncture familière pour un metteur en scène, et cela suffit pour qu'il se sente de nouveau dans son élément. Et il se sent bien.

Charles Aznavour

Charles Aznavour se sentira toujours un peu québécois. C'est le public montréalais qui le premier l'a considéré comme une vedette en 1948. C'est au Québec qu'il a composé *Sa jeunesse*, la première chanson qu'il a écrite et interprétée lui-même. Il y a vécu deux ans et demi avant de retourner s'installer dans son Paris natal. Plus de sept cents chansons, quarante-quatre albums, plusieurs rôles de premier plan au cinéma, tel est son bilan pour l'instant, et ce n'est pas terminé.

*« Il faut savoir rester assis devant sa porte
à regarder le monde passer. »*

Quand il est en spectacle au Québec, il n'oublie jamais de mettre *Sa jeunesse* au programme, histoire de faire un clin d'œil à ses folles années montréalaises.

Cette chanson, qu'il a écrite en 1948 entre deux spectacles au célèbre Faisan Doré, tient une place privilégiée dans son cœur et dans son répertoire, car c'est la toute première dont il ait composé à la fois la musique et les paroles.

Lorsque je l'ai rencontré, il venait de célébrer ses quatre-vingt-un ans. À la Place des Arts, il avait coupé court aux supputations et aux chuchotements (De quoi va-t-il avoir l'air ? Comment tient-il le coup ? Est-ce qu'il ne devrait pas accrocher ses patins avant de faire pitié ?) en annonçant, dès le début du spectacle : « Désormais, je ne danse plus sur scène. » Une blague au passage sur ses cheveux transplantés, une boutade bien lancée : « La retraite, c'est bien, mais le travail, c'est mieux ! » et le public était dans sa poche, une petite larme à l'œil en l'écoutant fredonner « On ne peut garder sans cesse / sa jeunesse ».

Si on aime son public, on peut tout lui dire. Quand je me suis fais opérer du nez, je leur ai dit que j'étais opéré du nez. Lorsque je me suis fait transplanter les cheveux, j'en ai fait une sorte de sketch.

Je trouve ridicule les gens qui font face au public et qui essayent de faire croire qu'ils n'ont pas vieilli. Les acteurs qui ont soixante-dix ans et qui se font « tirer » avec la chirurgie plastique pour faire croire qu'ils en ont trente, je les appelle les canards laqués. Ils font une erreur. Ils sortent de leur génération et, à mon avis, ils perdent un peu de la tendresse du public parce que... Qu'est-ce qu'il aime, le public ? Il aime aussi vous voir vieillissant avec lui. Même les jeunes, ils vous préfèrent vieux que soi-disant jeune. J'en suis totalement persuadé.

Cela prend tout de même du cran de dire à son public qu'on s'est fait transplanter les cheveux ou qu'on a mal au dos.

Non, parce qu'ils vont bientôt commencer à le dire aussi. Par exemple, je n'entends pas très bien. J'ai acheté un appareil que je mets rarement. Mais souvent, je dis aux gens : « Écoutez, soyez gentils, parlez plus fort, parce que je suis un peu sourd. Vous verrez, quand vous aurez mon âge, cela vous arrivera aussi. » Je les mets dans le coup tout de suite en leur disant que cela leur arrivera comme à moi, et si ce n'est pas les oreilles, ce sera les yeux. On est tous dans le même bateau.

Est-ce que c'est plus facile ou plus difficile de vieillir quand on vit dans l'œil du public ?

Cela devient facile à partir du moment où l'on pense que c'est naturel. En fait, on sait très jeune qu'on va vieillir, on sait très jeune qu'on va mourir. Alors ce n'est pas la peine de faire semblant !

Y a-t-il eu un moment où quelque chose vous a fait penser : « Ça y est, je suis vieux ! »

Non. C'est un processus tout à fait normal. J'étais persuadé qu'un jour j'entendrais moins bien, je verrais moins bien. Encore, j'ai de la chance, je n'ai pas de râtelier ! (Rire.)
J'ai toujours pensé que je vivrais vieux, et de ce fait je me suis préparé à la vieillesse très tôt. En fait, j'ai commencé à m'en préoccuper quand j'avais vingt ans.
Je suis tout à fait sérieux. N'oubliez pas que je ramenais les sous à la maison parce qu'on n'avait pas les moyens. Donc très tôt, ma sœur et moi nous avions tous les deux ce sentiment d'avoir l'âge de porter la famille. Cela nous donnait de la vieillesse.
En plus, les gens du Moyen-Orient ont cette vertu de reconnaître la vieillesse et d'y être préparés. Ce sont des pays où l'on vit vieux et où la vieillesse fait partie de la vie.

Charles Aznavour parle comme un homme de tradition ancienne. Il s'avère que dans son cas, la sagesse a de loin précédé la vieillesse.

Il y a des peuples qui ont la sagesse en naissant. Les peuples ballottés, les peuples qui ont été chassés, génocidés, ont la sagesse dans le sang. Et de bonne heure.
Je suis né à Paris, mais les racines sont restées profondes. Nous n'étions que tous les quatre – mes parents, ma sœur et moi – parce

que tout le reste de la famille avait péri dans le massacre (le génocide de la population arménienne, en 1915). Je ne crois pas aux gens qui ne se rappellent pas de leurs racines. Je ne peux pas avoir confiance dans quelqu'un qui oublie tout le passé de sa famille.

Mais quand on est jeune, il faut d'abord penser à l'avenir. Un jeune homme doit faire sa vie. Une fois qu'il a fait sa vie, il peut se pencher sur son passé, et il peut se préoccuper de bienfaisance.

C'est le parcours qu'il a suivi, très délibérément.

Ce qui comptait quand j'avais vingt-cinq ans, c'était de réussir ma vie. De deux manières, et je voulais réussir les deux. Je voulais réussir ma vie d'homme pas au détriment de ma vie professionnelle, et ma vie professionnelle pas au détriment de ma vie de famille.

Je dis souvent aux jeunes autour de moi : Ne vous précipitez pas sur les organisations humanitaires. Faites d'abord votre carrière. Quand elle sera forte, vous serez beaucoup plus utile. Rendu à ce moment-là de votre vie, engagez-vous, mais engagez-vous profondément.

Lui, son engagement a commencé au moment du grand tremblement de terre qui a fait cinquante mille morts en Arménie en 1988.

À cette époque, j'avais commencé à me préoccuper d'un autre pays. Je voulais mettre mes efforts au service du Cambodge, que j'aime beaucoup. Est survenu le tremblement de terre. Automatiquement, ce qui est normal, je suis venu vers les miens.

Il a alors créé la Fondation Aznavour pour l'Arménie, et six ans plus tard, il est devenu ambassadeur permanent de l'UNESCO pour l'Arménie. Il s'est également engagé pour des causes qui n'étaient pas toujours populaires.

Je crois qu'il faut le faire. Quand on a la possibilité de s'exprimer avec une plume, il faut mettre sa plume au service de beaucoup de choses. La période des « Je t'aime, tu m'aimes, chérie, machin-chouette », que j'ai beaucoup exploitée – j'ai été le premier à en écrire beaucoup, et tout le monde ne fait plus que cela –, c'est fini. Il faut dire autre chose. Les gens dont la vie n'est pas toujours facile sont concernés par mes chansons.

Par exemple, très tôt, j'ai fait *Tu te laisses aller*. Vous ne vous rendez pas compte de ce que c'était à l'époque. Je chante que la femme est grosse et laide et que son mari lui dit des horreurs. J'ai reçu des lettres déchirantes de femmes qui me disaient qu'elles avaient fait des efforts énormes et qu'elles avaient retrouvé une véritable nouvelle lune de miel avec leur mari. À cause de ma chanson. Ça touche !

Quand j'ai écrit *Comme ils disent*, en 1972, on ne parlait pas encore d'homosexualité. Cette chanson a été interdite sur toutes les radios au monde, mais elle a permis aux mères d'accepter que leur fils soit homosexuel, et c'était important.

Au cours de sa carrière, il a également écrit des chansons sur la drogue, les accidents de voiture, les otages, et bien sûr sur les génocides, tous les génocides, dans *Ils sont tombés*.

Je n'en fais pas tellement, de chansons comme celles-là. J'en fais une tous les trois ans. Mais quand même, si on s'amuse à regarder le nombre de chansons engagées dans mon catalogue, on a de quoi faire un double album.

Ce côté engagé, pour moi, c'est le résultat d'une sorte de sagesse acquise. J'ai les moyens de le faire, je me dois d'essayer d'améliorer la société.

Son entourage est un microcosme de ce que serait pour lui une société idéale.

Je m'appelle le Benetton de la chanson. Dans mon entourage il y a de tout. Il y a du maghrébin, du juif, il y a la protestante, un peu d'haïtien, toutes les religions, tout. Le mélange, c'est important, cela apporte quelque chose. Et ça, je n'ai pas encore réussi à l'écrire. Je voudrais faire une chanson qui donne envie aux gens d'aimer tout le monde, ce que les religions ne réussissent pas à faire aujourd'hui.

Charles Aznavour a un côté vieux sage. Il cherche à faire passer des messages de paix et d'ouverture dans ses chansons, il donne de plus en plus de galas de bienfaisance à l'appui de causes qui lui semblent importantes ou mal comprises. « Tout ce qui est "sans frontières", je donne ! » Mais il a également la simplicité de dire que, dans le fond, s'il continue à chanter et à donner des spectacles, c'est aussi, tout bêtement, parce qu'il aime ça. Il a essayé de prendre sa retraite une fois, et cela n'a pas été concluant !

Je ne peux pas rester à la maison ! Mon épouse voulait absolument que j'arrête : « C'est ridicule, à ton âge... » Protestante, suédoise, bien carrée, pour elle, à un certain âge on arrête.
Bon, on a essayé. J'ai arrêté. On ne me voyait plus. J'ai un *basement*, c'est là que je travaille. C'est mon antre à moi, et j'y passais mes journées.

Vous les passiez à quoi faire ?

(Rire.) Je rangeais beaucoup. Je range, parce que tout se dérange. J'écrivais, bien sûr, et je travaillais sur des photos, des bricoles. Au bout de trois mois, j'ai téléphoné à mon agent : « Ça suffit. Tu peux reprendre des contrats ! » Et on est repartis sur la route.

Tout de même, il a ralenti. Désormais, s'il travaille, il faut que ce soit pour le plaisir. Il espace ses spectacles. Par contre, il écrit de plus en plus. Il a pas moins de cent quatre-vingt-dix chansons à l'état d'ébauche dans son ordinateur.

Je sais que je n'aurai jamais terminé mon travail d'écriture, c'est certain. Je travaille toujours sur trois ou quatre chansons en même temps. Quand je bute sur une idée, je passe à une autre, et c'est ainsi que j'arrive à finir quelque chose au lieu de me morfondre devant la page blanche. Je n'ai pas d'insomnies parce que quand je ne peux pas dormir, je travaille sur mes chansons.

Vous travaillez tout le temps.

Toujours. C'est cela, ma retraite. Je me retire de la chanson, je me retire du cinéma, pour écrire. Ma retraite, c'est l'écriture.

Parce que vous êtes un homme de plume. Quelles recommandations donneriez-vous aux gens qui ont eu une carrière plus conventionnelle et qui s'apprêtent à prendre leur retraite ?

Il faut qu'ils trouvent dans leur for intérieur, dans leur cœur, dans leur esprit, ce qui leur a manqué quand ils étaient plus jeunes. Il a dû y avoir un moment dans la vie où ils ont opté pour le confort. Il faut retrouver ce moment-là en cherchant bien dans sa tête, et se souvenir d'une chose qu'on voulait faire quand on était jeune, et qu'on n'a pas faite.

Il faut aussi aller rechercher les amis qu'on a perdus de vue depuis longtemps. Mon ami Ted Lapidus, c'est un sentimental énorme : « Tu te souviens… » Avec lui, on a toujours l'impression qu'on refait la guerre de 14. C'est bien d'avoir quelqu'un avec qui ressasser des souvenirs. J'en ai plusieurs, d'amis comme lui. Cela me fait des ramifications de souvenirs.

Pensez-vous que notre société occulte la vieillesse en évitant d'y penser jusqu'à la dernière minute, en refusant d'être vieux, de paraître vieux, et en essayant de vivre comme des adolescents jusqu'à la fin ?

C'est la société de consommation qui a créé ça. On ne sort plus pour marcher, on sort pour acheter. On va magasiner. J'ai l'impression que la vieillesse va empêcher les gens de faire des tas de choses qu'ils n'auront jamais apprises à faire.

Par exemple, ils n'ont jamais appris à s'asseoir. Il faut s'asseoir devant sa fenêtre, et regarder dehors. Ou s'asseoir devant sa porte en bas. Dans le Midi, les gens s'asseyaient devant leur porte, ils regardaient passer les gens. C'était un spectacle. Ils vieillissaient comme ça.

Pourquoi parlez-vous au passé ?

Parce qu'ils ne le font plus. J'ai une maison dans le Midi. Je ne vois plus personne sur le pas de la porte. C'est terminé. Encore peut-être dans des villages très retirés. On regardait couler le temps, et on vieillissait avec le sentiment que c'était naturel. Maintenant, on veut tout arrêter. On ne peut pas tout arrêter. C'est impossible.

Est-ce que vous seriez capable de rester assis sur le pas de votre porte à regarder passer les gens ?

Oui. Quand je m'assieds dehors pour lire, c'est déjà un peu ce que je fais. Je suis un homme de lecture. J'ai des amis qui lisent beaucoup. On s'échange des livres, on s'écrit, on en parle. « Est-ce que tu as lu ceci ? Je te recommande celui-là. » C'est formidable. C'est notre manière à nous de rester assis devant la porte à regarder le monde passer.

Clémence DesRochers

Comédienne, humoriste, auteure et chanteuse, Clémence DesRochers a commencé sa carrière avec la Roulotte de Paul Buissonneau. Elle a ouvert des boîtes à chansons, monté de nombreux spectacles, dont *Les Girls* et *De retour après la ménopause*, animé des émissions de télévision et joué dans plusieurs films dont *La grande séduction*.

Elle a publié plus de dix recueils de poèmes, monologues, fables et chansons, et quatre albums de dessins. Porte-parole des Impatients, lieu de création spécialisé dans l'art thérapeutique, elle est aussi marraine de l'expo-vente les Femmeuses au profit des victimes de violence conjugale. Elle est chevalier de l'Ordre national du Québec.

« Si mon corps me trahit, je ferai un jardin plus petit. »

On dit « Clémence ». Elle fait partie de cette poignée de personnes qu'on désigne par leur prénom en sachant que tout le monde saura de qui on parle. Il y a Yvon, et Jean-Pierre, il y avait Félix. Et il y a Clémence.

Bonjour Clémence !

Avec Clémence, on va droit à l'essentiel. La vie est trop courte pour faire des manières. En guise de préambule, elle m'offre ses grosses pantoufles de fourrure, parce qu'il gèle dehors et que je suis arrivée transie. Après quoi, elle rit que cela me fait des bien grands pieds.

Clémence, comment vous sentez-vous de recevoir quelqu'un qui vient vous parler de votre âge ? Est-ce que vous vous voyez comme une vieille dame ?

Non. La seule chose que je calcule, c'est le peu de temps qui me reste. J'ai soixante et onze ans, et je me dis : « Mon Dieu, ces soixante et onze années ont passé tellement vite que si j'ai encore vingt ou vingt-cinq ans à vivre, c'est très, très court. Cela m'affole un peu. »

Est-ce qu'il y a eu un moment dans votre vie où vous vous êtes dit : « Je suis en train de passer un cap. »

Oui, vers cinquante ans. Quand on est une personne publique, le regard des autres... J'ai eu un choc de me voir la face à la télévision. « Mon Dieu que je suis laide ! » Quand j'étais jeune et belle, je ne le savais pas que j'étais jeune et belle. Maintenant, quand je vois d'anciennes photos, je me dis : « Mon Dieu ! J'avais une belle petite face ! » Parfois, dans un spectacle, on est tellement mal éclairée – on est laide. C'est très dur de se voir laide.

Puis on a commencé à me demander pour certains rôles de vieilles. Je ne suis pas tellement prête à faire les petites vieilles. Récemment, on m'a demandé de jouer une vieille femme. Dans le texte elle a soixante-douze ans. Je leur ai dit : « Une femme de soixante-douze ans n'est pas une vieille ! Il faut la vieillir ! » Alors ils ont écrit une nouvelle version pour moi, et ils l'ont vieillie. Mais il reste que l'histoire du film ne m'intéresse pas.

Craignez-vous que les gens vous voient comme une personne âgée ?

Le regard des autres, il ne faut pas trop y penser. Pourtant, j'ai été regardée toute ma vie. Mais il ne faut pas penser : « Ils vont dire que j'ai vieilli. » Si jamais quelqu'un me disait : « Tu as bien vieilli ! » je répondrais quelque chose de bête.

Parce que vous êtes une personne publique ?

Parce que je suis Clémence qui ne veut pas être une vieille, qui ne veut pas qu'on dise qu'elle a pris un coup de vieux ! Ils le pensent probablement, mais ils ne le disent pas. Et je ne voudrais pas qu'ils me le disent ! (Rire.)

Son image la préoccupe, mais elle n'a recours à aucun artifice. Elle sait dans le fond qu'elle est en train de redéfinir de quoi a l'air une femme de soixante et onze ans.

Les gens sont étonnés quand je dis mon âge parce que, physiquement, je n'ai pas l'air d'avoir soixante et onze ans. Par rapport à certaines filles avec lesquelles je suis allée à l'école, il y a physiquement une grande différence.

Comment expliquez-vous cette différence ?

C'est à cause de l'intérêt de ta vie. La force d'une vie, c'est le pouvoir de créer. La création te sort de toi-même – moi la routine m'aurait tuée, je ne veux pas faire toujours la même chose chaque jour – et j'ai choisi un métier où rien n'est jamais pareil. Je fais une télé, j'arrive sur le plateau, il faut que j'étonne, il faut que les gens soient contents de me voir, il faut que je sois belle ou drôle ou touchante. Chaque rencontre fait que je suis neuve. Je ne traîne pas avec moi «Ah ! j'ai quarante-cinq ans d'expérience». Je les ai, mais chaque aventure humaine me renouvelle.

Les gens qui font des métiers de scène disent souvent qu'ils retirent une véritable énergie à se trouver face au public.

De l'énergie dans le vrai sens! C'est comme une *plug* dans le mur. Moi, ça me fait revivre. La foule m'anime, la foule me donne ma raison d'être. Comme vous l'avez remarqué, beaucoup de comédiennes restent très jeunes très longtemps, et très fermes. Le fait d'être une personne publique exige que tu ne te laisses pas trop aller, physiquement, que tu fasses tout ce que tu peux pour rester en bonne santé parce que c'est très épuisant, ce métier, très fatigant à tous points de vue. On se vide complètement chaque soir. Les contraintes du spectacle sont énormes. C'est beau, les gens t'aiment, mais c'est énormément de travail, les interviews… Mais le pire, c'est la préparation du spectacle: l'angoisse avant, la publicité à faire pour qu'on en parle, le soir de la première, la contrainte des répétitions, sans parler de l'écriture, c'est énorme! C'est toute une job.

Un soir j'ai senti que mon corps me disait: « Arrête! c'est trop, tu m'en demandes trop! » C'est pour cela que j'ai quitté la scène. J'étais physiquement fatiguée.

Elle avait alors soixante ans. Depuis, elle fait des spectacles devant des groupes plus restreints, pour soutenir une cause ou pour égayer la journée des pensionnaires d'une maison de retraite. Elle le fait pour les autres, mais aussi pour elle.

C'est un besoin d'amour. Les gens choisissent de t'aimer. C'est merveilleux. Mais pour que tu sois aimée et qu'on te reste fidèle, il faut que tu sois bonne. Un artiste rejoint les gens. Moi, j'ai beaucoup rejoint les femmes, j'ai beaucoup dit ce que les femmes ne disaient pas.

Vous êtes toujours très proche de l'os dans ce que vous dites.

Et pourquoi pas? On est sur terre, on est éphémère, je n'ai pas d'imagination, je n'ai pas le sens du fictif, je suis réaliste, je me sers beaucoup de ce que je vois autour de moi. Je suis très autobiographique. Chaque fois que j'ai vécu des étapes de ma vie que je trouvais marquantes, par exemple le fait de vieillir, puis la face te tombe, puis les rides, j'en ai parlé. J'en ai parlé avec mes amis, c'est-à-dire avec le public. C'est avec lui que j'ai le contact le plus vrai. C'est curieux à dire, mais la foule est une amie intime, qui ne ment pas. Si t'es pourrie, elle te le fait savoir.

Vous avez beaucoup nommé ce dont les gens ne parlent pas. Pensez-vous qu'on passe à côté des choses ? Qu'on les évacue pour ne pas avoir à en parler ?

Je crois que oui. Mais pour pouvoir en parler et l'évacuer, il faut en avoir les moyens. Moi, je les ai, parce qu'avec l'écriture, la scène, j'ai les moyens de sortir cela de moi, de le nommer. Mais il y a des gens qui n'ont aucune possibilité de s'extérioriser d'une façon ou d'une autre. Ils pourraient le faire en parlant avec des amis, mais il y a des sujets qu'ils n'abordent jamais. Combien de gens sont malheureux parce qu'ils sont incapables de parler ! Il faut sortir les choses. *Better outside than inside,* comme disait mon père (le poète Alfred DesRochers). J'y crois. C'est le principe des psychiatres. Quand tu nommes les choses, c'est moins dramatique. Tous les soirs, je parlais de la ménopause, j'ai fini par ne plus la prendre au tragique. Je lui ai réglé son cas. C'est sûr qu'avoir des chaleurs, cela continuait à m'emmerder, mais je l'avais dit ! Et les femmes sont contentes que je l'aie dit. Je crois que si je n'avais écrit que *De retour après la ménopause,* j'aurais quand même fait toute une carrière. Quand j'ai présenté ce spectacle, les gens m'arrêtaient dans la rue, ils m'en parlaient tout le temps, j'en étais tannée !

La carrière de Clémence DesRochers s'est déroulée exactement comme elle le rêvait quand elle avait dix-sept ans.

Je savais que je voulais faire ce métier-là, que j'allais monter sur une scène, parler avec les gens, et leur parler avec mes mots à moi.

Je voulais leur dire : « Regardez, c'est moi qui l'ai écrit, ce texte. C'est moi qui ai pensé vous raconter ma vie quand je suis sortie du couvent, c'est moi qui ai eu envie de vous raconter comment les sœurs m'ont fait chier. Cela devait être la même chose pour vous autres, et on va enfin se venger et en rire. » Rire, c'est très, très sain. Voilà une recette à mettre dans sa vie ! Parce que les gens sont ben, ben sérieux. On dirait qu'il faut être payé pour pouvoir faire rire. Mais on peut être drôle dans la vie, on peut avoir le sens de l'humour, le sens du ridicule, qui permet de prendre du recul par rapport à une situation pénible.

Les amis, c'est très important aussi pour Clémence.

Tu choisis tes amis, tu choisis les gens qui t'intéressent. Ceux qui t'entourent sont des gens qui sont vivants. Je ne vais pas être amie avec quelqu'un de plate. Si cela arrive, je quitte, je brise. Parfois, c'est tragique, mais quand ça va pas, ça va pas. Je vois la vie comme quelque chose de fragile. Il ne faut pas blesser. Il ne faut pas trop emmerder les autres. Alors mes amis, je les choisis avec soin, je n'en ai pas des tonnes, mais je les aime et je pense que j'en prends bien soin. C'est une espèce de force de les avoir, de leur donner parfois un coup de main.

Depuis qu'elle ne présente plus de spectacles, Clémence a donné une nouvelle orientation à sa carrière. Elle écrit toujours, mais elle a également commencé à peindre et à dessiner. Elle expose ses œuvres avec les Impatients, et elle a déjà quatre livres d'illustrations à son actif.

C'est un autre aspect de la création. S'asseoir en ayant un but, se lever le matin en se disant : « J'ai une bonne idée » ou « J'ai hâte d'aller voir ce que j'ai commencé hier». Entreprendre la journée en ayant quelque chose à faire qui va m'intéresser, c'est très important pour moi.

Quelle que soit la façon dont se manifeste sa créativité, il semble que ce qui anime Clémence, c'est toujours de révéler les autres. En adoptant le dessin, elle s'en est servi pour faire revivre des personnes oubliées.

Je m'inspire beaucoup de vieilles photos d'enfance, de gens inconnus ou connus, pour dessiner. Une amie m'a prêté un album qui date de 1932. On y voit des femmes d'Old Orchard en robes longues sur la plage. C'est très joli. C'est une source d'inspiration. Je change les personnages de place, je leur donne des couleurs.

Ce qui me touche beaucoup, c'est le fait que ces petits enfants que je suis en train de dessiner, ce sont des gens qui sont morts ou qui ont passé quatre-vingts ans. Les photos existent, mais personne ne les voit. En faisant une exposition, c'est comme si je faisais renaître un moment, par exemple, une petite fille en train de se balancer sur une branche d'arbre.

Elle crée ainsi des liens de continuité entre les générations dans ce pays qu'elle aime, les Cantons de l'Est où elle est née et où elle vit une grande partie de l'année.

La nature pour moi est une compagne de vie indispensable. J'ai toujours été amoureuse de la nature. J'ai un grand potager... mais je ne suis pas excellente jardinière.

À la campagne, je fais beaucoup de ski de fond, et l'été je nage dans le lac. Du jogging, je n'en fais pas, j'haïs ça, mais je marche tous les jours. Et je suis folle du tennis. Le tennis et le scrabble, ce sont mes passions. Au scrabble, on ne bouge pas, mais ça fait travailler les méninges. J'adore ce jeu-là. Prendre un verre de blanc en jouant au scrabble, c'est un bon moment dans ma vie. Il y a une part de hasard, il faut réfléchir, on triche, on fouille dans les dictionnaires sous prétexte qu'on veut s'instruire…

Est-ce que vous sentez votre corps ralentir ? Est-ce qu'il y a des activités que vous ne pouvez plus faire ?

Non, je suis chanceuse, je suis encore capable de fendre du petit bois avec une belle petite hache que j'ai eue en cadeau, de rentrer le bois, de passer cinq heures à travailler dans le jardin. J'ai une fatigue physique, mais c'est une bonne fatigue. Je joue au tennis comme j'ai toujours joué – aussi mal qu'avant, mais je veux améliorer mon jeu jusqu'à la fin de mes jours, même si je n'y arriverai pas…

J'ai moins d'angoisses aussi. C'est curieux, j'ai été une fille très angoissée à certains moments, et maintenant je le suis moins. Je suis dans une période de ma vie où je suis très heureuse.

Bien sûr, le jour où je vais sentir que mon corps me trahit, ce sera dur à prendre. J'espère que je pourrai toujours dessiner et que je n'aurai pas à abandonner. Si mon corps me trahit, je ferai un jardin plus petit.

Hubert Reeves

Astrophysicien de renommée internationale, diplômé des universités de Montréal, McGill et Cornell, Hubert Reeves a travaillé entre autres à la NASA à New York. Il est directeur de recherche au CNRS (Centre national de la recherche scientifique) à Paris et professeur associé du département de physique de l'Université de Montréal.
Il fait partie de plusieurs mouvements pour la protection de l'environnement au Québec et en France, principalement la Ligue ROC pour la préservation de la faune sauvage, dont il est président, et l'Observatoire du Saint-Laurent, dont il est ambassadeur pour le projet Biosphère.
Il est officier de l'Ordre national du Québec, compagnon de l'Ordre du Canada et commandeur de la Légion d'honneur en France.
Dans l'espace, un astéroïde porte son nom.

« Je me sens dans une sorte de nouvelle jeunesse. »

Le grand homme descend la rue Laurier d'un pas lent et déterminé, avec l'air de quelqu'un qui sait exactement où il va.

Le grand homme est petit, son corps est compact et dégage une impression de puissance bien maîtrisée.

Si son propos est grave, Hubert Reeves a toujours un demi-sourire au coin des lèvres. Surtout quand, en guise d'introduction, je lui fais remarquer qu'il peut faire penser au bon Dieu :

il a une grande barbe blanche, il sait tout, il voit l'univers dans sa totalité, pour lui le temps n'existe pas.
Cela le fait rire.

Jamais je n'aurais pensé qu'on me dirait un jour une chose pareille! Mais c'est vrai que dans la Bible, Dieu est un vieillard.

Est-ce pour cela que les gens vous écoutent avec tant de ferveur?

Sans autre préambule, il plonge dans son sujet.

J'ai deux messages très distincts. Le premier, c'est celui de notre relation aux étoiles, aux planètes, aux atomes, ce que j'appelle la belle histoire, l'évolution du cosmos, l'insertion de la vie, et c'est très écouté. La deuxième histoire est celle des menaces que nous faisons peser sur la planète. Le réchauffement augmente d'année en année; ne serait-ce que depuis l'an 2000 l'accélération est effarante. Quand les gens jettent un coup d'œil sur le dernier rapport de Kyoto soulignant la détérioration des écosystèmes, ils sont accablés.

Hubert Reeves dégage ce sentiment d'urgence que l'on retrouve chez tous ceux qui s'inquiètent de la dégradation de notre environnement.

Avez-vous l'impression de prêcher dans le désert?

Je parlais dans le désert il y a trente ans. Maintenant, il y a beaucoup plus d'écoute à ce discours sur l'environnement et l'écologie. Il y a eu une évolution extraordinaire. Si vous vous souvenez, il y a trente ans, on considérait les écolos comme des rigolos. Aujourd'hui, on les prend vraiment au sérieux. Nous avons eu des influences considérables. Par exemple, nous avons réussi à faire adopter la Charte de l'environnement en France, avec le principe de précaution, même si elle est passée de justesse. Nous avons écrit des lettres à tous les députés, à tous les ministres pour leur dire que c'était sérieux, et presque du jour au lendemain, alors que les socialistes avaient prévu de voter contre – parce qu'ils ne voulaient pas voter avec la droite, c'est aussi bête que ça, la politique –, ils n'ont pas participé au vote, et tout a changé. Il y a eu plusieurs exemples de ce genre. Au Québec, vous avez celui du projet de centrale thermique du Suroît. Quelque chose a été bloqué parce qu'il y a eu des protestations des milieux de l'environnement. Donc aujourd'hui, je ne dirais plus : « Ah ! je parle dans le désert. »

Hubert Reeves n'est pas un prophète de malheur, mais il s'inquiète.

On a toujours cette inquiétude de la relève. Il en faudrait plus, parce qu'il ne faut pas compter sur les politiques. C'est normal. On sait qu'il faudrait maintenant prendre des mesures impopulaires pour que les choses ne se détériorent pas. Mais un gouvernement qui prend des mesures impopulaires, et qui coûtent cher, n'est pas réélu. Voilà le dilemme. La démocratie c'est cinq ans, les échéances sont à quelques décennies.

Comment convaincre les gens ordinaires, qui n'ont aucune formation scientifique de base, que votre science est meilleure que celle d'un autre ?

C'est un dilemme. La seule chose qu'on peut faire, c'est d'essayer de donner des connaissances scientifiques minimales. On n'a pas besoin d'avoir suivi un cours de mécanique quantique pour se faire une opinion sur ce qui constitue la meilleure source d'énergie. C'est ce que j'essaye de faire.

D'abord il faut rassurer les gens. Parce que le message des technocrates, c'est de leur dire : « Vous êtes nuls, laissez-nous faire. » Et vous vous apercevez ensuite que les décideurs sont juges et parties. Les gens ne sont pas aussi nuls qu'ils le pensent et peuvent avoir des opinions motivées. Il leur faut des renseignements et on essaye de les leur donner. C'est un point important de la vulgarisation. Donner les éléments nécessaires pour permettre de choisir correctement dans les débats sociaux.

Le philosophe Bertrand de Jouvenel dit que « la société a pour principe la préparation des successeurs ». C'est comme cela que vous voyez votre rôle ?

En ce sens, oui. C'est d'autant plus facile que ces successeurs sont des jeunes, et que c'est eux qui subiront les conséquences si les choses vont mal. Les adolescents sont très faciles à mobiliser, d'abord parce qu'ils ont envie d'avoir une cause, ils aiment défendre une idéologie ; et là, nous avons une idéologie convenable.

C'est ce qui motive Hubert Reeves : donner aux gens un sens de l'univers dans lequel ils se trouvent, les responsabiliser quant à l'état de leur environnement, combattre le défaitisme et assurer la relève. Il a un message important à transmettre et le sentiment qu'il lui reste de moins en moins de temps pour le faire.

Je suis conscient que le temps passe et que mon âge ne me laisse pas un temps infini, mais je me rassure car je connais beaucoup de gens qui ont dans les quatre-vingts ou quatre-vingt-dix ans et qui sont encore très actifs. Je sais bien que je ne suis pas éternel. Pour moi, l'important, c'est d'avoir la tête claire. Je sens comme une urgence, je sais tout ce que je veux faire, et je m'organise de mieux en mieux pour avoir le temps de le faire.

Il y a une chanson que j'aime beaucoup…

Et l'éminent astrophysicien se met à fredonner cet air de Michel Fugain :

« … De visiter toute l'immensité d'un si grand univers / Même en cent ans, je n'aurai pas le temps, pas le temps. »

C'est un thème qui m'est très présent. Il m'amène à m'organiser davantage, et à accepter avec boulimie des activités variées.

Hubert Reeves a un instant d'hésitation avant d'évoquer quelque chose qui lui fait peur.

Un des problèmes qui vous guettent dans la vieillesse, c'est la dépression. Je vois autour de moi beaucoup de personnes qui arrivent à la retraite sans avoir de projets. J'ai vu plusieurs exemples de gens brillants, qui tout d'un coup se mettent à dégénérer, leur débit ralentit, les yeux sont ternes, c'est lamentable.
Je pense à un de mes amis qui était toujours au bureau ; soudain, il est toujours chez lui. Évidemment sa femme n'est pas habituée à l'avoir là et ils ne se supportent pas bien. Il y a des tensions, il passe de plus en plus de temps devant la télévision, il fait une grosse déprime…
Il faut avoir des projets. Cette crainte du moment où je n'aurai plus de projets m'en fait accepter beaucoup. Il m'arrive de penser : « Si je n'avais pas de projet, ou, quand j'aurai terminé tel ou tel projet, comment je vais le vivre ? » Je n'y pense pas très souvent parce que j'en ai une telle quantité ! Mais dans le fond, cela demeure une anxiété.

Vous avez la chance d'être porteur d'un message qui est dans l'air du temps, donc les gens viendront toujours vous solliciter.

Certainement. Cela fait partie des choses qui me rassurent. Mais je ne veux pas non plus devenir une bête à faire des discours. Je veux me garder du temps pour les autres choses qui m'intéressent : la musique, mes enfants, mes petits-enfants, la nature, les voyages...

Ces choses lui sont d'autant plus indispensables qu'il a eu de graves problèmes de santé il y a quelques années. Il a même failli mourir.

J'ai eu des périodes très difficiles il y a une dizaine d'années. J'avais des maux de dos, des problèmes cardiaques. J'ai été hospitalisé pendant longtemps. Maintenant, tous ces problèmes ont complètement disparu. Je n'ai pas l'impression que mon corps ralentit, bien au contraire. Je me sens dans une sorte de nouvelle jeunesse.

Pendant toute cette période où vous étiez alité, vous avez dû penser : « Voilà, mon corps me lâche. C'est fini. »

Oui. C'était assez déprimant. Moi qui adore marcher, cela me frustrait énormément de penser : « Ce que j'aime, me promener dans la forêt, dans la nature, je ne pourrai plus jamais le faire. » Moi qui adore la musique, quand j'allais au concert, j'avais mal au dos, c'était l'horreur. Maintenant, je me sens comme un ressuscité.

Que faites-vous pour protéger votre corps ?

Je fais de la natation sur le dos. Un jour, alors que je souffrais depuis longtemps, un rhumatologue m'a dit : « Cessez de prendre des médicaments, inscrivez-vous à la piscine et nagez deux ou trois fois par semaine sur le dos pour vous remuscler. » Sa théorie est que les intellectuels travaillent toujours courbés et que leurs muscles du dos, qui tiennent la colonne vertébrale, s'atrophient. Pour peu que vous ayez une colonne vertébrale un peu déformée, cela vous fait mal. Ce qu'il faut, c'est soutenir la colonne vertébrale en remusclant la sangle qui l'entoure. La solution, c'est la nage sur le dos ou le taï-chi. Il m'a dit : « Dans trois mois, vous n'aurez plus mal au dos. » C'est exactement ce qui s'est passé.

Vous allez mettre les compagnies pharmaceutiques sur la paille !

Il rit.

Je n'y peux rien. D'autant plus qu'avec leurs anti-inflammatoires j'avais fait une péritonite qui m'avait conduit, il y a quelques années, sur la table d'opération dont j'ai failli ne pas revenir. Pendant que j'étais dans la salle d'opération, le médecin avait dit à ma famille : « On ne peut rien vous dire pour l'instant. » Là, vous savez que c'est grave. Quand ma femme m'a retrouvé, elle m'a dit : « Hubert, tu es encore en vie ? »

Lorsque quelqu'un vous regarde dans les yeux et vous dit : « Tu es encore en vie ? » c'est qu'il a pensé que vous étiez mort. Cela m'a fait une impression extraordinaire. Tout d'un coup, j'ai réalisé : « Je pourrais être mort. »

Comment l'avez-vous ressenti ?

Cela m'a fait trois choses. D'abord, vous recevez le message que vous n'êtes pas éternel. On le sait, mais on ne le sait pas…

Ensuite, cela vous rappelle que vous n'êtes pas indispensable, et que la vie continue après vous.

Et enfin, cela donne une sorte de légèreté à votre vie, un sentiment de répit. Vous vous dites : « Le moment présent, c'est un cadeau. Je pourrais être mort en ce moment, donc je suis maintenant dans un prolongement. » C'est comme un bon coup du destin. Depuis, je n'ai plus peur de la mort. Bien sûr j'en ai peur, mais pas du tout de la même façon. C'est comme si j'étais déjà passé par là.

Est-ce que cela a changé votre façon de vivre ?

Oui. Vous êtes prêt à prendre des risques, vous n'êtes pas toujours en train de vous protéger, vous vous investissez dans des choses que vous aviez envie de faire et que vous hésitiez à faire.
Connaissez-vous ce poème qui s'appelle *Les petites marguerites* ? C'est une vieille dame qui énumère les choses qu'elle n'a jamais faites : « Je me suis beaucoup privée par crainte de la vie, mais maintenant, si c'était à recommencer, je reprendrais une part de chocolat, etc. »
C'est un peu comme cela que je me sens.

Vous avez commencé à faire du taï-chi il y a quelques années.

C'est quelque chose que j'aime beaucoup, d'abord parce que c'est beau. Vous développez une grâce dans le corps, et quand vous observez des groupes de taï-chi, vous vous apercevez que c'est une sorte de ballet. On voit en Chine des groupes de gens âgés qui font leur taï-chi le matin tous ensemble. Ils restent très souples, ils ont de beaux corps.

Est-ce que c'est à la portée de tout le monde ?

Ce n'est pas difficile, mais c'est très lent. Il faut en faire beaucoup. Il faut trois ans pour apprendre une séquence, mais vous avez cette impression que vous la faites de mieux en mieux. Cette image de vous, réalisant quelque chose de physique en vous améliorant chaque fois, c'est très gratifiant.
Si j'avais à donner des conseils aux gens âgés, ce serait qu'il faut toujours avoir un défi. Cela peut être n'importe quel sport,

comme mieux nager, mais il est important d'avoir des objectifs physiques comme celui-là. Personnellement, j'aime le taï-chi parce que cela intègre tout votre corps, tous vos muscles, et c'est un exercice que l'on peut entreprendre en se disant : « Bon. Maintenant, je vais essayer de faire des progrès. »

On peut commencer à n'importe quel âge. C'est bien de commencer avec un professeur qui vous montre les mouvements dans leur précision, et qui vous corrige. Vous pouvez aussi le faire chez vous quand vous voulez. Et ce qui est formidable, c'est que ça ne prend qu'un quart d'heure. Si je travaille à mon bureau, après une heure ou deux, je suis fatigué. Je mets une vidéocassette de taï-chi – un professeur chinois fait les mouvements, vous faites comme lui. Cela vous « ventile » et donne à votre corps un rythme qui est extrêmement reposant. Après quinze minutes de taï-chi, d'abord vous avez réintégré votre corps – parce que quand vous travaillez votre corps n'existe plus – et vous êtes bien. C'est une sensation très agréable. Cela me repose pour la journée, et cela me manque quand je n'en fais pas. Il y a un très grand plaisir à exécuter avec votre corps un mouvement que vous faites bien.

Nous avons parlé de tout. Notre entrevue s'achève. Hubert Reeves a toujours un programme très chargé, il n'y a qu'à aller rendre visite à son site web pour s'en convaincre. L'heure est venue de nous séparer. Je le remercie, je lui souhaite un bon retour, je l'aide à enfiler son manteau. Sous les fenêtres, son taxi l'attend en double file.
Soudain, debout dans l'embrasure de la porte, il se fige, se retourne vers moi et me regarde droit dans les yeux.

Alors, un dernier message. Je vois beaucoup de gens qui arrivent à la retraite et qui commencent à se détériorer à une vitesse incroyable. Si j'avais un message pour les gens qui préparent leur retraite, c'est qu'il ne faut pas arriver du jour au lendemain en se disant : « Ah ! je ne travaille plus, je rentre chez moi. »

C'est une chose dont il a déjà parlé dans le courant de l'entrevue, mais peu importe. À l'intensité de sa voix, je sens qu'il y attache une importance énorme.

Il faut préparer sa retraite longtemps à l'avance en ayant des projets précis, et des défis précis.

Je vous donne un exemple. J'ai commencé à faire de la musique et, pour la première fois de ma vie, je vais diriger un orchestre cet été au festival de Prades. C'est un rêve d'enfance et c'est très important pour moi. Donner des conférences, je sais le faire, je sais que ça marche. Tandis que là, ce n'est pas garanti d'avance. Je dois faire face à une difficulté précise. Donc je travaille beaucoup. Voilà. Il s'agit de persister dans une activité mentale à un niveau assez élevé, avec des défis non assurés. Comme à l'école quand vous deviez apprendre à lire. On doit avoir des projets qu'il faut maîtriser, que ce soit faire du taï-chi et réussir vraiment bien une séquence, ou faire de la musique.

Il faut aussi s'autonomiser. Je n'ai plus de secrétaire, mais je n'en ai plus besoin. Grâce à l'internet, je peux rédiger tous mes courriers, effectuer des échanges avec mes collègues partout dans le monde. Cela permet d'avoir chez soi son activité, sur laquelle on a un contrôle complet.

Il faut que les neurones continuent d'être actifs et sollicités, sinon ils se désactivent, et c'est la détérioration rapide du cerveau.

Préparer la relève, rester actif de corps et d'esprit, demeurer autonome, telle est la façon dont ce grand homme de science vit la troisième partie de la vie.

Jacques Proulx

Cet agriculteur, fils d'agriculteur, a passé toute sa vie à militer pour défendre les intérêts des exploitants agricoles du Québec. Longtemps président de l'Union des producteurs agricoles, Jacques Proulx a mené des missions économiques à travers le monde et été un interlocuteur redoutable pour les gouvernants à Québec et à Ottawa. Il préside maintenant Solidarité rurale du Québec, coalition qu'il a créée en 1991 dans le but de promouvoir la revitalisation du monde rural. Il est chevalier de l'Ordre national du Québec.

« Faut-il que nous soyons riches comme société pour délaisser le savoir des aînés ! »

La philosophe Renée Houde affirme que « rendre notre monde plus viable, c'est la tâche spécifique des aînés dans une culture ». Jacques Proulx dit la même chose dans un langage plus imagé : « Moi, je suis un paysan. Je sais très bien que si on ne sème pas au printemps, on ne récolte pas à l'automne. La vie, c'est ça. Il faut investir, ou semer si vous voulez, pour récolter. C'est toujours à recommencer. »

Chemise à carreaux, mèches blanches en bataille, Jacques Proulx tient le fort de Solidarité rurale dans l'annexe de la cathédrale de Nicolet. Autour de lui, une équipe de jeunes professionnels, efficaces et sérieux, prouvent par leur présence même qu'il a réussi son pari.

C'est la relève. Ces jeunes ont pour mission d'aider les nouveaux venus à s'intégrer dans les villages où ils s'installent. Ils veulent faire comprendre que vivre en milieu rural, c'est choisir une façon de vivre autre. Ce n'est pas nécessairement être agriculteur, ce n'est pas transporter la ville avec soi dans sa maison de campagne, ce n'est pas non plus le ruralisme romantique des années soixante-dix, mais ce pourrait être une nouvelle façon de vivre pour le XXIe siècle, plus respectueuse de l'environnement et des besoins des êtres humains.

Ces jeunes apprennent auprès du maître et vouent un respect profond et sincère à cette grande gueule d'homme qui a fait trembler les politiciens de tous poils pendant plus de trente ans.

Jacques Proulx gronde. Il a grondé toute sa vie pour défendre les paysans; maintenant il gronde parce que nous allons à la catastrophe écologique.

« Ils » sont pourtant arrivés à une époque extraordinaire. Depuis un demi-siècle, nous avons connu une amélioration du niveau de vie et des progrès technologiques sans précédent, mais « ils » ne l'utilisent pas à bon escient, « ils » s'imaginent qu'ils ont tout inventé, que c'est le paradis, et que c'est grâce à eux. « Ils » ont pensé qu'à cinquante ou cinquante-cinq ans, « ils » pourraient ne plus rien faire, et continuer à vivre dans l'abondance. Ce sont eux qui nous mènent à la catastrophe!

« Ils » ce sont les baby-boomers, toute cette génération de technocrates avec laquelle il s'est battu toute sa vie, et qui ne jouent pas le jeu : ils n'investissent pas pour les générations futures.

Ils ont planifié comme si la fin du monde devait survenir avec leur fin à eux. Ils ont fait un raisonnement d'égoïstes. « On ne sera plus là, profitons-en au maximum. » Mais la réalité est tout autre, et ils commencent à réaliser que ce paradis artificiel qu'ils se sont bâti ne tient pas la route.

Le film *Les invasions barbares* est une bonne illustration de ce désarroi. Le personnage principal réalise à la veille de sa mort que toute sa vie il s'est conté des mensonges. Il a raté sa vie parce qu'il ne savait pas, alors qu'il pensait savoir. Les gens de cette génération ont tout pris pour eux. Ils n'ont plus les moyens de réaliser tous les rêves qu'ils avaient échafaudés, et ils ont beaucoup de difficulté à accepter qu'il reste des choses à faire.

Je suis un paysan. Je sais qu'il faut investir pour l'avenir. Quand tu viens au monde, tu hérites de quelque chose, tu dois en laisser un peu plus quand tu pars. C'est l'augmentation du capital, si on veut. De la valeur ajoutée à l'espace. C'est cela, la vie. Mes parents n'ont pas vécu dans l'abondance mais ils ont vécu correctement, et ils ont investi pour un monde meilleur. Je me dois d'investir pour un monde meilleur, et mes enfants devront le faire aussi.

C'est envoyé comme peut le faire un vrai paysan. À mesure que monte sa colère, la langue de Jacques Proulx retrouve l'accent de son terroir, de son enfance, de son village.

On vit une ère pleine de découvertes, des découvertes extraordinaires qui devraient justement permettre de rééquilibrer les choses. Dans les années quarante, mon père a été le premier du canton à utiliser un tracteur, et cela a changé sa vie. De nos jours, les ordinateurs jouent un rôle semblable. Les découvertes en génétique pourraient aider de façon extraordinaire, mais au lieu de ça, on s'en sert pour aller plus vite à la catastrophe.

Il y a un seul mot qui prime : productivité. Il faut faire plus, toujours plus.

Est-ce que ce n'est pas justement une façon d'investir pour l'avenir comme l'ont fait vos parents ?

C'était supposé l'être, mais c'est le contraire qui se passe. On dénature. Maintenant, les animaux sont élevés en cercle fermé, forcés au maximum. Il faut « sortir » un bœuf entre quinze et dix-huit mois alors que, normalement, cela prend presque trois ans. On les nourrit avec des farines animales, et on en fait des carnivores. Pas étonnant de se retrouver devant des cas de vache folle! Quant à la concentration génétique, on l'a tellement poussée qu'il ne reste plus qu'un tout petit nombre de familles de volailles. Donc quand survient une quelconque maladie nouvelle, elle se propage sans rencontrer aucun obstacle si on n'a pas conservé des génétiques anciennes. Ce sont des catastrophes. Nous sommes à un fil de perdre totalement le contrôle. C'est cela qui est dangereux. Mais les grands décideurs ne sont pas là. Ils continuent à parler de productivité.

Il a toujours été porté par cette sainte colère, et dans le fond, il a réussi. Solidarité rurale est un lobby efficace et respecté. La ruralité se modernise. Les communautés se dynamisent. La relève est assurée.
Pourquoi dépenser tant d'énergie à continuer à se battre?

Ça marche, mais ce n'est pas complet. C'est long de changer les choses. On fait des gains, mais il reste beaucoup à faire. On ne peut jamais être totalement satisfait des conditions globales de la société. Tant qu'on peut apporter une contribution, on se doit de le faire.

Est-ce qu'il vous arrive de vous dire qu'il faudrait laisser la place aux jeunes?

Cela fait aussi partie du travail que l'on fait. Rendu à mon âge, graduellement, tu fais de la place pour d'autres. Tu les appuies, tu leur apportes ton expérience, et tu te restreins progressivement. Je pense qu'une de mes grandes forces est de toujours avoir été capable de m'entourer de gens qui étaient plus forts que moi.

Il pourrait arriver un jour où ils disent de vous : « Voilà encore le vieux qui vient radoter. »

Oui. Je me surveille toujours, en étant très sensible à la réaction des gens. Je me remets continuellement en question : Est-ce que je suis dépassé ? Est-ce que je radote ? Tous les gens qui travaillent avec moi savent que je suis un homme de débats. Et je n'ai jamais peur d'admettre que je me suis trompé. Cela aussi, c'est une de mes forces. Ne pas tout savoir, et ne pas faire croire au monde que je sais tout. Je ne suis jamais mal à l'aise de dire : « Je ne sais pas. »

Est-ce que c'est cela, la sagesse ?

C'est probablement une partie de la sagesse. Mais il est certain que d'ici quelques années je ne serai plus à Solidarité rurale. Un jour, il va falloir que je parte. Pour le bien de l'organisation, les autres vont avoir pris la place. C'est cela que je veux.

Ce sera dur, ce jour-là ?

C'est toujours très dur de laisser son bébé. Mais si ce n'était pas dur, il n'y aurait pas eu de plaisir à le faire. Quand je suis parti de l'Union des producteurs agricoles, personne ne m'a poussé. C'est moi qui l'ai décidé. Je considérais qu'après douze ans il y en avait d'autres qui étaient capables de prendre la place et que je me devais honnêtement de m'en aller.

Sauf qu'à cette époque vous étiez beaucoup plus jeune. Maintenant, le jour où vous partirez, vous aurez dans la soixantaine avancée, et les gens diront : « C'est parce qu'il est vieux. »

Non. Parce que j'ai tellement de projets ! J'ai toujours des projets sur la table ! Je retourne de plus en plus dans les organismes du milieu local de mon village de Saint-Camille. Tu es parti de là, tu es allé en haut de la pyramide, et tu reviens. C'est un peu cela, la vie.

Par exemple, je travaille beaucoup à La clé des champs (une coopérative agroalimentaire) pour diversifier la production agricole, aider les jeunes à s'établir, développer une nouvelle façon d'habiter le milieu.

Il faut qu'il y ait ce mélange de jeunes qui arrivent, d'autres qui sont un peu plus âgés, et des aînés. L'un de nos grands maux à l'heure actuelle, c'est qu'on élimine les jeunes, et qu'on élimine les vieux.

Faut-il que nous soyons riches comme société pour nous permettre de délaisser le savoir, l'expertise extraordinaire que nos aînés peuvent apporter! Heureusement, il commence à y avoir de nouvelles expériences où l'on mélange un peu les générations. C'est très intéressant. C'est la voie de l'avenir.

Quelle est l'expertise spécifique que peuvent apporter les aînés? Selon Jacques Proulx, la réponse est la même à toutes les époques.

Le temps. Ce qu'on apprend en vieillissant, c'est l'importance du temps. Il y a des choses qui ne peuvent pas être accélérées. Par exemple, si je sème quand la terre est trop froide, je n'aurai pas le même résultat que si j'attends que la terre soit à la bonne température. Il n'y a aucune technologie, aucun équipement qui peut changer ça. Il y a des jeunes qui pensent qu'avec les progrès de la génétique, on peut se permettre d'ignorer des éléments comme la température des sols, et ils vont semer aussitôt qu'il n'y a plus de neige. Ils vont apprendre. Au fur et à mesure qu'on vieillit, on s'aperçoit qu'on ne sait rien. Ça aide de savoir qu'on ne sait pas tout.

Jacques Proulx se dit l'enfant du militantisme chrétien des Jeunesses agricoles catholiques. « À cette époque, on formait des personnes, dit-il. On commençait à l'école primaire à nous donner le sens des responsabilités. » Maintenant, il ne va plus à l'église le dimanche, mais il est dans son bureau à la cathédrale tous les autres jours de la semaine ! Quand on lui suggère que c'est une vocation…

Appelez cela comme vous voulez. Je veux changer le monde, et je le change tous les jours à ma façon, avec les moyens que j'ai, les capacités que j'ai, l'expertise que j'ai développée.

On ne peut pas arrêter. On n'a pas le droit d'arrêter. Pourquoi le « mal » gagne parfois ? C'est parce que le « bien » n'a pas bougé. Il faut rêver, il faut avoir des utopies, il faut changer le monde, et c'est à reprendre à chaque génération.

Le jour où je l'ai rencontré, Jacques Proulx venait de passer une semaine très intense à la conférence nationale sur la ruralité ; il s'apprêtait à partir pour Québec faire une présentation devant un comité parlementaire et commençait à penser à son prochain voyage en Europe.

Vous n'avez pas peur qu'à ce rythme votre corps ne vous lâche, Monsieur Proulx ?

Savez-vous le plus gros problème que j'ai ? Ce n'est pas que je refuse de vieillir, mais j'oublie que je vieillis. Je m'en aperçois de plus en plus depuis quelques années, quand par exemple je décide un beau matin d'abattre une bonne journée de travail manuel après avoir passé trois mois à voyager, à donner des conférences, à présider des réunions, comme je le faisais il y a cinq, huit ou dix ans. Physiquement, je suis fort, mais ce n'est plus pareil. Là, il faut bien que je me rende compte que j'ai vieilli.

Cela vous frustre ?

Non, mais cela me surprend. C'est encore une autre chose qu'il faut être capable de gérer. Il faut que tu te dises : « Tu vas avoir soixante-cinq ans, tu es en santé, mais tu n'as plus la même capacité. » Mon père avait quatre-vingt-treize ans quand il est mort, et il est resté en bonne santé jusqu'à la fin de sa vie.

Il était fier de vous ?

Oui, et j'étais fier de lui. C'était un agriculteur moderne, un innovateur, très impliqué dans sa communauté. Il n'a jamais eu aucune maladie : il portait des lunettes pour lire, point à la ligne. Il avait toujours travaillé. Soudain un jour – il devait avoir quatre-vingt-douze ans – j'ai remarqué qu'il avait beaucoup vieilli. Je l'ai vu marcher sur le trottoir et j'ai pensé : « Mon Dieu, mon père est vieux ! » Cela m'a fait réfléchir à ma propre mortalité.

Gilles Vigneault

Auteur, compositeur, interprète, poète, Gilles Vigneault est né à Natashquan sur la Basse Côte-Nord. Après son cours classique au séminaire de Rimouski et une licence en lettres à l'Université Laval, il commence à écrire, et chante pour la première fois en public en 1959 à la Boîte aux chansons à Québec.
Depuis lors, sa carrière a fait de lui le troubadour du Québec par excellence. Il a rédigé plus de trente albums, composé la musique d'une dizaine de films et publié de nombreux recueils de poésie.
Il est grand officier de l'Ordre national du Québec, compagnon de l'Ordre du Canada et officier des Arts et des Lettres de la France.

« Quand on a atteint un certain âge, on aime mieux ce qu'on fait, et on aime le faire davantage, parce qu'on connaît mieux son métier. »

On m'avait bien avertie : Interviewer Gilles Vigneault, c'est toute une aventure, et plus d'un y a perdu sa gouverne.
L'homme est affable, charmant, drôle et sérieux tout en même temps. Il ne répond jamais à la légère, et choisit chacun de ses mots en les soupesant, en les examinant de tous les côtés, comme on choisit une pêche. En plus, quand il ne se surveille pas, il a tendance à parler en alexandrins. « Ou en octosyllabes ou en décasyllabes. C'est un exercice que j'ai

commencé au collège, et cela m'est resté ! » expliquera-t-il, comme pour s'excuser.

Mais le plus difficile, c'est de se rappeler qu'on a devant soi un homme de soixante-dix-sept ans. Il a grimpé d'un trait les marches de la maison Flammarion qui sont pourtant exceptionnellement raides, son corps est mince et droit, et entre l'éternelle casquette et le col roulé noir, son visage est celui du Gilles Vigneault de toujours. Quant à son regard... c'est à la fois celui d'un homme toujours prêt à remarquer une belle femme, celui de quelqu'un qui a beaucoup vécu, et celui d'un enfant qui voit tout pour la première fois. Aurais-je affaire à un véritable sage ?

Dans toute votre œuvre, vous décrivez un monde où les vieux sont les sages et où la sagesse vient de l'âge et de l'expérience. Par exemple, le vieux Caillou Lapierre à qui tout le monde dit : « T'es trop vieux pour pêcher, t'es trop vieux pour viser, t'es trop vieux pour bûcher, t'es trop vieux pour danser... » alors qu'il est toujours le meilleur. C'est une image très romantique de la vieillesse. Vous aviez trente-quatre ans quand vous avez écrit cette chanson. Est-ce que vous l'écririez encore aujourd'hui ?

Je l'écrirais encore, parce que j'ai passé ma vie à essayer de nommer les autres. C'est une manière, qui n'est pas hypocrite, de se nommer soi-même. Nommer les autres, c'est aller chercher les héros du quotidien, qui ne seraient jamais nommés autrement. J'ai trouvé des gens qui étaient de bons exemples de personnages héroïques et j'ai raconté des éléments de leur vie – j'en ai rajouté un peu – pour faire qu'ils soient nommés. Au début, mes premières chansons s'appellent *Jos Monferrand, Jos Hébert, Tit-Paul la Pitoune, Jean du Sud, Jack Monoloy, Caillou Lapierre.* C'est une galerie de personnages que j'ai continué de développer.

Ces personnages sont encore vivants pour moi, ils m'ont beaucoup apporté. Ils m'ont permis de me réaliser moi-même et de constater qu'à nommer les autres on se nomme très fort. Il me reste encore beaucoup à dire.

Pourrait-on dire que la sagesse du vieux Caillou Lapierre, c'est un peu la vôtre ? Celle des gens qui vivent très près de la nature ?

J'ai vécu mon enfance au bord du fleuve, en contact constant et réel, concret avec la nature.

C'était un monde qui était situé exactement sur la ligne du fleuve, sur la bordure de la plage, entre la mer et la forêt, donc entre deux infinis. Entre deux immensités qu'il fallait apprivoiser. Deux mondes auxquels il fallait s'apprivoiser l'âme soi-même.

S'habituer à ce que la mer soit domptable et indomptable ; chaleureuse et dangereuse ; aimable, belle et coléreuse parfois. Et de l'autre côté, la forêt qui nous fournit le bois, le gibier, les animaux, et les lièvres et la fourrure, et les caribous. Qui peut nous manger, aussi.

C'est beau, je suis privilégiée, Gilles Vigneault pour moi toute seule, en train d'évoquer les paysages de son enfance, et de tomber tout naturellement dans un des rythmes familiers à ses chansons. Mais... comment oser interrompre quelqu'un qui vous parle en vers de douze syllabes ? Comment briser l'harmonie somptueuse des paroles du poète pour lui signaler prosaïquement qu'il s'éloigne du sujet ?

Erreur de ma part ! Il y vient, au sujet, mais par ses chemins à lui, qui sont rarement en ligne droite. Il me donne un exemple de la sagesse acquise à vivre près de la nature.

Je me rappelle une expérience que j'ai vécue sur la mer. J'étais pêcheur avec mon père, un petit pêcheur, tout frais émoulu de l'école. Mon père était dans le bateau et moi j'étais dans un canot. Nous nous sommes éloignés un petit peu l'un de l'autre, et il est arrivé un banc de brume. Je n'ai plus vu la chaloupe de mon père. Mon père ne me voyait plus. Et là, le brouillard a fait qu'il s'est dégagé un cercle de trente mètres à peu près. Autour de moi c'était très clair, on ne voyait qu'une espèce de cercle de brouillard, et au-dessus de moi il n'y avait que le ciel et le soleil. La mer était comme de l'huile.

Très beau et très effrayant. J'avais le reflet de mon canot, le reflet du ciel, et j'étais coincé, tout seul entre deux éternités. Entre deux infinis. Quand mon père est arrivé, j'ai été un peu déçu. J'ai trouvé qu'il était arrivé trop tôt parce que j'avais une réflexion extraordinaire à vivre, et une expérience éminemment constructrice.

Mais vous avez eu très peur.

Une peur comme ça ne se raconte pas. Les sueurs froides sur la tête.

Vous parlez très souvent de la peur dans vos textes. Vous dites même quelque part que la peur fait partie de la vie.

Oui. Comme la mort, diraient les Tibétains.
On arrive à la peur, et à la séduction de la peur. On sait à quel point les enfants aiment jouer à se faire peur. Eh bien, il y a un enfant, qui ne sommeille pas du tout et qui est toujours présent en nous, et qui est prêt à l'éveil dès qu'on le sollicitera. Il y a dans la peur quelque chose de séduisant, une espèce d'érotisme de l'esprit, qui veut transgresser des lois, qui ose un petit peu, mais qui n'ose pas tout à fait. Constamment en déséquilibre.

Vous aimez, vous, vous faire peur ?

Maintenant, non. Je fais taire cet enfant-là. Je n'aime pas avoir peur pour des riens. Je n'ai plus besoin de ça.

Pensez-vous qu'il y a un moment où l'on en a besoin ?

Attendez. Vous m'avez amené au bord de la falaise.

Gilles Vigneault fait une pause, comme pour mesurer la hauteur de la dite falaise. Il change de registre, sa voix devient plus grave et il reprend, lentement, comme s'il redoutait un peu ce qui s'en vient.

C'est intéressant, mais il ne faut pas être affligé du vertige. C'est tout près de la peur qu'on a de la mort, et dont on ne parle pas volontiers.

Est-ce qu'on en parle plus à mesure que le temps passe ? Est-ce qu'on a moins peur d'en parler ?

Je crois qu'on a de plus en plus peur d'en parler à mesure que le temps passe, mais je crois que c'est un manque de sagesse, et c'est un manque d'oser regarder en soi.

Avez-vous peur de la mort ?

Bien sûr ! Mais j'en suis curieux aussi. La peur et la curiosité, ce sont deux vieilles amies. Je pense à la mort, pas toutes les heures, mais tous les jours.
Il y a une chanson qui m'a marqué ; je pense à *La folle complainte*.

Un air de délectation sur le visage, Gilles Vigneault entonne Charles Trenet !

« Les jours de repassage… » Vous écoutez ça, vous vous dites, c'est léger, c'est rigolo, et tout à coup ça prend de la gravité, ça prend de la gravité : « Je n'ai pas aimé ma mère. / Je n'ai pas aimé mon sort… » Et enfin : « Mon âme s'est dissoute. / Poussière était mon nom. » Il parle de la mort !
Il commence par la vie la plus triviale, la plus ordinaire et quotidienne, et à la fin, « Poussière était mon nom », il arrive à la mort.

La folle complainte, c'est un chef-d'œuvre, c'est la seule chanson avec *Les algues* de Félix que je me suis permis de chanter un jour en public. Avec beaucoup de peur et une grande excitation. Avec un grand érotisme de l'esprit.

Vous avez toujours traité les mêmes thèmes, mais votre écriture s'est affinée avec le temps.

Je trouve que lorsqu'on a atteint un certain âge, on aime mieux ce qu'on fait, et on aime le faire davantage, parce qu'on connaît mieux son métier.

Je sais mieux ce que c'est de faire une chanson. Je connais mieux les tenants et les aboutissants. Je connais mieux la construction d'une chanson, les motifs qui la sous-tendent, qui en évoquent la possibilité. Je sais mieux les responsabilités aussi.

Les responsabilités d'une chanson ?

Attention, une chanson, ce n'est pas rien. Ce n'est pas insignifiant. Ce sont des mots qu'on envoie dans la tête de l'autre et qui restent là pour la vie.

Je me dis chaque fois : Si l'un de mes mots peut servir quelqu'un, un mouvement quelconque, tant mieux. Si une de mes chansons sert encore dans dix ou vingt ans à endormir un enfant, si une de mes chansons amène quelqu'un à planter un arbre, si une de mes chansons fait hésiter quelqu'un à polluer la planète davantage, si une de mes chansons console ou redonne un tout petit peu d'espoir à quelqu'un, cela aura valu la peine de l'écrire. C'est cela l'immortalité, pour moi. J'aurai fait de mon mieux. J'aurai fait ce que chacun de ceux qui ont écrit sur la terre rêvait de faire. Être utile. Ne pas être que beau. Faire utile.

Que quelqu'un de l'Abitibi m'écrive un jour : «*J'ai pour toi un lac*, c'est la chanson que j'aurais voulu écrire. Je vous remercie. Elle m'aide à vivre tous les jours.» Ah ! que voulez-vous de plus comme récompense ! Mais quelle responsabilité ! Je vais vous raconter une autre histoire. Un jour une dame m'a écrit toute une histoire à propos de son fils et de sa petite amie. Ils s'étaient fait renverser par une voiture alors qu'ils étaient à Houston, au Texas. La petite fille s'en est tirée sans une égratignure mais le petit gars est tombé dans un coma profond. C'était il y a longtemps. Cela coûtait très cher de le faire soigner aux États-Unis et il est arrivé un moment où ils étaient au bout de leurs ressources. Ils ont rencontré un vieux médecin anglais qui leur a dit : « Écoutez. Stéphane devait aimer certaines choses. Connaissez-vous une prière, un cantique ou une chanson qu'il aurait aimée particulièrement, qui aurait pu le marquer ? Vous pourriez essayer de la lui chanter pour le ramener. »

Ils se sont mis à chanter une de mes chansons : *Les amours, les travaux*. Eh bien, il s'est réveillé ! J'ai encore des frissons à vous le raconter.

Vingt ans plus tard, un soir à la fin de mon spectacle au Théâtre du Nouveau Monde, un gars s'approche et vient me dire :

– Je suis Stéphane.

– Stéphane qui ?

Je n'arrive pas à le reconnaître à travers la foule des gens qui viennent nous voir après le spectacle.

– Un jour vous m'avez sauvé la vie.

– Comment ?

– C'était avec votre chanson *Les amours*...

Gilles Vigneault revit la scène avec une intensité rare. Dans ses yeux écarquillés, il y a des larmes. Ses bras sont étendus, comme pour accueillir le fils perdu. Sa voix est pleine d'émotion.

– Oh ! c'est pas vrai ! C'est toi ?
Et là, je n'en reviens pas. Il veut s'en aller.

– Non, non, reste un peu! Que je constate ce que j'ai fait de bien de temps en temps dans la vie.

C'est prodigieux! La récompense des récompenses! On ne peut pas avoir mieux.

Il ne raconte pas l'anecdote, il la vit. Il est aussi troublé que la première fois. Cet homme-là semble incapable de jamais être blasé.

Gilles Vigneault, pensez-vous que vous vivez mieux maintenant qu'il y a disons une trentaine d'années, quand vous étiez dans ce qu'on appelle la force de l'âge?

Oui. Pendant la première partie de la vie, on s'épivarde, on s'énerve. On fait du bruit, on veut montrer à tout le monde qu'on est là, on veut se nommer à tout le monde. Mon nom est Untel, et reconnaissez-moi, je vous prie.

Il rit, de lui-même, des jeunes adultes qui se dispersent, et du verbe s'épivarder, qu'il utilise avec un délice de collectionneur.

Et puis tranquillement, une fois qu'on est un peu reconnu par quelques-uns, on s'assagit et on passe à autre chose.

Avez-vous des regrets?

Le regret que j'ai, c'est de ne pas avoir assez écrit à mes parents. J'étais en train de m'épivarder, en train d'apprendre la vie – mes parents se sont beaucoup ennuyés de moi. Cela les a peinés beaucoup de me voir partir pour les études et ne revenir que l'été. J'étais dix mois absent, pendant huit ans. Après, je suis parti à la ville vivre ma vie de montreur de monde. Je ne revenais qu'en vacances. Pendant tout ce temps, mes parents se sont ennuyés de moi, je ne m'en suis pas rendu compte, et je ne leur ai pas écrit assez souvent. Alors, c'est un regret. Si cela pouvait susciter UNE lettre de plus, de quelqu'un qui est très loin et dont les parents s'ennuient beaucoup, cela aurait valu la peine d'en parler.

Vous avez eu des enfants assez tard.

J'en ai eu assez tôt et assez tard. (Rire.)
Les premiers enfants ont eu la malchance d'avoir un papa qui était tout le temps parti. J'ai été un père très absent, mais terriblement présent quand j'étais présent. Par la suite, j'ai appris, j'ai compris ce que j'avais été. J'ai profité de mon expérience pour faire un petit peu mieux. Les trois suivants ont eu beaucoup plus leur père comme père.

Aujourd'hui, comment vos enfants adultes font-ils la distinction entre leur père et le grand poète ?

Vous savez, le grand poète... Plus on avance dans la vie, plus on devrait apprendre la modestie. Plus on apprend ce qu'ont fait les autres et ce qui a été fait avant, plus on peut constater le peu qu'on sait, le peu qu'on a fait, le peu qu'on est et le peu de temps qui reste pour faire mieux.

Est-ce qu'il vous arrive de penser, à propos des générations plus jeunes, qui peuvent avoir cinquante ans...

... qui peuvent être mes enfants.

Est-ce qu'il vous arrive de penser : « Quels jeunes cons ! »

Non. L'ayant été moi-même, non. Je me dis : « Ah ! il n'a pas encore vu, ou vécu, telle chose. Il n'a pas encore souffert assez. »

Je pense aussi parfois : « Quand il se sera fait taper sur les doigts, il sera moins prétentieux. » C'est tout.

Est-que c'est ça qui caractérise le deuxième âge, le fait d'être prétentieux ?

C'est beaucoup parce qu'ils sont en période d'accélération, et qu'ils ne veulent pas voir le bout de la course, il me semble. Tout est organisé aujourd'hui pour que ce deuxième âge soit sollicité par la vitesse et soi-disant par l'efficacité. Il n'y a pas grand-chose à la télé, dans les médias, dans les journaux, qui nous incite à nous arrêter. Pas grand-chose pour nous dire : « Pose un peu les pieds, là. Arrête. Si t'es pas capable de réfléchir, ferme au moins ta gueule, et attends un petit peu. »
C'est rare qu'on soit capable de faire un beau silence aujourd'hui.

Vous parlez souvent de silence dans vos poèmes.

C'est parce que dans le silence, il me semble que la pensée devrait avoir le droit de continuer.
Mais nous sommes bavards. Et plus on parle, plus on risque de dire des bêtises. Et si on parle beaucoup, c'est pour avoir le sentiment de s'arrêter un petit peu. Parce que tout nous précipite.
Aujourd'hui, tout nous dit : « Tu peux aller plus vite ! » Mais il y a des choses, par exemple dans votre ventre, à vous et à toutes les femmes, des choses qui refusent la précipitation.

Qu'est-ce que cela signifie, pour vous, « prendre sa retraite » ?

Gilles Vigneault se met à rire. Manifestement, on lui a déjà posé la question plus d'une fois.

J'ai essayé le vêtement. Il ne me fait pas. La retraite... quelqu'un m'a dit un jour : « Vas-tu bientôt prendre ta retraite ? » Je lui ai répondu : « Tu la veux ? Prends-la ! » Et j'ajoute toujours : « Mais avez-vous hâte à ce point ? »

La retraite, pour moi, cela signifie avoir été battu et retraiter. On a perdu la guerre, on se résigne à l'avoir perdue, on s'avoue vaincu et on bat en retraite.

Êtes-vous croyant ? Allez-vous à la messe tous les dimanches ?

Ah non ! J'ai fait des calculs. Ayant servi la messe pendant presque huit ans au collège, quatre messes par matin, j'ai calculé que je n'ai pas à aller à la messe le dimanche jusqu'en 2008. Après on décidera.

Mais vous êtes croyant.

Je suis croyant. Croyant en qui et en quoi, c'est une autre histoire. Je ne sais pas en quoi et en qui croire. Alors je commence par la base : je crois en moi-même. Il semble que ce soit important pour écrire. Je crois dans les autres, dans mon voisin immédiat. Dans tous les autres. Je crois dans l'homme. Une espèce de foi horizontale. Et cela fait généralement une bonne base qui permet d'avoir une autre foi qui serait verticale, peut-être.

Je suis partisan de la petite lumière, fût-elle violette, au bout du tunnel. Si elle n'est pas là, je l'invente.

Tout à l'heure vous avez mentionné les Tibétains. Faites-vous de la méditation ?

Je suis très curieux de ces choses-là. Je lis en ce moment *Le livre tibétain de la vie et de la mort* de Sogyal Rinpoché. Je le lis à petites doses. C'est un livre de chevet, et j'apprends beaucoup.

Les bouddhistes tiennent grand compte de l'instant. Vivre complètement l'instant qu'est celui-ci. C'est la voie vers ce qu'ils appellent l'Éveil. Être le plus conscient, le plus vivant et le plus présent possible.

J'essaye volontiers de voir l'avenir et le passé comme une espèce d'éternel présent. Nous sommes au milieu... Tiens! comme dans l'image que j'évoquais tout à l'heure avec mon histoire sur la mer. J'étais suspendu entre deux éternités, entre deux infinis. La mer d'un côté, la forêt de l'autre. C'est très près de l'idée d'être sur un petit segment de ligne qui est le présent. Il y a tout ce qui s'est passé avant moi, et tout ce qui se passera après. Et j'essaye d'occuper mon segment de mon mieux aujourd'hui, je tâche que ce segment ne soit pas inutile.

Long silence. Gilles Vigneault est capable de longues phrases, un mot ou une image peuvent le faire s'envoler en paragraphes entiers, mais il est également capable de s'arrêter pour réfléchir tranquillement et laisser le silence s'installer.

C'est une belle immobilité que de s'attarder un peu à se voir au milieu de deux éternités : celle qu'il y a eu avant et celle qu'il y aura après nous. C'est très constructif, et c'est très près de ce qu'on appelle la méditation.

Tout seul dans son bateau au milieu du cercle de brume.

Tout seul dans son bateau, et voir qui on est, qui on a été, et comment construire qui on sera.

Claude Tousignant

L'un des plus grands artistes canadiens de la seconde moitié du XXe siècle, Claude Tousignant a fait ses études à l'École d'art du Musée des beaux-arts de Montréal. En réponse aux automatistes du Refus global, et inspiré par Piet Mondrian, ce plasticien a développé un style géométrique abstrait qui l'a conduit à produire dans les années soixante ses fameuses séries circulaires : les *Transformateurs chromatiques*, les *Gongs* et les *Accélérateurs chromatiques*.

Sa peinture s'est épurée avec le temps, des séries monochromes des années soixante-dix aux poèmes aérosolaires des années deux mille. Les œuvres de Tousignant se retrouvent dans de nombreuses collections publiques et muséales. Il est officier de l'Ordre du Canada et a reçu le prix Paul-Émile Borduas.

« C'est un bon métier pour vieillir parce que plus on avance dans le temps, plus on s'améliore. »

Un bâtiment sans fenêtres du quartier Saint-Henri, une porte métallique anonyme, rien pour indiquer que derrière ce mur gris se trouvent quelques-uns des tableaux les plus importants du patrimoine canadien. La bâtisse appartenait à des couvreurs qui y garaient leurs camions ; il n'y avait qu'un sol de béton quand Claude Tousignant l'a découverte il y a quelques années. Et une immense verrière. Un rêve d'artiste, d'autant plus que l'espace est à la mesure de ses tableaux, dont certains sont de dimensions monumentales.

C'est dans cet espace ouvert et lumineux qu'il passe ses journées, complètement isolé, tranquille, ne voyant du monde que le ciel.

Est-ce que vous vous sentez solitaire ici ?

Solitaire ? Oui, mais j'apprécie la solitude. C'est un métier très solitaire, surtout quand les collègues ne sont plus là. Dans les années soixante, mon atelier, c'était le bar des artistes. (Rire.) J'étais sur le boulevard Saint-Laurent, au deuxième étage, en haut du cinéma Parallèle. En bas il y avait le café Méliès, ça grouillait, il y avait du bruit, de la fumée ! On buvait beaucoup dans ce temps-là, avec Jacques Hurtubise et d'autres, qui amenaient une bouteille de scotch...

Maintenant, Hurtubise est en Nouvelle-Écosse, il y en a plusieurs qui sont morts, il ne reste plus grand monde. C'est un temps qui est passé.

On le traite avec plus de considération depuis que ses contemporains ont commencé à disparaître.

J'ai remarqué, de la part des gens du milieu, qu'on a plus d'égards envers moi depuis deux ou trois ans parce que tous mes amis sont en train de mourir. Guido Molinari est mort, Yves Gaucher est mort, Ulysse Comtois aussi... cette génération de peintres est en train de disparaître. Il reste encore Pierre Gauvreau, Marcel Barbeau, Françoise Sullivan...

Comment se sent-on quand on voit s'en aller tous ses amis et collègues les uns après les autres ?

Je me trouve chanceux. Pourtant c'est un métier dans lequel en principe les gens vivent vieux. Si on regarde Matisse qui est mort à quatre-vingt-six ans, Picasso à quatre-vingt-onze…

C'est un bon métier pour vieillir parce que plus on avance dans le temps, plus on s'améliore. Un tableau en attire un autre. Je ne passe pas d'un cercle au carré. Ce cercle, je l'ai fait en 1968…

Il désigne l'un de ses immenses cercles concentriques chromatiques, posé contre le mur blanc.

Cela arrive graduellement. L'artiste suit sa voie, s'il n'essaye pas de produire pour gagner beaucoup d'argent ou s'il ne fait pas fausse route pour une raison quelconque. Il se développe par rapport à sa propre démarche, sans savoir à l'avance où elle le mènera.

Quand vous voyez un tableau que vous avez fait dans les années cinquante ou soixante, est-ce que vous retrouvez le regard que vous aviez à ce moment-là ?

Oui. Je peux me transposer facilement dans l'esprit qui a amené ces tableaux. Je suis d'accord avec tout ce que j'ai fait. Il y a un cheminement qui se produit, cela arrive comme ça. Maintenant, ce que je fais, c'est plus direct, plus simplifié, plus *right on.* Il y a beaucoup de monochromes. J'ai fait une série de six tableaux qui doivent être montrés dans un lieu circulaire, les six couleurs primaires, les couleurs de l'arc-en-ciel. La suite de ceux-là, c'est un triptyque de même dimension, mais cette fois, noir, gris et blanc.

Tout cela pour dire que mon œuvre s'est beaucoup simplifiée.

Claude Tousignant déplie un plan d'architecte, représentant une vaste structure circulaire, presque entièrement fermée, surmontée d'un toit en verre.

C'est un plan qu'un ami architecte a réalisé pour montrer mes tableaux. C'est inspiré de certaines galeries qu'on trouve à Paris, où l'on a recouvert d'anciennes cours d'une verrière. C'est idéal pour montrer des tableaux. La structure que l'on voit sur ce plan mesure dix-neuf mètres de diamètre. Il faut trouver un espace, l'argent pour le construire, deux millions au maximum. Le plan est là, les tableaux sont faits. La difficulté, c'est de trouver un endroit.

Ce n'est pas simple, cela coûterait cher, le musée de Québec pourrait être intéressé... Cela se fera ou pas, Claude Tousignant ne veut pas avoir l'air d'y attacher trop d'importance, mais il est évident que la perspective de laisser derrière soi un monument consacré à ses œuvres est séduisante.

Avez-vous un sentiment d'urgence, l'impression qu'il y a des choses que vous devez faire absolument avant qu'il ne soit trop tard?

C'est plutôt le contraire. Je trouve que j'ai fait beaucoup, j'en suis satisfait, et je ne sens pas l'urgence de faire beaucoup plus. J'ai réalisé beaucoup de choses sur papier depuis deux ans. Plutôt par plaisir. J'ai tellement de tableaux, c'est plein ici! Maintenant, avant de décider d'en faire un nouveau, je me demande d'abord où je vais le mettre. J'ai toutes sortes de maquettes de projets que je n'ai jamais pu matérialiser, à cause des dimensions. Aux États-Unis un artiste les aurait réalisés. Il aurait trouvé des gens pour le subventionner. Ici, c'est impossible.

Claude Tousignant reprend la litanie d'usage des peintres abstraits. La société canadienne est trop pauvre, et en argent et en esprit. À Toronto il n'y a pas d'amateurs sérieux, à New York les goûts sont éphémères, à Montréal il n'y a pas de clientèle...

L'art abstrait est encore et toujours en difficulté. Ce n'est pas aussi accepté que l'art figuratif. Même les musées n'ont presque pas de budgets d'achat. On tire tout le temps le diable par la queue.

Après avoir fait ce sombre tour d'horizon, il laisse tomber :

Bof. Finalement, c'est au Canada que j'ai un public, un peu.

C'est aussi à Montréal qu'il est chez lui, entouré des siens.

C'est rassurant de vivre à l'endroit où l'on est né et où l'on a toujours vécu. Cela donne une certaine stabilité. Je ne pense pas que j'aurais pu faire ce que j'ai fait si j'avais été ailleurs.
Mes deux filles ont étudié l'histoire de l'art. L'une est critique d'art et l'autre prépare une thèse de doctorat. Elles ont bien réussi toutes les deux.

Vous avez la satisfaction d'avoir bien passé le flambeau ?

Oui. (Rire.) Elles ont visité beaucoup de musées quand elles étaient petites! Elles ont fait de la peinture à partir de l'âge d'un an et demi. Je leur faisais faire des tableaux sur le plancher. Plutôt que de les faire travailler sur de petites feuilles – on dit des petits enfants, des petites feuilles –, je les faisais travailler sur de grandes feuilles. Elles y allaient avec tout leur corps, de gros pots de peinture et un assortiment de pinceaux. Elles ne peignent plus, ce qui est peut-être bon pour elles, mais les deux écrivent et ça les a sans doute libérées de la peur de la page blanche.

Vous donnez l'impression de quelqu'un qui a une vie très cohérente à la maison comme dans son atelier.

Je suis certainement mieux maintenant que quand les enfants étaient jeunes et qu'il n'y avait pas d'argent qui rentrait. J'angoissais beaucoup. J'étais la seule source de revenus de la famille. Mais si je regarde avec le recul, ce n'était pas si mal et le bilan est bon, malgré des moments difficiles comme dans toutes les vies.

Claude Tousignant parle comme quelqu'un qui a complété son œuvre, qui est allé au bout de ce qu'il voulait faire, et qui prend les choses avec détachement. Il travaille moins aussi.

J'ai moins d'énergie. Quand je travaillais sur les cercles chromatiques, j'y consacrais sûrement douze heures par jour. J'arrivais à l'atelier à neuf heures, et je repartais à sept ou huit heures du soir. Maintenant, je suis rarement ici avant onze heures. Les journées où je travaille vraiment, je finis à quatre ou cinq heures.

Est-ce que vous vous sentez vieillir ?

Cela dépend des matins. Psychologiquement, je ne me sens pas vieux. Physiquement, je fais un peu d'arthrite – un peu de douleur en mettant les pieds sur le plancher. Ce sont plutôt les autres qui me le font sentir. (Rire.) Mes enfants me font sentir vieux parce qu'elles sont tellement jeunes !
Mais en fait, je suis en bonne santé, à part des petites choses normales. Je perds tranquillement la mémoire des noms. J'ai toujours eu de la difficulté à me souvenir du nom des gens. Dans un vernissage, les gens se présentent, et à la fin, je ne me souviens d'aucun nom. Il est évident que cela m'inquiète un peu. Il me semble que cela empire légèrement depuis environ un an. Dans mes moments de dépression, je me dis qu'il arrivera un moment où je ne me souviendrai plus de rien.

Est-ce qu'il y a des choses qui vous font peur ?

Ce qui me fait peur, c'est d'avoir une crise cardiaque. Mais il semble que je tiens le coup, d'après les médecins. Dans ma famille nous étions sept, mes quatre frères étaient tous sportifs et ils ont tous disparu au milieu de leur vie. Je suis le seul qui reste. L'exercice, je n'en ai jamais fait. J'ai essayé le ski de fond, mais je n'aime pas tellement. Même la marche, il faut que je me force.

Qu'est-ce que vous aimez faire quand vous n'êtes pas dans votre atelier en train de peindre ?

Il allume une troisième cigarette, et se met à rire.

Lire. Manger. Boire du café…

Il cherche à me répondre, mais il ne trouve vraiment rien à dire. C'est un homme qui peint. C'est tout.

Vous donnez l'impression d'être monolithique, lisse, complet. Je me trompe ?

Pas trop.

Si vous devez vivre encore vingt ans vous continuerez à avancer dans votre peinture, mais si vous mourez demain…

C'est fait.

Vous êtes très chanceux.

Tout à fait.

Je désespère. Depuis qu'on parle de lui, il répond par monosyllabes.

Est-ce que je vous mets des mots dans la bouche ?

(Rire.) Non, non ! J'ai été chanceux.

Je continue à essayer de faire le bilan à sa place.

Vous ne peignez pas pour l'argent, ni pour plaire, et pourtant, vous savez que vous laissez une trace importante dans l'histoire.

C'est possible.

Il fait une petite pause, comme pour prendre son élan, puis avec une voix différente, assurée, forte et tranquille, il me donne cette réponse aussi minimaliste et complète que ses tableaux :

Je suis sûr que c'est bon, ce que je fais, et cela me suffit.

Claire L'Heureux-Dubé

Juge à la Cour suprême pendant quinze ans, présidente de la Commission internationale des juristes en 1998, Claire L'Heureux-Dubé s'est particulièrement distinguée par ses travaux sur le droit de la famille, les droits humains, la formation des juges et l'indépendance de la magistrature. Elle est maintenant juge en résidence à la faculté de droit de l'Université Laval et demeure active auprès d'un grand nombre d'organisations nationales et internationales de juristes.

Elle a été nommée compagnon de l'Ordre du Canada et grand officier de l'Ordre national du Québec.

« Avec le temps, il est possible de se dépasser, parce qu'on a accumulé tellement de connaissances ! »

Claire L'Heureux-Dubé est au sommet de sa forme, physiquement et mentalement, elle transmet sa pensée à des générations de juristes en herbe, elle œuvre pour le respect du droit un peu partout sur la planète, elle a des projets qui la passionnent pour le court et pour le long terme... Un rêve de retraite !

Les quinze années qu'elle a passées à la Cour suprême y sont pour beaucoup. Pourtant, à l'époque, la décision de quitter Québec pour aller à Ottawa avait été difficile à prendre.

Elle était alors juge à la Cour d'appel du Québec. Elle était dans sa ville, elle adorait son travail, elle aurait pu continuer doucettement à temps partiel une fois qu'elle atteindrait soixante-cinq ans, sa vie était réglée. « C'était le bonheur parfait ! » se souvient-elle encore aujourd'hui. Sa nomination à la Cour suprême est venue chambouler cette existence paisible.

J'ai accepté le poste de juge à la Cour suprême du Canada par devoir. La vie presque monastique que je menais à la Cour à cause du travail intense que je devais consacrer à mes fonctions, dans un milieu plutôt anglophone, m'a coupée de mes racines, de mes amis, de mon milieu, à un âge, cinquante-neuf ans, où il est plus difficile de se refaire une vie sociale. Un peu en plaisantant j'ai dit que la Cour me paraissait un cimetière et Ottawa ma terre d'exil... malgré le fait que j'adorais le travail passionnant de rendre la justice, les défis que l'on doit relever et les collègues qui sont devenus des amis.

La juge Claire L'Heureux-Dubé a souvent été en désaccord avec ses collègues pendant ces quinze années à la Cour suprême. C'est à cause de ses fameux jugements dissidents qu'elle a acquis une notoriété internationale dans les milieux juridiques et qu'elle est invitée aujourd'hui à donner des conférences partout dans le monde.

Les gens m'invitent à venir parler pour me voir en personne, pour voir l'auteur des dissidences que j'ai rendues à la Cour suprême. Ils savent que pour moi la formation des juges, l'indépendance de la magistrature, l'égalité, sont des sujets très importants. En droit criminel, j'ai voulu équilibrer les droits de la société avec ceux des individus. Je ne suis pas de ceux qui disent que les individus ont tous les droits possibles dans le monde. Je dis que la société aussi a des droits.

Il m'arrive de recevoir des lettres de jeunes juristes qui me remercient de mes dissidences, qui ont eu, semble-t-il, quelque résonance chez eux et les ont encouragés à persévérer dans des études souvent ardues.

Tous ces témoignages me touchent.

Je retire également une grande joie des liens très étroits que j'entretiens avec les quarante-trois ex-clercs juridiques qui m'ont assistée à la Cour pendant les quinze années que j'y ai passées. Ils sont tous maintenant avocats, professeurs de droit ou autres, ils font de brillantes carrières, mais ils demeurent un peu mes enfants. Ils sont à l'âge de bâtir une famille : ils m'envoient des photos de leur mariage – j'ai même célébré le mariage de l'un d'eux –, de leurs enfants, les articles qu'ils publient, nous échangeons des nouvelles les uns des autres. Nous formons une petite famille… juridique – je l'appelle ma mafia – et ces liens se maintiennent. Nous nous retrouvons parfois lorsque je suis de passage à Montréal, Toronto ou Ottawa. Je suis très fière de ces jeunes gens talentueux, généreux, intelligents, motivés qui sont les leaders de demain.

Le psychologue Erik Erikson appelle générativité le fait de se préoccuper des générations montantes et de l'univers dans lequel elles vivront. Il observe que les gens qui actualisent leur potentiel de générativité sont plus heureux dans leur deuxième et leur troisième âge. Claire L'Heureux-Dubé en est un exemple lumineux.

Elle parle de ses ex-clercs comme de ses enfants, et c'est bien un peu ce qu'ils représentent, puisqu'ils prolongeront sa pensée et son influence au-delà de sa propre vie.

Quant à elle, elle poursuit les mêmes intérêts qu'auparavant, mais par d'autres moyens.

Pour moi, revenir dans la ville de Québec où je suis née a été une source additionnelle de bonheur. J'ai choisi de m'impliquer bénévolement dans la communauté québécoise dans le domaine de la justice, mon intérêt de toujours, mais de façon différente, cela va de soi. L'accès à la justice, les droits de la personne, sur le plan national et international, l'université – surtout tous ces jeunes étudiants – et nombre d'autres activités accaparent mes journées et parfois mes nuits... comme autrefois, mais il n'y a plus de tension, ou beaucoup moins.

Claire L'Heureux-Dubé a été férocement autonome toute sa vie et elle a bien l'intention de le rester jusqu'au bout. Pour cela, il faut s'organiser à l'avance.

Pour avoir l'esprit libre, il est important de régler ses affaires : testament, finances, procurations, «living will» (directives de fin de vie) il va sans dire. Il est également important d'avoir une solution en cas de problèmes de santé. J'ai pour ma part choisi à cette étape de ma vie de vivre en condominium avec services de dépannage, coiffure, etc. afin de pouvoir vivre le plus longtemps possible de façon autonome. Il faut prendre ces décisions avant qu'il ne soit trop tard. Une fois qu'elles sont prises, on peut vivre sa retraite avec la plus grande sérénité!

Elle fait ce qu'elle aime, elle est bien dans sa peau, elle n'a que les contraintes qu'elle s'impose et elle est en parfaite santé. On serait tenté de dire qu'elle a beaucoup de chance, mais on réalise en passant un peu de temps avec elle que son bonheur actuel est le fait d'une grande discipline.

Pour vieillir gracieusement ou vivre une retraite active, la qualité de vie est essentielle, et pour cela, il faut de la discipline. Le secret, à mon avis, c'est le travail, la diète et l'exercice. La maxime *Mens sana in corpore sano* (un esprit sain dans un corps sain) est encore plus appropriée lorsqu'on vieillit. Il faut prendre soin de soi et choisir un sport ou un exercice qu'on aime, sinon on abandonne rapidement. Il faut s'y adonner régulièrement pour en retirer un bénéfice certain. Pour ma part, j'ai choisi la natation, et depuis une vingtaine d'années, tous les matins que le bon Dieu amène, comme disait ma grand-mère, je nage environ une heure. En plus d'avoir l'impression de me refaire chaque jour une forme nouvelle, c'est un bon moment pour organiser ma journée, prendre des décisions, analyser des situations. J'ai même rédigé des lettres, des opinions tout en nageant!

Elle a réussi à s'astreindre à cette heure d'exercice quotidien pendant toutes ses années à la Cour suprême, où les heures étaient longues et la charge de travail énorme.

La différence aujourd'hui, c'est que je peux aménager un horaire plus flexible sans la tension des lendemains. Après mon heure de natation, je me garde un espace privilégié le matin pour lire les journaux en prenant mon café. Un espace de tranquillité, de plaisir, une véritable récompense… de retraitée! Mais à partir de deux heures de l'après-midi, c'est parti et souvent jusqu'à deux heures dans la nuit.

J'ai toujours eu un grand plaisir à travailler dans ce silence magique de la nuit, moment propice à la concentration, à la réflexion, à l'écriture et à la recherche.

À quoi travaille-t-elle? À la prochaine conférence qu'on l'a invitée à donner; à son voyage en Palestine, où elle participera avec l'université de Windsor à la formation des juges dans le domaine des droits humains; à son prochain voyage au Sénégal, pour un projet semblable avec l'université de Brandeis; au cours qu'elle doit donner à l'université Laval; à l'article qu'elle prépare pour la *Revue de Droit*; et aux deux livres qu'elle a l'intention d'écrire un jour, quand elle sera prête à ralentir son rythme d'enfer.

Pour l'instant, elle est capable d'abattre autant de travail que par le passé, et elle est un peu surprise quand elle pense à son âge.

Ce sont les autres qui nous perçoivent vieux, bien qu'on puisse se sentir jeune même vieux. Le corps vieillit mais les émotions, les sentiments sont toujours les mêmes à chaque étape de la vie. Même si je trouve que les feuilles du calendrier tournent maintenant si vite que je ne les vois pas passer, je ne me sens pas vieille du tout, j'ai même l'impression d'être plus jeune aujourd'hui qu'hier.

Elle se sent jeune et, en même temps, elle jouit de l'assurance que lui donne la maturité et le sentiment d'être en pleine possession de son savoir.

J'ai l'impression qu'en vieillissant il est possible de se dépasser, parce qu'on a accumulé tellement de connaissances!

Je suis davantage en possession de mes moyens, j'ai à la fois l'expérience et le temps de réfléchir un peu plus. J'ai confiance en moi, en mon analyse de la vie et en mon analyse du droit.

La retraite, c'est un moment privilégié pour partager son expérience, ses connaissances, une opportunité de poursuivre ses intérêts ou de vivre les rêves qu'on n'a pu ou su réaliser. La retraite, c'est toujours la vie.

André Chagnon

La compagnie Vidéotron qu'il a fondée en 1964 est aujourd'hui la troisième société de ce genre au Canada et a acquis une envergure internationale au Royaume-Uni et aux États-Unis. André Chagnon a joué un rôle de premier plan dans le développement de l'autoroute de l'information au Canada.

En 2000, il vend son entreprise et investit les trois quarts de sa fortune dans la fondation Lucie et André Chagnon. Il consacre maintenant tout son temps à cette fondation qui a pour but de lutter contre la pauvreté, la maladie et l'obésité au Québec. Il a été fait officier de l'Ordre du Canada et de l'Ordre national du Québec.

« Se dire : Il me semble que tout le savoir-faire que j'ai acquis pendant toutes ces années pourrait apporter quelque chose à quelqu'un. »

Tout le monde le dit, les experts aussi bien que les premiers intéressés : pour réussir la troisième partie de sa vie, il faut avoir un projet qui vous tienne à cœur et qui canalise votre enthousiasme et vos énergies. André Chagnon en est un exemple convaincant. À l'âge de soixante-douze ans, il a décidé de s'attaquer à un fléau qui tient en échec tous les gouvernements : la pauvreté et la maladie.

Cela a donné un nouveau sens à ma vie. J'en retire beaucoup plus de satisfaction aujourd'hui que tout ce que j'ai pu vivre avec Vidéotron.

Ce n'est pas peu dire. Son histoire est celle d'un des plus grands succès du monde des affaires du Québec. Vidéotron, l'entreprise qu'il a créée de toutes pièces, fait partie du quotidien des Québécois et compte parmi les géants de l'industrie. Lorsqu'il l'a vendue, André Chagnon pouvait faire un bilan très positif de sa vie : il avait le respect du public, celui des hommes politiques qui le consultent pour sa sagesse, une sécurité financière à toute épreuve, une vie familiale harmonieuse, une foi solide et une santé de fer. André Chagnon est un homme heureux, qui n'avait rien à prouver à personne et qui avait toutes les raisons de se reposer sur ses lauriers.

Il a préféré se lancer dans une grande aventure, en créant la fondation Lucie et André Chagnon. À l'entendre, on pourrait même penser que Vidéotron n'était qu'un exercice préparatoire à cette entreprise philanthropique.

La première phase de ma vie, Vidéotron, c'était pour préparer la deuxième. (Il rit.) Il y avait longtemps que j'y pensais. En 1988, avec mes cinq enfants et mon épouse, nous avions mis la fondation en place. C'était un coup de cœur. Ma préoccupation est qu'il y a vingt-cinq pour cent des enfants qui vivent en situation de pauvreté. Dans un pays aussi riche que le nôtre, c'est insensé. Mais les gouvernements ne s'attaquent jamais aux causes.

Où êtes-vous allé chercher l'assurance pour vous dire : « Moi, je vais m'y attaquer » ?

J'ai appliqué les mêmes principes qu'avec Vidéotron : si on voulait faire une différence, il fallait évaluer, innover, développer des stratégies. Finalement, une entreprise philanthropique, ce n'est pas tellement différent d'une entreprise à profit, et passer de l'une à l'autre m'a été très facile. Vous devez avoir une mission bien claire, une vision pour la réaliser, des objectifs précis, des plans stratégiques, savoir comment les exécuter, des systèmes de gouverne pour votre conseil d'administration et vos fiduciaires. À tous les niveaux, ce sont les mêmes principes partout.

Je vais avoir droit à un cours élémentaire de gestion. André Chagnon va me démontrer que toutes les règles qu'il a appliquées pour faire le succès de Vidéotron, il les applique aussi à sa fondation. Il se trouve que ces règles ont également gouverné sa vie personnelle et que tout un chacun peut en tirer profit.
D'abord, cerner ce qu'on veut faire.

La transaction a été amorcée en février 2000, elle s'est complétée en octobre. J'ai donc eu neuf mois pour étudier ce qu'allait faire la fondation. J'ai appelé cela mon *listening tour*. Je suis allé voir les plus grandes fondations aux États-Unis, pour apprendre quelle était la meilleure stratégie. Je leur disais : « On veut travailler sur les causes, on veut faire la différence. Prévention de la pauvreté, prévention de la maladie. » Les gens m'ont tous dit à peu près la même chose : Si vous voulez travailler sur les causes, engagez-vous à long terme, vous avez les moyens financiers de le faire.

C'est ainsi que nous nous sommes attaqués au développement de la petite enfance, depuis le début de la grossesse jusqu'à ce que l'enfant arrive à la maternelle, prêt à apprendre et à réussir. Toutes les études longitudinales le montrent : Si l'enfant connaît des succès à l'école dès le départ, selon toute probabilité il terminera au moins ses études secondaires, ce qui est le minimum dont on a besoin pour réussir dans la vie.

André Chagnon m'expose son plan de départ comme un chef d'industrie expose une campagne de marketing. Il est précis, déterminé à obtenir des résultats concrets et il ne perd jamais de vue l'objectif final. Ce que j'en retiens, c'est qu'il a fait ses devoirs avant de se lancer. Dépenser de l'argent et de l'énergie, oui, mais les gaspiller, il n'en était pas question.

Une fois qu'on a réussi cette étape-là, on s'attaque aux quatre habitudes de vie : la nutrition, l'activité physique, le tabac – qui demeure un problème – et le stress, qui très important chez les enfants. Si on maintient ces programmes pendant dix-sept ans, il va forcément se passer quelque chose quelque part. Aujourd'hui, je suis plus convaincu que jamais que nous allons réduire de moitié la pauvreté au Québec.

Après la définition des objectifs, la stratégie.

Tout doit passer par la communauté. Nous allons rencontrer les huit ou dix leaders locaux, et nous découvrons souvent qu'ils travaillent dans la même communauté depuis des années, mais qu'ils ne se connaissaient pas. C'est comme au gouvernement : dans les ministères, tout le monde travaille en silo, et c'est notre problème majeur. Nous arrivons, nous leur apprenons à travailler ensemble, nous servons de catalyseur.

Nous les aidons à définir toutes sortes de programmes pour les enfants, mais ce sont eux qui identifient leurs priorités, et c'est ce qui est nouveau. Au début, les gens n'y croient pas : «C'est vraiment nous qui allons décider?» C'est la première fois qu'on les laisse décider de leurs propres besoins. Pourtant, c'est la clé. Tous les projets qui sont imposés par le haut sont voués à l'échec. C'est prouvé.

Ne pas ménager son temps.

Autant que possible, je participe moi-même à ces rencontres avec les communautés. C'est essentiel pour comprendre vraiment ce qui se passe. Quelqu'un m'a dit une fois : «Monsieur

Chagnon, il n'y a rien de pire que quelqu'un qui identifie pour moi mes besoins et mes solutions. »

C'est une leçon que j'avais apprise il y a longtemps. Une année, avec les Kiwanis, nous avions décidé de distribuer aux pauvres des dindes pour Noël. « Ces gens n'ont rien à manger, ils devraient avoir une dinde comme nous. » Nous avons été très surpris quand une femme nous a dit, d'un air déçu : « Vous êtes bien gentils de m'apporter une dinde. Mais j'aurais préféré une perruche. » Une perruche aurait été là pendant deux ans à lui faire des clins d'œil, à lui tenir compagnie. Nous, nous n'y avions pas pensé. Ce doit être ça la pauvreté, de préférer une perruche à une dinde !

C'est une erreur que j'étais bien décidé à ne jamais refaire. Mais pour cela, il faut aller sur place rencontrer les gens, assister aux réunions.

Ne pas ménager ses énergies !

Moi, je vais travailler jusqu'à la veille de mon décès, à quatre-vingt-dix-neuf ans et quelque chose. Le lundi matin, j'ai hâte d'arriver au travail. Dès le dimanche soir, je commence à y penser.

André Chagnon ne parle guère de lui. Son projet le passionne manifestement, l'absorbe totalement, et ne lui laisse guère de temps pour se pencher sur ses états d'âme.

Par contre, quand on l'invite à parler de sa fondation (et même quand on ne l'y invite pas), il est intarissable. Il expose en détail les problèmes de société auxquels il a décidé de s'attaquer, parle des femmes qui doivent mettre leurs enfants à la garderie très tôt pour retourner travailler, des enfants qui rentrent le soir la clé autour du cou dans une maison vide, des croustilles qui tiennent lieu de collation, des longs retours à la maison pour les parents, de l'effritement de la vie de famille... Pour lui tout est lié, les études le prouvent, et des études ce n'est pas ça qui manque !

L'argent, il y en a. L'argent va aux chercheurs. Toutes les recherches ont été faites, on sait ce qu'il faut faire. Mais on ne fait pas l'implantation. On réussit à trouver de l'argent pour confirmer ces recherches, mais pour l'action, on n'en trouve pas. Par exemple, le centre d'excellence en développement des jeunes enfants de l'Université de Montréal a pour but d'inventorier tout ce qui se fait dans le monde, puis de trouver des chercheurs qui vont évaluer la pertinence des données probantes de ces projets-là, et si ça confirme, ils vont les publier. On s'alimente d'eux autres. Il n'y a pas besoin de faire de recherche. Il y en a, il y en a ! Mais comment implanter, c'est autre chose.

La sainte colère aussi, semble-t-il, fait partie des choses qui vous maintiennent jeune.

À Québec, on a passé la loi 112, pour la lutte à la pauvreté. Mais aucun plan d'action n'a été développé. L'argent va dans le curatif. Sauf que le curatif, cela ne travaille pas sur les causes, cela n'apporte pas de solutions.

La Charte d'Ottawa a été citée partout dans le monde. Tout le monde en parle, mais rien n'a jamais été implanté.

Garder la capacité de s'indigner, vouloir encore changer le monde, s'engager dans un projet à long terme quand on a soixante-dix-sept ans, on ne peut guère imaginer attitude plus positive.

André Chagnon a toujours maintenu un sens solide des priorités familiales.

Quand je me suis lancé en affaires, nos enfants étaient encore petits, et j'ai convenu avec ma femme que je ne serais pas souvent à la maison du lundi matin sept heures au vendredi après-midi quatre heures et demie, mais que par contre, je ne manquerais jamais une fin de semaine. J'ai tenu cet engagement pendant toute ma carrière. Pendant deux ans, j'allais en Europe deux fois par mois, je prenais l'avion d'Air Canada à une heure, et mes enfants se souviennent encore qu'à quatre heures et demie, on pouvait regarder la porte : papa arrivait.

Cela demande une bonne mesure de discipline à la maison comme au travail.

C'est aussi vrai pour l'alimentation et l'activité physique. Je fais du chi gong depuis quinze ans. Je me lève à cinq heures et demie, j'en fais pendant quarante-cinq minutes, ensuite j'ai toute la journée devant moi.

Le chi gong apporte tout en même temps : la méditation, parce qu'on ne peut avoir qu'une seule pensée à la fois, la réduction du stress – on a toujours un stress quelque part –, la respiration profonde, qui va masser tous les organes vitaux. Les mouvements apportent de la souplesse. Je n'ai jamais eu de courbatures. Tout travaille dans le chi gong. Cela prend de la discipline. Ce sont des habitudes de vie qu'il faut prendre.

Cela fait trente-cinq ans qu'André Chagnon est végétarien.

C'est à cause de notre fille aînée. On l'appelait Granola. Quand elle avait quinze ans, elle lisait toutes les étiquettes : «Ne mange pas ces céréales, c'est plein de sucre… Ton pain blanc, il est tellement plein de produits de conservation qu'on pourrait calfeutrer les fenêtres avec pendant l'hiver, et il serait encore frais au printemps!» Elle nous taquinait continuellement. Puis, on a commencé tranquillement à changer nos habitudes de vie, et à se sentir mieux.

Maintenant, il nous arrive parfois de manger du poisson s'il est sauvage, et du poulet s'il a été élevé en liberté dans une ferme. Depuis vingt ans, tous les matins je prends de la graine de lin. Je change de fruit chaque matin, je change de noix et de céréales chaque matin, j'ai toujours quelque chose de nouveau, plus l'huile de lin.

S'il est dans une forme physique étonnante, ce n'est pas par hasard. Il y pense et il y travaille délibérément.

Il le faut, et c'est vrai pour tout le monde. Cela n'arrive pas tout seul. Il faut cultiver de saines habitudes de vie. C'est peut-être ce qui a influencé ce que nous faisons pour les enfants d'âge scolaire.

Avant que j'aie pu le retenir, voilà André Chagnon reparti sur le thème qui lui est le plus cher.

On a un beau programme. On aimerait le voir dans toutes les écoles du Québec. Ça s'appelle « Réseau cinq épices ». Les nutritionnistes rencontrent tous les élèves de l'école primaire, deux heures par mois, huit mois par année, plus trois activités avec les parents. C'est intéressant de voir le cheminement de ces enfants, ne serait-ce que dans leur langage. « Est-ce qu'il y a des gras trans là-dedans ? Est-ce qu'il y a des protéines ? Le soja ? » Les mots commencent à venir graduellement. Si on revient à la charge pendant six ans de temps, seize heures par année, ces enfants-là un jour vont peut-être faire acheter à leurs parents du lait de soja ou du tofu. On leur fait également préparer une recette. Ils en mangent la moitié, et l'autre moitié ils l'emportent à la maison.

Vous faites l'éducation des parents par la même occasion.

Tout revient à ce mot-là. Tous les indicateurs ramènent au niveau d'éducation. Voyez l'obésité qu'on a aujourd'hui. L'indicateur dominant, c'est l'éducation. Pour que les gens s'en sortent, il faut qu'ils aient un minimum de secondaire cinq. Toutes les études le prouvent.

Ce sont également des gens qui ont perdu l'estime de soi. Ils ne revendiquent pas. Or les politiciens ne courent pas après les gens qui ne disent pas un mot! Donc ils ont moins de services sportifs, de bibliothèques de quartier, etc.

Les problèmes de santé gravitent autour de ces gens-là. Quand on vit au jour le jour, à quoi bon se préoccuper de son alimentation, arrêter de fumer, faire de l'exercice? Ils n'y pensent pas, et c'est un cercle vicieux. Dans la commission scolaire de Montréal, plus de trente-sept pour cent des enfants vivent dans la pauvreté. Avec la richesse qu'il y a autour de nous!

Tout est là. Inutile de demander à André Chagnon comment il donne un sens à sa vie. Il a un objectif, de l'enthousiasme à revendre, il vit dans le présent. Aux gens qui s'apprêtent à prendre leur retraite, voici ce qu'il suggère :

Se dire : « Il me semble que tout le savoir-faire que j'ai acquis pendant toutes ces années pourrait apporter quelque chose à quelqu'un. »

Et il leur souhaite de connaître la satisfaction qu'il a chaque soir en posant la tête sur son oreiller.

« Oui, André, je pense que tu as passé une belle journée. Tu as fait quelque chose d'intéressant. »

Brenda Milner

Née en Angleterre en 1918, Brenda Milner est arrivée à Montréal à l'âge de vingt-deux ans et a obtenu son doctorat en psychophysiologie à l'Université McGill. Elle est entrée à l'Institut neurologique de Montréal pour travailler avec le Dr Penfield, et elle y est encore aujourd'hui. Brenda Milner est un personnage légendaire dans le domaine de la neuropsychologie car elle a révolutionné l'étude de la mémoire. Elle reçoit maintenant médailles et prix pour les découvertes qu'elle a faites voici cinquante ans. Elle est compagnon de l'Ordre du Canada et officier de l'Ordre national du Québec.

« L'ennui d'avoir à mourir, c'est qu'on ne saura jamais ce qui a été découvert après nous. »

Elle m'avait avertie au téléphone : « Moi, les vieux, je n'y connais rien. Dans ma recherche, je ne m'occupe que des jeunes adultes. » Belle entrée en matière pour une dame de quatre-vingt-sept ans !

Physiquement, cette sommité internationale a tout de la parfaite petite vieille dame. Elle est toute menue (elle observera, en regardant dédaigneusement ses poignets, qu'elle a des os de poulet), une impeccable permanente encadre son visage au doux sourire... et elle a une personnalité d'acier. La comparaison avec Margaret Thatcher est inévitable, d'autant plus qu'elle parle anglais avec le même accent très soigné des bonnes écoles.

À l'Institut, elle fait de la recherche clinique, suit des patients, publie, donne des cours, s'occupe d'étudiants en post-doctorat, autrement dit, son poste est loin d'être une semi-retraite déguisée. La première question qui me vient à l'esprit, quoique banale, est incontournable : Comment fait-elle pour maintenir un tel rythme?

C'est une question de gènes. Ma mère a travaillé à plein temps jusqu'à l'âge de quatre-vingt-huit ans. La seule raison pour laquelle elle s'est arrêtée, c'est qu'elle était en train de devenir sourde, ce qui n'est pas l'idéal quand on enseigne la musique. Mais elle a vécu jusqu'à quatre-vingt-quinze ans. J'en ai seulement quatre-vingt-six, alors…

Serait-ce son mode de vie qui la maintient en forme? Là encore, sa désinvolture est désarmante.

Je ne fais pas de sport, parce que je ne suis pas très «coordonnée», et j'aime faire bien ce que je fais. Donc j'évite les choses que je fais mal. Par contre, je marche partout où je vais. Je n'ai jamais eu de voiture. J'ai bien passé mon permis il y a très longtemps, mais je ne m'en suis jamais servi. J'habite tout à côté d'ici, je monte la côte chaque jour, le soir quand je rentre à la maison, je vais faire mes courses, je rapporte un sac de plusieurs livres à la maison, avec les bouteilles de vin et tout, alors il me semble que je fais suffisamment d'exercice. Il n'y a rien de meilleur que la marche.

Chez Brenda Milner, pas de fausse modestie. Elle sait qu'elle est exceptionnelle, mais le fait est qu'elle vit maintenant comme elle a toujours vécu. Elle allait à pied à l'école quand elle était petite, elle allait à pied à ses cours sur le campus de

Cambridge parce qu'elle ne savait pas monter à bicyclette, et elle se rend à pied jusqu'à l'Institut chaque matin. Tout de même, elle commence à trouver qu'elle ralentit.

Ce qui m'agace beaucoup, c'est que je marche moins vite qu'avant. Je me souviens que ma mère au même âge marchait toujours un peu plus lentement que moi et que cela m'irritait, et maintenant je fais pareil. J'ai appris il y a dix ans que c'est une question de muscles. J'étais à un congrès à Strasbourg pour faire une présentation sur la mémoire, et il y avait là quelqu'un dont la recherche portait sur le système moteur. Je lui ai dit : « C'est tellement ridicule ! J'ai l'impression de marcher vite, et pourtant tout le monde me dépasse ! » Il m'a expliqué : « Ce sont vos muscles. Le cerveau envoie bien les signaux qu'il faut, c'est pour cela que vous avez l'impression de marcher vite, mais vos muscles ne sont plus assez bons pour répondre rapidement. »

Voilà qui est fâcheux pour une marcheuse…

Vous n'avez pas de problèmes d'articulation, pas d'arthrite ? Rien d'autre ?

Je suis presque à mendier pour que cette minuscule dynamo m'avoue que, quelque part… quelque chose en elle n'est plus comme avant.

Non, je n'ai pas de problèmes d'os. Mais j'ai eu une opération de la cataracte il y a cinq ou six ans, et c'est merveilleux. J'avais de la difficulté à distinguer certaines couleurs. Je voyais bien le rouge et le vert, mais je ne voyais plus la différence entre le bleu et le jaune. C'était frustrant, et surtout dangereux. J'ai glissé sur le verglas une fois à cause de ça. Bref, on entend souvent les gens parler de miracle quand ils ont été opérés de la cataracte. Je peux vous dire que c'est vrai. L'impression qu'on a quand on retrouve sa vision, c'est extraordinaire ! C'est très bon pour le moral aussi !

Brenda Milner vit seule. Elle est divorcée depuis quarante-cinq ans, et à l'entendre, il y a des compensations.

> C'est tellement bien de pouvoir faire ce qu'on veut quand on veut! À condition de savoir ce qu'on veut, évidemment.
> Je me réveille très tôt, vers quatre heures du matin, je lis tranquillement le *Manchester Guardian,* le *New Yorker* ou un livre, et vers cinq heures et demie je me lève. C'est une chose que je ne pourrais pas faire si je partageais ma vie avec quelqu'un!
> J'ai toujours été une lève-tôt. Quand j'étais toute petite, je devais avoir six ou sept ans, je me levais à l'aube, je traversais la rue en courant et j'allais frapper à la porte de mon amie pour qu'elle vienne jouer avec moi. Toute la maisonnée dormait encore, et ses parents ne trouvaient pas ça drôle du tout! Il me semble que je n'ai jamais vraiment aimé dormir. C'est un peu comme une petite mort. J'aime être réveillée.

Je crois entendre l'écho de Dominique Michel qui allait réveiller son père le matin en lui disant : « Lève-toi vite ! On a des affaires à faire ! » Même enthousiasme pour la vie, même curiosité pour tout.

> Je suis curieuse de tout ce qui se passe autour de moi. Hier soir, j'étais en train de discuter avec le doyen des sciences, et nous sommes tombés d'accord que ce qui est le plus ennuyeux d'avoir à mourir un jour, c'est qu'on ne saura jamais ce qui a été découvert après nous.
> Mais ma curiosité ne se limite pas à mon travail. Après tout, je suis psychologue! Donc je m'intéresse aux comportements. Ceux des animaux, ceux des humains, l'actualité… J'écoute la radio avec beaucoup d'enthousiasme. Surtout les affaires publiques. Par contre, je n'ai pas de téléviseur. La télévision, c'est tellement passif! Et comme vous le savez, le cerveau a besoin d'exercice. Avant, on pensait que le cerveau ne pouvait plus

croître une fois qu'on avait atteint l'âge adulte. Mais nous savons aujourd'hui que son activité se poursuit constamment. Il n'y a aucun doute que c'est bon pour le cerveau de rester actif.

Pour elle, guère de danger. Elle vient tout juste de passer une semaine à donner deux séries de conférences, l'une pour ses étudiants en médecine, l'autre pour les étudiants diplômés en neurologie.

C'était un peu trop. J'ai dû rester debout quatre heures d'affilée chaque jour, et à la fin de la semaine j'étais très fatiguée. L'année prochaine je m'organiserai autrement pour avoir le temps de récupérer entre les deux. Quand j'étais plus jeune, un collègue m'avait dit : « Il faut rester à l'écoute de son corps. » Je n'y avais pas prêté attention à l'époque, mais maintenant, il va falloir que je commence à me surveiller.

Elle ne cesse pas d'étonner. Ses commentaires sont ceux auxquels on s'attendrait de la part de quelqu'un ayant trente ans de moins. Brenda Milner a d'ailleurs des conseils pour les gens dans la cinquantaine qui commencent à penser à la retraite.

Il ne faut surtout pas vous imaginer que vous allez être heureux en vacances perpétuelles. J'entends souvent les gens me dire : « Ça va être merveilleux, je vais voyager autour du monde, je passerai trois mois ici, un mois là… » D'abord, dites-vous bien une chose, ce n'est pas donné à tout le monde d'avoir l'énergie de le faire. Mais supposons que vous ayez cette énergie, vous allez finir par vous lasser. Moi aussi, j'aime voyager. Mais quand je voyage, je ne suis pas en vacances. Je vais quelque part pour donner une conférence ou pour assister à un congrès, et j'en profite pour passer quelques jours avec des amis qui habitent le pays. Tous mes amis sont dans le même domaine que moi, nous nous connaissons tous, nous discutons de nos intérêts communs, et nous prenons des nouvelles les uns des autres. C'est très important d'avoir un cercle de gens qu'on connaît depuis longtemps !

Il ne faut surtout pas penser que vous allez passer le restant de votre vie à vous amuser sans rien faire. Prenez des vacances, jouez au golf, voyagez, faites ce qui vous plaît pendant un temps, mais vous verrez qu'il y a une limite. Il vous faut un plan pour faire quelque chose après. Beaucoup de gens font du bénévolat et semblent en retirer une grande satisfaction.

> Quant à elle, sa recherche, c'est sa vie. Ses loisirs, ses relations sociales s'articulent autour de ses travaux, et tout le reste lui parait fade par comparaison.

Le Dr Penfield disait qu'il fallait avoir une seconde carrière après soixante-cinq ans. Lui, quand il a pris sa retraite, il a entrepris de faire des conférences sur le bilinguisme à travers tout le Canada.

Si vous abandonnez votre première carrière parce que votre seconde carrière vous intéresse vraiment et que c'est un domaine que vous n'avez pas eu l'occasion d'explorer auparavant, tant mieux. Ce n'est pas vraiment une retraite, c'est un changement d'activité. Pour ma part, si j'avais dû prendre ma retraite à soixante-cinq ans, j'aurais trouvé ça épouvantable, parce que j'étais en pleine recherche et que je découvrais des choses fascinantes à ce moment-là.

> Vingt ans plus tard, Brenda Milner est toujours aussi passionnée par son travail, mais elle considère qu'elle est en sursis. Aussi, depuis quelque temps elle ne prend plus d'étudiants en doctorat.

Il y a encore des jeunes qui voudraient rédiger leur thèse avec moi. Mais une thèse, cela prend cinq ans. J'en ai quatre-vingt-six. Qui sait ce qui peut arriver à mon âge ! Si je promettais à un étudiant de m'occuper de lui pendant les cinq prochaines années, ce serait peut-être un peu présomptueux, vous ne pensez pas ? Ce serait jouer avec son sort, ce ne serait pas correct. Alors maintenant, je ne prends que des étudiants en postdoctorat.

Comment se fait-il qu'à son âge elle soit encore aussi populaire auprès des étudiants et des jeunes chercheurs, pas seulement au Québec mais dans le monde entier ?

En science, pour savoir si quelque chose est important, le critère n'est pas seulement que ce soit vrai mais que cela ait aussi un impact sur la discipline. Or aujourd'hui, beaucoup de gens font des recherches sur la mémoire. Par conséquent, on accorde un intérêt particulier à quelqu'un qui a fait les premières découvertes dans ce domaine devenu à la mode.

Vous recevez beaucoup de prix, décorations et doctorats honorifiques, on parle de vous comme d'une icône, les hommages qu'on vous rend ressemblent parfois à une nécrologie ! Comment vivez-vous cela ?

J'y pensais en me préparant ce matin. Je me disais : « Il ne faut pas que j'oublie de mentionner à quel point il faut du temps avant qu'une idée scientifique fasse son chemin jusqu'au grand public. »

Dans les années cinquante, j'ai eu la chance de pouvoir observer certains patients amnésiques, pour déterminer ce qui avait été perdu et ce qui avait été préservé, et j'ai fait la preuve qu'il existe plus qu'une mémoire dans le cerveau. C'était une découverte importante.

Mais cela prend des années. Il faut d'abord convaincre ses collègues que c'est important. Ensuite il faut faire et refaire les expériences. Si tout marche bien, on finit peut-être par publier quelque chose dans le *Scientific American*. Des années après, c'est publié dans les journaux et on devient célèbre. Je reçois maintenant des prix pour quelque chose que j'ai découvert en 1955 ! C'est assez ironique.

Mais je considère tout de même que j'ai de la chance, parce qu'il y a beaucoup de gens qui meurent avant qu'on apprécie la valeur de ce qu'ils ont fait. Remarquez, cela arrive très souvent dans les arts aussi. Voyez Van Gogh.

Sur quoi Dr Milner annonce que c'est l'heure d'aller dîner.

Dans un agréable restaurant du quartier, nous rejoignons deux jeunes professeurs de l'Institut, qui semblent honorés de vivre quotidiennement avec quelqu'un pour qui le Dr Penfield n'est pas une avenue mais un collègue décédé.

Ils commandent chacun une assiette froide et un Perrier ; je prendrai une salade et de l'eau d'Évian. Le Dr Milner est plongée dans la lecture du menu. Quand elle relève la tête, c'est pour annoncer avec une lueur gourmande dans les yeux : « Je prendrai le pâté aux cerises pour commencer, ensuite le magret de canard et… personne ne veut m'accompagner pour le vin ? Alors seulement une demi-bouteille de bordeaux. » Elle sera la seule à prendre un dessert. La tarte tatin est tellement appétissante ! « Et un expresso, double, s'il vous plait. »

Je commence à mieux comprendre un commentaire qu'elle avait fait pendant notre entrevue.

À trente ans, si vous m'aviez demandé si je pensais être heureuse à l'âge de quatre-vingts ans, je vous aurais dit non. J'aurais pensé que les gens de quatre-vingts ans essayent de faire bonne figure, mais qu'on ne peut pas être heureux à cet âge-là.

Pourtant, je suis vraiment heureuse. C'est irrationnel, parce que je suis si proche de la tombe, mais je suis heureuse. Non pas au sens neutre, car je jouis pleinement de la vie, peut-être justement parce qu'elle peut finir demain.

Lise Payette

Journaliste, auteure, politicienne, Lise Payette s'est fait connaître du grand public avec *Place aux femmes* à la radio et *Appelez-moi Lise* à la télévision. Elle s'est lancée en politique en 1976 et a été successivement ministre des Consommateurs, ministre d'État à la Condition féminine et ministre d'État au Développement social dans le cabinet de René Lévesque. Présidente des Productions Point de Mire pendant dix ans, elle continue à rédiger téléromans et documentaires et publie une chronique dans le *Journal de Montréal*. Elle est officier de l'Ordre national du Québec.

« Qu'est-ce que j'ai envie de faire? maintenant! »

Le jour où elle a quitté la politique (elle n'avait pas encore cinquante ans) Lise Payette a subi de plein fouet et tout en même temps la kyrielle des avatars associés à la retraite. Elle venait de traverser quatre ans et demi d'activité intense, avec des enjeux à haut risque, au sein d'une équipe tricotée serré, dans l'œil des caméras sept jours sur sept. Du jour au lendemain, elle s'est retrouvée seule, avec personne à qui parler, rien à faire, rien en perspective et pas un sou en poche. Tel est le risque que prennent les journalistes qui se lancent en politique.

Je me demandais ce que j'allais faire du reste de ma vie. On m'avait bien souligné avec un énorme trait noir que je ne pouvais pas retourner à la télévision après la politique. Le purgatoire est plus ou moins long selon le parti avec lequel vous vous êtes engagé. Le mien risquait d'être très long. Pendant un an je me suis demandé ce que j'allais faire parce que vraiment je n'avais plus rien en quittant la politique.

Selon les psychologues, l'une des choses les plus difficiles à vivre au moment de la retraite, c'est de perdre son sentiment d'appartenance à un groupe.

J'avais vécu ça avec mon mari qui a pris sa retraite vers cinquante-huit ans. Il en parlait volontiers et disait que la pire difficulté c'était de n'être plus personne. C'était un homme d'affaires, propriétaire d'une entreprise, qui avait des déjeuners d'affaires tous les jours, et le jour où il a pris sa retraite, le téléphone n'a plus sonné. Il avait perdu le contact avec les gens qu'il avait vus sur une base régulière, et qui n'appelaient plus. Il a dit souvent à quel point c'était difficile.
Il m'est arrivé la même chose quand j'ai quitté la politique.
En politique, on est tellement sollicité ! Il faudrait être disponible vingt-sept heures par jour pour rencontrer tous les gens qui veulent nous voir. Quand on quitte la politique du jour au lendemain comme je l'ai fait, on n'a plus d'horaire, il n'y a plus un chat. On a perdu les amis d'avant, qu'on n'a pas vus depuis quatre ans. On a perdu tout contact avec le monde extérieur. Et ceux avec qui on a vécu quatre ans ne nous appellent plus. J'ai vécu cette situation pendant un an.

Qui a dû être un an d'angoisse ?

Oui, un peu d'angoisse, mais après la folie de quatre ans et demi en politique – souvenez-vous, c'était des années de grandes réformes, j'ai créé l'assurance automobile, vécu le référendum et la déception qui s'en est suivie –, j'avais besoin d'un an pour remettre mes idées en ordre et rentrer à la maison.

La seule angoisse que j'avais c'était d'être trop jeune pour dire : « Je ne fais plus rien. » Donc, je me demandais : « Qu'est-ce que je peux faire à partir de maintenant ? »

Pour se ressaisir, Lise Payette a entrepris une démarche qui pourrait servir de modèle à tous les gens qui prennent leur retraite, et de façon plus générale à tous ceux qui doivent tourner une page dans leur vie.

Il est essentiel de retourner à la base de tout et de se demander : Qu'est-ce que je sais faire, et qu'est-ce que j'aime faire. Au fond, c'est la même question.

Dans mon cas, je sais faire deux choses. Je sais parler et je sais écrire. Ce sont donc les deux seuls moyens que j'ai de gagner ma vie. Ne pouvant plus parler, j'ai choisi d'écrire. C'est ainsi que j'ai commencé à écrire des téléromans. Cela a duré vingt-deux ans. Ma plus longue carrière !

Vous avez aussi une chronique dans *Le Journal de Montréal*.

Quand on est venu me l'offrir, ma première réponse a été « non ». Puis je suis revenue sur ma décision vingt-quatre heures plus tard. Quel formidable moyen de rester en contact avec l'actualité !

Ma pire inquiétude devant le chiffre de mon âge, c'est peut-être de vivre cette coupure de la réalité quotidienne, de finir par me faire une vie en parallèle qui n'a rien à voir avec ce qui se passe dans la société – ce que je détesterais.

Cette chronique me fournit mon contact avec la société. Je le fais beaucoup pour moi, pour m'obliger à savoir où nous sommes rendus. Quand je choisis mon sujet de chronique, c'est souvent pour répondre à cette question. Je fais le point deux fois par semaine sur les sujets qui m'intéressent et qui peuvent intéresser le public.

Mis à part la période où elle était ministre, Lise Payette n'a jamais eu d'emploi salarié. C'est un choix délibéré qu'elle avait fait au début de sa carrière, et qui l'a aidée à vivre les transitions difficiles.

Il y a une différence entre les gens qui ont occupé toute leur vie le même poste, qui prennent leur retraite de cette entreprise-là, qui touchent une pension, et qui se retrouvent devant rien du jour au lendemain – et puis les autres, les gens comme moi qui ont eu des vies variées. Je n'ai jamais eu de ma vie un contrat à long terme. J'ai toujours été pigiste, et je le suis encore.
Cela crée une certaine angoisse. À la fin de chaque contrat, on ne sait pas ce qu'on va devenir, on ne sait pas où l'on va, on est constamment en train de renégocier sa vie. Sauf que moi, j'appelle ça de l'angoisse créatrice. Quand l'inquiétude commence à s'installer, il est temps que je trouve ce que je vais faire après.
Cela veut dire avoir de bonnes idées, les mettre sur papier, les défendre, les vendre, et éventuellement les réaliser.
Je commence de la façon suivante. Je prends une feuille de papier, un stylo, et j'écris : Qu'est-ce que j'ai envie de faire ? maintenant ! Là où je suis rendue, avec ce que je sais, ce que je connais. Mon mari disait toujours : « Rassure-toi. Ils peuvent te prendre tout ce que tu as, mais ils ne peuvent pas te prendre ce que tu sais faire. »

Serait-ce la formule qu'il faut suggérer aux gens qui prennent leur retraite ? « Pensez comme si vous étiez pigiste. Comportez-vous mentalement comme les pigistes. »

C'est ce vers quoi la société tend actuellement. Les emplois de quarante ans garantis avec une montre en or à la fin, on ne verra sans doute plus jamais ça. Les gens vont travailler au maximum dix ou douze ans quelque part, et il leur faudra faire autre chose ensuite. Il faudra constamment se renouveler.

Là-dessus, nous avons une avance sur les autres, nous qui avons toujours été pigistes, qui avons fait de multiples choses dans nos vies sans jamais avoir de sécurité. Le prix à payer, c'est de s'habituer à ne pas avoir de sécurité.

Il y a des jours où l'on a une petite angoisse, et d'autres où l'on ressent une liberté fantastique.

Avez-vous jamais eu le sentiment que vous deviez vous battre plus fort à cause de votre âge ?

Moi, je ne le sens pas. Il m'a fallu très longtemps avant de réaliser que j'avais vieilli. Je ne m'en rendais pas compte, et mon entourage immédiat ne me l'a jamais fait sentir. Il faut cependant dire que j'ai écrit un téléroman qui a été diffusé jusqu'à il y a moins de deux ans. C'était donc une vie très active : écrire tous les jours, être en studio pour le tournage…

Depuis que j'ai cessé d'écrire un téléroman, je me suis rendu compte pour la première fois que le temps avait passé. J'ai réalisé que j'avais dépassé soixante-dix ans et que je ne m'en étais pas aperçu. À partir de soixante-dix ans, on s'en va rapidement vers quatre-vingts, parce que le temps passe plus vite.

Vous le savez, mais est-ce que vous le sentez ?

Non, pas du tout. Je ne sens pas que j'ai l'âge que j'ai. Dans ma tête je n'ai pas cet âge-là. Dans ma tête, je me donne cinquante-quatre ou cinquante-cinq ans. Le corps est plus vieux, mais pas la tête.

Et qu'en dit le corps ?

Mon corps me parle le matin au réveil. Il me dit d'aller plus lentement, d'être moins pressée que je l'ai été toute ma vie, parce que j'ai toujours beaucoup travaillé le matin. J'ai fait des émissions de radio très tôt le matin, etc. J'avoue que s'il y a un changement dans ma vie, c'est celui-là : le matin, j'ai plaisir à traîner une heure sur un café, à ne pas me bousculer.

Est-ce l'âge, ou le luxe de la journaliste qui n'a plus à courir tout le temps ?

Je crois que c'est un peu les deux, mais sûrement l'âge aussi. Il me faut plus de temps pour me mettre en marche physiquement. Intellectuellement, je peux lire le matin, je peux écrire, je peux travailler, si je n'ai pas à bouger. Si j'ai à bouger, le corps rouspète. Le corps dit : Tu vas trop vite. Ralentis.

Vous ne vous sentez pas vieille...

Non, mais je ne me sens pas jeune. Ce n'est pas pareil. Je ne me sens pas vieille mais je ne me sens pas jeune. Je sais que je n'ai pas trente ans ni quarante. Je le sais. Cela dit, je suis étonnée d'avoir l'âge que j'ai. Ça a passé tellement vite !

Est-ce que la perspective de vieillir vous fait peur ?

Je ne sais pas. J'ai réglé une chose avec la mort de Laurent : j'ai réglé ma peur de la mort. Je l'ai vu mourir, il est mort avec beaucoup de dignité, à la maison, d'un cancer, en quatre-vingt-dix jours. Il était en parfaite santé, il marchait ses kilomètres, il faisait ses exercices tous les jours pour rester en forme. Il m'a fait ce cadeau de me donner la paix. Ce qu'il a vécu, je suis capable de le vivre. Je l'ai vu. Donc c'est une affaire classée. N'importe quand. Je n'ai plus d'appréhension.

Par contre, je n'ai pas réglé mon problème avec la vieillesse. Cela me fait peur. De perdre ma raison ou les choses de l'esprit, cela me ferait peur. Pour me rassurer, je fais des exercices de mémoire.

Par exemple, changer les numéros de téléphone dans ma mémoire. Enlever ceux qui ne servent plus et les remplacer par d'autres. Je peux vous donner les numéros de téléphone de plein de gens sans regarder mon carnet. Je les apprends par cœur. Je les fixe dans ma mémoire comme une mémoire d'ordinateur. Je peux faire le ménage dans ma corbeille et mettre de nouveaux numéros dedans. C'est une chose à laquelle je tiens beaucoup et qui me permet de dire : « Tout va bien de ce côté-là. »

Physiquement, cela risque de me lâcher plus rapidement. La perspective de me retrouver dans une maison de vieux ne me plait pas du tout. Dans ma tête, c'est déjà décidé que je vais mourir chez moi dans mon appartement.

On dit ça, mais peut-on jamais savoir…

Je crois que je vais le faire. Il s'agit de choisir le moment où l'on veut mourir, si on ne veut pas passer à l'autre étape. Il reste le choix de dire : c'est aujourd'hui.

Le scénario des *Invasions barbares*?

Peut-être un peu mieux. Ça, c'est déjà trop tard. Mais je me laisse cette ouverture. Ce qui me répugnerait le plus, ce serait de me faire dire « tu » dans une maison pour personnes âgées. Je l'ai vu si souvent! Je suis incapable de penser que je me ferais laver par quelqu'un d'autre.

Il faut voir au fur et à mesure, et il ne faut pas compter sur les enfants. Même si mes enfants sont très proches, je ne veux pas avoir à compter sur eux. Il faut prendre ces décisions quand on a encore toutes ses facultés.

Lise Payette n'est pas croyante. C'est une tradition qui se transmet de mère en fille depuis trois générations.

Ma grand-mère n'avait pas la foi, ma mère non plus, et mon père faisait semblant. Ma mère nous avait expliqué à ma sœur et à moi qu'elle n'avait pas d'autre choix que de nous envoyer à l'école catholique, mais qu'on ne devait pas croire ce qu'on allait nous enseigner. Elle nous avait fait faire notre première communion, mais toujours en nous disant : « Ne croyez rien de tout cela. Il faut le faire seulement parce que c'est la seule école disponible. »

C'était très fort, dans le milieu ouvrier de Saint-Henri, à l'époque. On était à l'avant-garde. Si bien que je n'ai pas vécu de rupture avec l'Église, comme tant de mes contemporains.

Elle évoque souvent sa grand-mère, qui a joué un rôle important dans sa vie, et elle essaye de jouer le même rôle auprès de sa petite-fille.

Ma grand-mère m'a appris tout ce qu'on doit savoir sur la vie, la mort, l'amour, la fidélité. Elle a eu neuf enfants, elle les accouchait elle-même. Elle annonçait qu'elle allait monter à sa chambre, et quand elle redescendait le bébé était né. Elle a été active jusqu'au jour de sa mort. Je viens d'une famille où les femmes étaient comme ça. Elles ne fermaient jamais la *shoppe*.

Richard Garneau

Cinquante-deux ans de micro, dont trente-trois au service des sports de Radio-Canada. Richard Garneau a couvert dix-neuf Jeux olympiques et de nombreux autres événements sportifs internationaux. Il a animé la soirée du hockey pendant vingt-trois ans. Il fait partie de l'équipe de Joël Le Bigot le samedi et le dimanche matin à la radio de Radio-Canada.

Il a reçu cinq prix Gémeaux dont le prix « Hommage » pour l'ensemble de sa carrière. Prix du Mérite du français dans la culture, il est membre du Temple de la renommée du hockey et récipiendaire 2004 du prix Sport et Média décerné par le Comité international olympique.
Il est chevalier de l'Ordre national du Québec

« Il faut constamment se remettre en question. »

Lorsqu'il était dans la cinquantaine, Richard Garneau avait un projet de retraite. Quand il atteindrait l'âge de soixante-cinq ans, à la fin d'une carrière passée entièrement à Radio-Canada, il écrirait des livres. Mais la vie réserve parfois des surprises.

Alors qu'il était au sommet de son art de commentateur sportif, le service des sports de Radio-Canada traversait une période difficile. Richard Garneau a subi un premier choc lorsque la société d'État a décidé de ne pas envoyer d'équipes pour couvrir le troisième championnat du monde d'athlétisme à

Rome en 1987. Quand, l'année suivante, Radio-Canada a perdu la couverture des Jeux olympiques de Barcelone, Richard Garneau a eu le sentiment qu'une tradition était perdue, et il a fait l'impensable : quitter la « grande maison » après trente-trois ans de carrière.

C'est très impersonnel, Radio-Canada. C'est l'ordinateur qui décide. À un moment donné, c'est l'âge de prendre sa retraite. Soixante-cinq ans, bye-bye ! Cela ne m'est pas arrivé à moi, mais c'est arrivé à plusieurs de mes anciens collègues. Heureusement, je suis parti avant, dans des conditions idéales.

Radio-Canada avait perdu les droits des Jeux olympiques de Barcelone au profit de TVA. Or TVA n'avait aucune expérience, ils sont allés chercher Serge Arsenault qui est venu me chercher, et c'est ainsi que j'ai quitté, et que j'ai continué à couvrir les Jeux.

À la même époque, il a commencé à couvrir le Tour de France chaque été. C'est également pendant cette période qu'il a réalisé un rêve de toujours et commencé à écrire.

Toute ma vie j'avais voulu écrire. C'est peut-être dans mes gènes aussi, parce que mon père adorait écrire. Il se défoulait dans l'écriture. Mais pendant toutes mes années de permanence à Radio-Canada, je n'en avais pas le temps. Quand je m'y suis mis, c'est devenu une passion.

Richard Garneau a publié coup sur coup cinq livres en cinq ans. Mais qu'il s'agisse d'autobiographie, de fiction ou de souvenirs à peine déguisés, on y sentait toujours la nostalgie de Radio-Canada.

Après mon dernier livre en 1996, mon contrat d'exclusivité avec TVA s'est terminé ; Radio-Canada m'a récupéré, ce qui est absolument extraordinaire. Je revenais finalement à la maison.

Là, j'ai eu de la chance. Je n'ai pas forcé la note. Un jour, j'ai reçu un appel de Joël Le Bigot. Il revenait d'une année sabbatique sur un cargo. On lui offrait de faire une émission de fin de semaine et il me proposait de travailler avec lui. J'ai accepté, bien sûr.

Le plus paradoxal, c'est que si je n'avais pas quitté Radio-Canada, ils me foutaient dehors à soixante-cinq ans ! Mais comme j'étais parti à cinquante-neuf ans, j'y suis revenu comme contractuel pigiste. Le Bigot m'a récupéré pour la radio, le service des sports m'a récupéré également, et tout s'est enchaîné. C'est ainsi que j'ai couvert les Jeux de Sidney à l'âge de soixante-dix ans, puis ceux de Salt Lake City et d'Athènes, en attendant Turin en 2006.

Richard Garneau a découvert un peu par accident ce qui, selon les sociologues, est en passe de devenir le profil de carrière type de l'avenir : des périodes de travail à plein temps en alternance avec des périodes de ressourcement, tout au long de la vie.

Il donne l'impression d'y prendre un immense plaisir, même si tous les samedis et dimanches, il doit faire sonner son réveil à quatre heures du matin.

C'est un plaisir de participer à une émission dont la cote d'écoute est la plus forte, toutes stations AM et FM confondues, et de travailler avec des gens intelligents. Le Bigot est un maître dans son domaine, et il est entouré de gens passionnants qui sont des spécialistes chacun dans son domaine. C'est aussi la passion de continuer à faire un métier que j'ai toujours aimé et que j'aime toujours.

Il y a une sorte de chimie qui s'est créée dans cette équipe. C'est vraiment très motivant. Après quatre heures d'émission le samedi et trois heures le dimanche, on sort de bonne humeur.

C'est la seule émission où l'on retrouve l'esprit qu'on trouvait à Radio-Canada à ce que j'appelle la grande époque, l'âge d'or des débuts de la télévision, les années soixante et le début des années soixante-dix.

Il y a un peu de nostalgie, c'est sûr. Parce que tous les samedis et tous les dimanches, on pourrait se croire en 1960. C'est un peu la même atmosphère.

Fait-il figure de vieux sage dans cette équipe ?

Je ne suis pas le seul « vieux ». La beauté de cette émission, c'est que tous les âges sont représentés. Il y a les baby-boomers, Le Bigot en est un, il y a les plus vieux, comme Jacques Languirand qui participe à l'émission du dimanche et qui a mon âge également, Gilles Archambault, écrivain spécialiste du jazz qui fait un billet tous les dimanches, Edgar Fruitier qui a mon âge ; par ailleurs, il y a des gens beaucoup plus jeunes, comme Ève Christian qui fait la météo, Annie Desrochers et François Parenteau qui sont sans doute les plus jeunes à collaborer aux émissions de Joël. On dirait qu'à un moment donné il n'y a plus d'âge dans cette équipe. Nous faisons tous le même métier, et c'est ce qu'il y a de magnifique.

Au service des sports, tout avait changé quand Richard Garneau est revenu. C'était un autre monde que celui qu'il avait quitté neuf ans plus tôt.

Ce n'est plus le même patron, les réalisateurs sont beaucoup plus jeunes, j'ai retrouvé tout à fait autre chose. Je me demandais un peu comment je serais accueilli, mais les choses se sont très bien passées. La nouvelle génération m'a très bien reçu. On craint toujours que les jeunes qui viennent derrière ne se disent : « Qu'est-ce qu'il fait là encore, lui, il nous enlève notre travail. »

Est-ce que je l'ai senti ? Oui, au début, mais très peu. Maintenant je fais partie du groupe.

Ils viennent me consulter, me demandent mon opinion. Ils me prennent pour un… non pas un sage, mais quelqu'un qui a cinquante ans de métier.

Si Richard Garneau a duré si longtemps, c'est aussi parce qu'il a été proactif.

C'est extrêmement important de rester dans l'œil du public. J'ai vu tellement de mes confrères qui ont quitté, qui ont pris leur retraite, et qui se sont imaginés qu'ils allaient pouvoir continuer à travailler. Mais le public vous oublie, et après deux ou trois mois on a disparu de la circulation. C'est pour cela qu'à un moment j'ai accepté de faire des talk-shows, ce qui ne me tentait pas du tout, mais je me suis dit : « Si je veux continuer à faire ce métier, il faut que les gens me voient et m'entendent. »

J'ai d'anciens confrères qui me disent : « Tu as de la chance » ; je leur réponds : « Ce que j'ai fait et que vous n'avez pas fait, c'est d'accepter à certains moments de faire des choses que je n'aurais pas acceptées si je n'avais pas voulu continuer à faire ce métier. »

Cet homme qui a été lauréat de cinq prix Gémeaux au cours de sa carrière continue à surveiller régulièrement la qualité de ses prestations.

Je continue à m'enregistrer, je continue à me corriger, je ne suis jamais sûr de moi. Dans le métier, il faut sans arrêt se remettre en question. Je continue à apprendre, et je suis très modeste de ce côté-là. Je ne suis jamais complètement satisfait de ma performance.

Dans le fond, c'est vrai pour tout le monde. Il faut constamment se remettre en question. Il faut travailler sans relâche.

Ne jamais arrêter. Si on est trop sûr de soi, on va plafonner, parce que les choses évoluent constamment. Quand je réécoute ce que je faisais en 1960 et que je m'écoute aujourd'hui, je ne suis pas du tout la même personne. Cela vaut pour les autres aussi. Il y avait un annonceur qui s'appelait Michel Normandin et qui avait été un des pionniers du hockey à la radio avant René Lecavalier. C'était une immense vedette. Quand on l'écoute aujourd'hui, on le trouve épouvantable ! Je me dis que, moi aussi, je devais parler comme lui il y a vingt ou trente ans. L'idée, c'est d'évoluer. La façon d'évoluer, c'est de travailler avec les plus jeunes. J'apprends des plus jeunes et eux apprennent de moi.

Richard Garneau a fait de la course à pied toute sa vie, il a couru ses premiers marathons à cinquante ans et se souvient qu'il a obtenu ses meilleures performances dans la cinquantaine.

À cette époque, je m'entraînais très sérieusement. J'aimais beaucoup faire de la compétition. Ma grande motivation, pour être très honnête, c'était de battre mes collègues plus jeunes que moi. La course à pied, c'est aussi une sorte de mysticisme, propice à l'introspection, parce que quand on court, on est seul la plupart du temps. Il faut plonger en soi-même.

Il a été cofondateur du Marathon international de Montréal, qui s'est tenu pendant douze ans. Est-ce qu'on court encore à soixante-quinze ans ?

La rançon de courir des marathons, c'est qu'on finit par en payer le prix. Je ne me considère pas comme un grand athlète. Au marathon de Montréal, j'avais fini mille neuf cent trente-huitième ; les gens rient quand je raconte ça, mais attention ! nous étions douze mille au départ. Donc ce n'était pas si mal ! Mais à force de courir sur des surfaces très dures j'ai développé de l'arthrite dans le genou gauche. Alors j'ai converti ça, et maintenant, je marche une quarantaine de kilomètres par semaine de façon rapide. C'est moins dynamique, mais c'est mieux que rien. La marche rapide je la fais avec mon chien. Je me maintiens en bonne condition physique de cette façon.

Quant au mental… mon métier me garde en forme, j'ai toujours un projet à l'horizon. La seule chose, c'est qu'à une certaine époque mon horizon était vaste ; maintenant il se rétrécit, je pense à plus court terme : au prochain Tour de France, aux prochains championnats d'athlétisme, aux prochaines olympiades d'hiver… je les prends un par un.

Je remarque cependant que vous avez toujours plus d'un projet en vue.

Voilà. C'est le secret. Toujours avoir quelque chose en vue. Je ne vous cache pas cependant que j'ai aussi besoin d'espace. Rendu à mon âge, je ne veux pas travailler cinq jours par semaine de façon régulière. Deux émissions de fin de semaine, le Tour de France, les prochains Jeux, cela me suffit. Je viens à Radio-Canada au moins une fois pendant la semaine, pour me retremper, rencontrer le monde ; pour moi, c'est une source d'énergie.

Pour résumer : avoir des projets qui vous intéressent, rester en contact avec ses amis et collègues, se tenir en forme en faisant un sport qui est à la portée de tout le monde…

Mais rien de trop, comme disaient les anciens Grecs.

Janine Sutto

En soixante-six ans de carrière théâtrale, Janine Sutto a joué sur toutes les scènes de Montréal et de Québec, passant de Shakespeare, Molière et Montherlant à Feydeau, Tremblay et Félix Leclerc, entre autres. Elle a fondé avec Pierre Dagenais le Théâtre de l'Équipe en 1943 et a participé aux débuts du Théâtre du Nouveau Monde. Elle est une des comédiennes les plus fidèles des théâtres d'été, dont le Théâtre de Rougemont. On l'a vue dans de nombreux téléthéâtres et séries télévisées, ainsi que des téléromans : *Les belles histoires, Septième nord, Joie de vivre*, et surtout *Symphorien* où elle interprétait Berthe Lespérance, rôle qui l'a fait connaître et aimer du grand public. Au cinéma, elle a tourné dans *Kamouraska*. Elle a été nommée compagnon de l'Ordre du Canada et chevalier de l'Ordre national du Québec.

« Je n'ai aucune pudeur à demander :
Pouvez-vous me donner le bras ? »

Janine Sutto est une femme de métier, pour qui la vie consiste à polir et à repolir, affiner, tendre vers un toujours meilleur. À ces gens-là, on ne demande pas : « Pourquoi ne pas vous arrêter de travailler ? » Elle ne travaille pas, elle fait son métier. Cette nuance sert de filtre à tout son quotidien. C'est ainsi qu'elle n'a jamais connu le tournant si redouté où l'on se sent mis de côté à cause de son âge.

Les jeunes ont peut-être entendu dire que j'avais fait des tas de choses. Mais quand on commence à répéter une pièce, il s'établit très vite une sorte de complicité. Une fois qu'on est sur le plateau, on ne pense plus à l'âge. Je fais partie du groupe, je n'ai pas cette sensation d'isolement au point de vue métier.
Par exemple, je vais faire un théâtre d'été à Rougemont. Nous nous sommes réunis au mois de janvier, et nous sommes allés à Rougemont pour rencontrer les gens de la région. J'ai rencontré des gens que je connaissais déjà, ainsi que des jeunes que je ne connaissais pas encore – ils sont six dans cette pièce, et ils sont très bons. Nous sommes tous très contents.

Toute sa vie, elle a eu un trac terrible, et elle l'a toujours. Maintenant, cela l'amène à surveiller encore plus qu'avant l'agilité de son esprit et celle de son corps.

Avant, j'avais une mémoire indécente. Je lisais cinq ou six fois, et je savais mes textes. Maintenant, il faut que je les étudie davantage. Mais je le sais. Depuis cinq ans, quand je suis inquiète, je prends quelqu'un pour me faire répéter. C'est un métier que j'ai fait pendant soixante-cinq ans, donc j'ai beaucoup exercé mon cerveau.
Pour le corps, c'est la même chose. Le théâtre vous oblige à vous tenir debout. Je me suis cassé beaucoup de choses dans ma vie : pied cassé, fracture de la hanche. J'ai été opérée, et ensuite j'ai dû faire beaucoup de physiothérapie parce que trois mois plus tard, j'avais une pièce à jouer. Je voulais vraiment la faire, et je l'ai faite. La rééducation a dû être très intense, mais quand on a un but, on a plus de chance d'y arriver.

Cette dévotion à l'état pur pour son métier lui a également servi à ne pas trop se préoccuper de son image vieillissante, parce que sur les plateaux de télévision, elle a toujours eu pour principe de ne jamais regarder les prises – même quand elle était jeune et fraîche. C'est ainsi qu'elle n'a jamais vécu le choc qu'a connu Dominique Michel lors du tournage des *Invasions barbares*, et la transition a été plus facile.

La question courante de savoir s'il est difficile de vieillir pour une comédienne n'a pas de pertinence dans le cas de Janine Sutto.

J'ai joué très tôt des rôles de composition. J'ai joué entre autres des rôles de vieille dame quand j'étais jeune. Je trouvais ça archinormal. C'est mon métier. Par conséquent, je n'en ai pas souffert. Le passage s'est fait très graduellement. J'ai eu la chance de jouer tellement de choses différentes !

Sur le plateau ou sur la scène, Janine Sutto ne sent pas son âge. Dans la vie quotidienne, c'est autre chose…

C'est que vous perdez des forces ! L'autre jour, j'avais demandé à un ami de m'apporter une bouteille de porto. Eh bien, je n'ai jamais été capable de l'ouvrir. C'est terrible, et il y a mille choses comme ça ! Je n'ai plus de force dans les mains. C'est tellement frustrant ! Mais en même temps, c'est normal. Il ne faut pas se raconter d'histoires. Je vais avoir quatre-vingt-quatre ans. Je ne peux pas demander la lune ! Le fait que je ne puisse pas ouvrir ma bouteille de porto, ce n'est pas une affaire d'État, je ne vais pas mettre ça en manchette dans le journal : *Janine Sutto plus capable d'ouvrir sa bouteille !* (Rire.)

Ses mains sont déformées par l'arthrite, mais elle n'en souffre pas. Elle prend du calcium pour l'ostéoporose. Comme exercice, elle fait du pilates une fois par semaine. Quant à la natation, tout le monde lui a bien dit que ce serait bon pour elle, et il y a bien une piscine au rez-de-chaussée de son immeuble, mais elle n'y met jamais les pieds.

C'est à cause de Paul Buissonneau, qui disait toujours d'un air dégoûté : « Oh moi, les piscines, ces bouillons de culture ! » Je ne vais plus à la piscine à cause de lui.

Avec le temps, on est de plus en plus conscient des escaliers...

Hier j'étais au théâtre, à la cinquième salle de la Place des Arts. Je me rends compte que lorsqu'il n'y a pas de rampe pour descendre, cela me dérange. Je n'ai aucun problème quand les marches sont larges, mais si les marches sont étroites, je n'ai aucune pudeur à demander : « Est-ce que vous voulez me donner le bras ? »

Mais c'est quand même dur, de vieillir. J'ai été grand-mère assez tard, donc mes petits enfants, je ne pouvais pas les porter ! Ils arrivaient vers moi en courant, et je n'avais pas la force de les soulever. J'avais soixante-dix ans.

Comment s'en étonner ! Janine Sutto est petite comme un oiseau, légère comme une plume, mince comme une brindille. Pourtant, cette femme à l'air si fragile élève, seule, sa « petite » fille trisomique.

Catherine est née il y a quarante-trois ans. Physiquement et mentalement, c'est une petite fille de trois ans à peine, avec les mêmes caprices, exigences, câlineries que les enfants de cet âge, à ceci près qu'elle n'évoluera jamais.

Janine Sutto doit demeurer la mère d'une enfant de trois ans un peu spéciale, avec les contraintes que cela comporte. Horaires scolaires, gardiennes, repas, font partie de son quotidien, comme pour toutes les jeunes mères.

Je n'ai pas le choix, et j'aime ne pas avoir le choix. C'est moi qui veux le faire. C'est une chose archinormale. Je tiens sur mes deux pieds, je ne vois pas pourquoi je mettrais Catherine dans une famille. Au contraire, je dirais qu'elle contribue à m'aider à me tenir sur mes deux pieds. C'est certain ! Alors tout cela, c'est de la chance.

Les gens âgés souffrent souvent du sentiment que personne n'a plus vraiment besoin d'eux. Mais à l'inverse, comment vit-on lorsqu'on est totalement indispensable à quelqu'un et qu'on a quatre-vingt-quatre ans ?
Janine Sutto a une capacité rare à prendre la vie une journée à la fois. Elle profite du temps qu'elle a à passer avec cette éternelle petite fille.

Elle est très heureuse, et c'est tout ce qu'on peut demander à ces enfants-là.

Elle fait du bénévolat pour l'Association de Montréal pour la déficience intellectuelle et est la marraine de l'organisme Baluchon Alzheimer, service de répit et d'accompagnement à domicile.
Le plus difficile, c'est que ses contemporains commencent à disparaître. Le jour où nous nous sommes rencontrées, elle venait de perdre son amie Gisèle Schmidt, qui avait à peu près le même âge qu'elle.

Ma pauvre Gisèle qui est morte la semaine dernière avait eu plusieurs problèmes cardiaques, elle avait décidé d'aller habiter à la Malbaie parce que son fils habite Saint-Irénée, mais elle était d'une grande fragilité. La dernière fois que je suis allée lui rendre visite, Gisèle était parfaitement lucide, devant la mer, mais elle était si fragile ! Je la prévenais toujours avant d'arriver. Il ne faut pas faire de surprises à des gens dans cet état.

J'ai déjà fait cette bêtise-là. Tu as un ami intime qui est très malade, tu as un quart d'heure, tu te dis «Tiens, je vais aller le voir». Tu arrives avec toute ton énergie... Ce n'est pas bon. Il ne faut pas faire ça aux personnes malades ou très âgées. Le décalage est trop grand.

Pour reparler de Gisèle, l'année précédente j'étais allée la voir avec deux amies. Mon amie Monique Miller m'avait demandé : «Mais qu'est-ce qu'elle fait toute la journée?» Je lui ai répondu : «Elle est occupée à survivre. C'est dur!»

La semaine dernière, on a dit une messe pour elle à la chapelle Bonsecours. Trois comédiens ont parlé d'elle. J'ai dit à l'un d'eux, Yves Desgagné : «N'oublie pas de mentionner que quand nous étions jeunes, c'est Gisèle qui était la plus belle!» Elle était superbe.

Janine Sutto est croyante, même si elle met rarement les pieds à l'église. Depuis plusieurs années, elle s'attend à ce que le téléphone s'arrête de sonner, mais on continue à lui offrir des rôles. Ce n'est pas une chose qui l'inquiète.

Quand il ne sonnera plus, je retournerai faire du bénévolat.

En attendant, cette femme généreuse continue à faire un métier qu'elle adore. Elle aime être entourée, faire la fête et célébrer les passages de la vie.

Pour mes soixante-dix ans j'avais fait un gros party parce que j'avais besoin d'avoir mes camarades et ma famille autour de moi. Je me souviens de Dominique Michel qui m'avait dit : «J'ai tellement haï ça, mes soixante-dix ans! Je n'ai rien fait, tu peux être sûre!» Je comprends cela aussi. Mais tu les as, les soixante-dix ans. Je ne trouvais pas cela épouvantable. Je me sentais très bien. Et à quatre-vingts ans, le party... énorme! Ce jour-là j'avais vraiment besoin d'être entourée.

Ben Weider

Depuis 1945, Ben Weider à Montréal et son frère Joe en Californie ont bâti un immense empire commercial axé sur le conditionnement physique et le développement musculaire. Dès 1946 Ben Weider fonde la Fédération internationale de culturisme. En 1998, il réussit à faire reconnaître le culturisme par le Comité international olympique.

Passionné d'histoire et admirateur de Napoléon, il est le président fondateur de la Société napoléonienne internationale et a récemment réussi à faire accréditer la thèse de l'empoisonnement de Napoléon.

Il a reçu un grand nombre de décorations au cours de sa carrière, dont l'Ordre du Canada, l'Ordre national du Québec, la Légion d'honneur et l'Ordre de Saint-Jean.

« Il n'est jamais trop tard pour commencer. »

J'étais venue rencontrer Monsieur Muscle. Au lieu de cela, je me suis trouvée emportée par un véritable torrent d'énergie, de conviction, d'enthousiasme. Cet homme de presque quatre-vingt-deux ans est en croisade. Contre le sucre et les aliments gras, contre la publicité mensongère et les historiens paresseux, contre le laisser-aller et la bêtise humaine.

En entrant dans son bureau, on sait immédiatement à qui on a affaire : sur une immense carte du monde, il a épinglé les cent soixante-treize pays membres de la Fédération internationale de culturisme. Il a également affiché un assortiment de lettres signées des grands de ce monde et de photos de lui prises dans le monde entier. Le reste des murs est consacré aux tableaux représentant les batailles de Bonaparte, auxquels il faut ajouter au moins une vingtaine de portraits et de bustes, du jeune général jusqu'au vieil empereur. Tel est l'univers de Ben Weider.

Il a réussi après cinquante ans d'efforts acharnés à faire reconnaître le culturisme par le Comité international olympique.

Tout récemment, après de longues recherches et la publication de quelques ouvrages, il a également réussi à faire accepter sa thèse selon laquelle Napoléon n'est pas mort d'un cancer mais empoisonné à l'arsenic.

Aucun rapport entre les deux dirions-nous ? Pourtant, dans son esprit, c'est le même combat.

Il y a des gens qui me disent :
– À votre âge, et avec l'argent que vous avez, comment se fait-il que vous travailliez encore ?
– Écoutez, vous ne comprenez pas. J'ai ralenti maintenant. Je travaille une demi-journée, c'est tout.

Puis, j'ajoute :
– Il y a combien d'heures dans une journée, vingt-quatre ? Alors la moitié, c'est douze heures !

Il rit de cette boutade qu'il a répétée maintes fois sans doute, mais qui reflète la réalité. Ben Weider ne s'arrête jamais.

À mon tour, je lui pose la question :

Vous n'avez pas besoin d'argent, vous n'avez plus rien à prouver, la réussite s'étale sur vos murs, pourquoi continuez-vous à travailler douze heures par jour ?

Parce que beaucoup de gens n'ont pas encore compris le message.

Cet homme parle comme un missionnaire !

J'ai compris depuis de nombreuses années que pour rester jeune il faut d'abord faire de l'exercice et bien manger. Pour moi, c'est naturel. Si un jeune veut devenir un athlète, il lui faut de la force. Pour en avoir, il faut qu'il entraîne ses muscles. Je ne comprenais pas pourquoi les gens ne reconnaissaient pas une telle évidence. C'est comme si vous mettiez quelque chose devant le nez de quelqu'un et qu'il ne le voie pas. C'était une perpétuelle source d'étonnement pour moi.

C'est devenu une passion et une mission. La passion, c'est ce que je crois dans mon cœur. Ce que je prêche, je le crois. Deuxièmement, je veux être sûr que ce message soit connu dans le monde entier. C'est ma mission.

Je me demande un peu pourquoi, à quatre-vingt ans passés, ayant gagné des millions et un nombre incalculable de prix, de médailles, de diplômes et autres preuves de reconnaissance, il lui importe encore tellement que la bonne parole de la santé physique (car c'est de cela qu'il s'agit) soit connue du monde entier.

Mais d'abord, je dois satisfaire ma curiosité. Il prêche ce qu'il croit, mais est-ce qu'il pratique ce qu'il prêche ?

Je l'ai fait toute ma vie, et je suis très discipliné. J'y consacre une heure quatre fois par semaine. J'ai une salle de musculation à la maison. C'est simple, et cela économise beaucoup de temps. J'enfile mon jogging, je descends au sous-sol, je fais mes exercices, ensuite je prends un jacuzzi, et c'est fini. Je fais des exercices aérobiques pendant une demi-heure et je soulève des poids pendant une autre demi-heure. Il faut les deux. Parce qu'on a des muscles, et un cœur. Les deux formes d'exercice sont donc nécessaires.

Bien sûr, j'ai ajusté mes exercices avec le temps. Quand j'avais quarante ans j'en faisais le double : deux heures de musculation quatre fois par semaine. Je pesais cent quatre-vingts livres. Maintenant, je trouve que ce n'est pas nécessaire. Je veux être en forme, c'est tout, je ne veux pas avoir des gros muscles.

Nous passons ensuite à son alimentation. Des céréales le matin avec un peu de café, à midi et le soir un morceau de poisson poché ou du poulet, des légumes et un yaourt, et pour dessert des fruits frais ou en compote. Jamais de gâteaux. Pas d'alcool, un verre de vin de temps en temps.

Dans le fond, tout cela est bien banal. Ce régime alimentaire se retrouve, avec des variantes, dans les magazines pour femmes, pour hommes, pour sportifs, pour jeunes, pour vieux... Il constitue la base de tous les livres de régime d'amaigrissement et de remise en forme qui encombrent les étagères des librairies. Sauf que Ben Weider en revendique la paternité. Ce qui nous semble une évidence aujourd'hui ne l'était pas dans les années cinquante quand il a publié son *Mangez bien et restez svelte* et son *Jeune toute sa vie*.

Manifestement il a été entendu puisque aujourd'hui la musculation et l'exercice font partie de la vie de beaucoup de gens au Québec. Pourtant il y a également de plus en plus d'obèses, et on s'inquiète de ce que les enfants ne font pas suffisamment d'exercice.

Notre message est bien accepté, propagé dans le monde entier, mais il rencontre de la résistance à cause de la publicité des sociétés industrielles qui remplissent leurs produits de sucre. Il n'est pas facile de lutter contre les annonces publicitaires. Ces sociétés dépensent des centaines de milliers de dollars pour parler de leurs céréales. Les enfants demandent telle ou telle céréale parce qu'ils l'ont vue à la télé. Or le sucre, c'est l'ennemi. Le sucre ne donne ni vitamines, ni minéraux, il nuit beaucoup aux jeunes qui veulent devenir athlètes, et à ceux qui veulent être en santé.

D'après lui, avec tout ce que l'on sait aujourd'hui, il n'y a guère d'excuse pour ne pas se maintenir en bonne santé toute sa vie, et mourir simplement de vieillesse.

Les maladies principales sont dues à des problèmes de cœur. Je dirais que l'immense majorité des gens qui meurent de maladies de cœur, meurent à cause de leurs habitudes de vie. Ils ne font pas d'exercice, ils mangent mal, leur corps est plein de cholestérol, ils prennent du poids, ils courent après la mort. C'est aussi simple que ça. Moi-même, je pèse aujourd'hui cent cinquante-cinq livres, le même poids que quand j'avais vingt-cinq ans. C'est très important.

Pour une personne dans la soixantaine qui n'a jamais fait d'exercice de sa vie, est-ce qu'il n'est pas trop tard ?

Au contraire! Mieux vaut tard que jamais. Il n'est jamais trop tard pour commencer à bien manger et à faire de l'exercice. On a fait des études dans différents hôpitaux aux États-Unis, en Angleterre et au Canada, sur des personnes de quatre-vingts et même quatre-vingt-dix ans qui ont commencé à faire des poids et haltères très légers. Beaucoup de ces gens-là peuvent réussir à marcher sans marchette. Ils peuvent être relativement actifs, même si, avant de commencer ce programme, ils étaient pratiquement infirmes. Ils sont redevenus autonomes.

Si quelqu'un est actif et utilise ses muscles, les muscles lui rendent service. Il a été prouvé médicalement que même à un âge très avancé on peut continuer à faire de la musculation et à en retirer des bénéfices.

On sent une sorte d'exaspération chez Ben Weider. Comment se peut-il que les gens ne comprennent pas une chose aussi simple ?

Vous avez des muscles. Si vous ne faites pas de mouvements, vos muscles vont s'atrophier, vous ne pourrez plus les utiliser comme vous devriez, vous encouragerez votre corps à se détruire lui-même. Ces muscles ont besoin d'être nourris. Il est très important de bien manger pour nourrir son corps. Les gens ne font rien pour entretenir leur corps. Ils le gaspillent.

Les études scientifiques établissent un lien entre l'exercice physique, l'agilité mentale et la confiance en soi. Ben Weider en a été convaincu par sa propre expérience.

L'exercice physique aide le mental, et en plus il développe la confiance en soi. Prenez un jeune, un garçon de quatorze ans. Vous lui faites faire de l'exercice, il commence à avoir des muscles, à faire certaines choses qu'il ne pouvait pas faire auparavant. Il est fier de lui.

Les gens qui vieillissent se sentent souvent ignorés par leur entourage. Est-ce que l'exercice serait une façon de se reconstituer une fierté et une présence dans la société ?

Cent pour cent d'accord. Permettez-moi de vous donner un exemple. En France, les historiens croient que Napoléon est mort d'un cancer…

Je sursaute. Comment ce diable d'homme a-t-il réussi à insérer Napoléon dans notre entretien ? J'aurais pourtant dû me douter en voyant son bureau qu'il n'est guère possible d'avoir une conversation avec Ben Weider sur quelque sujet que ce soit sans qu'il soit question de Napoléon. La connexion est pourtant là, mais il faut faire un long retour en arrière pour la trouver.
Le jeune garçon de quatorze ans, c'est lui. Un peu chétif, qui se faisait bousculer par les autres, qui a commencé à faire

de la musculation pour se défendre et qui en a retiré une confiance en soi que ne peut conférer aucun diplôme.

Quand Ben Weider, millionnaire de l'industrie du muscle, a commencé à soutenir que Napoléon était mort empoisonné, il a subi une nouvelle sorte de bousculade – il faut dire que lui-même bousculait quelques idées reçues. Les historiens français se sont gaussés en se demandant ce que ce « businessman canadien » qui ne faisait pas partie du sérail universitaire venait faire dans leurs plates-bandes. Quarante ans plus tard, ils devaient se rendre à l'évidence.

Est-ce que vous connaissez les historiens français ? Beaucoup ont la tête dure. Ils décident quelque chose et ça devient l'Histoire. Je crois que c'est la musculation qui m'a donné la confiance d'aller à l'encontre des idées établies par les historiens professionnels et de continuer quand ils me traitaient d'ignare.

Même Jean Tulard, le pape des historiens français, a changé d'idée et ne prêche plus ce qu'il avait prêché pendant quarante ans. Cela a été beaucoup plus dur que d'obtenir la reconnaissance olympique !

Une ultime analyse toxicologique sur les cheveux de Napoléon a donné gain de cause à Ben Weider en juin 2005, quarante-cinq ans après qu'il eut commencé à contester les faits établis.

C'était la seconde de ses grandes batailles. La première avait été de faire reconnaître le culturisme comme sport olympique.

Je me suis battu pendant quarante ans pour faire reconnaître notre sport. J'ai rencontré Avery Brundage huit ou dix fois quand il était président du comité olympique. Lord Killanin, qui lui a succédé, j'ai dû le rencontrer une trentaine de fois ; Samaranch, une cinquantaine de fois. Pour chacune de ces visites il fallait que j'aille à Lausanne ou à Barcelone… Une fois, Samaranch m'a dit : « Je suis libre pour une demi-heure dans trois semaines à Taiwan. » Je me suis rendu à Taiwan pour aller lui parler pendant une demi-heure. Il faut être fou ! Ou vraiment déterminé.

Chaque fois qu'ils me disaient « non », je revenais avec un autre argument. Pour moi c'est un défi. Quand on me dit non, je reviens à la charge. Voilà la confiance qui me vient de la musculation.

Finalement, pendant les jeux de Nagano en 1998, Ben Weider a reçu une lettre lui souhaitant la bienvenue dans la famille olympique. Aujourd'hui encore, il en parle avec une grande émotion. Cela a été le plus beau jour de sa vie. J'observe avec une certaine admiration cet homme de quatre-vingt-deux ans, mince et droit dans son costume bien coupé, brandissant cette lettre qui date maintenant de sept ans avec autant de fierté que s'il l'avait reçue ce matin même. Je l'admire, mais dans mon for intérieur je me demande s'il n'y a pas une disproportion entre son exaltation et la nature de sa mission. Nous parlons de body-building ! Mais Ben Weider n'a pas fini de m'étonner.

Il s'est passé la même chose quand il s'est agi de convaincre des historiens ou des chefs de fédération sportive. Cela se déroule toujours de la même façon.

La vérité passe par trois étapes. D'abord on en rit, parce qu'on a appris autre chose. Ensuite on l'attaque violemment en soutenant que c'est un mensonge qui va tordre l'esprit des gens. Et enfin, on dit : « C'est normal. On l'a toujours su. »

C'est pour cela qu'il faut rappeler aux gens de ne pas prendre au pied de la lettre tout ce qu'on leur dit, de continuer à apprendre, à s'informer. Il faut avoir confiance en soi.

Pourquoi est-ce si important pour vous ?

Parce qu'il n'y a rien de pire que de passer pour un idiot.

Il y avait des mensonges sur Napoléon. Qu'est-ce que cela me donne de corriger les mensonges ? La fierté. Cela me fait plaisir d'établir la vérité, de contribuer à la vérité. Regardez dans l'histoire. Il y a l'histoire catholique et l'histoire protestante. Ce sont tous des chrétiens, et pourtant leurs interprétations s'opposent comme le jour et la nuit. Qui croire ?

Prenez le cas de l'Allemagne en 1939. Travailleurs, intelligents, les Allemands étaient des gens normaux qui voulaient réussir. Comment se fait-il que la propagande les ait amenés à commettre des atrocités pires que les crimes de Gengis Khan ? Comment la propagande peut-elle changer un peuple aussi positif et amener les gens à se comporter comme des animaux ?

Il me vient soudain en tête l'image du petit garçon juif qui se faisait tabasser dans la cour de l'école d'un quartier ouvrier de Montréal. Le puzzle se complète.

Sur les dangers de notre ignorance collective, Ben Weider est intarissable. En l'espace de quelques instants il évoque l'arrestation de saint Paul à Éphèse (56), le concile de Nicée (325) et la chute de Constantinople (1453), évènements qui ont tous un impact direct sur le monde actuel.

Les gens sont en visite touristique à Éphèse, à Istanbul, à Nicée, et la plupart d'entre eux ne connaissent pas ces évènements pourtant marquants qui ont encore des répercussions dans notre vie d'aujourd'hui. Cela me dépasse.

Nous sommes loin du culturisme !

Ben Weider, qu'est-ce qui vous fait peur ?

L'ignorance des gens. Ils ne connaissent pas l'histoire, ils savent ce qu'ils ont appris à l'école mais ils ne pensent pas par eux-mêmes. C'est à cause de cela qu'il y a de la misère et des conflits dans le monde. Cela permet aux chefs de manipuler les gens comme ils veulent.

Il faut que les gens aient confiance en eux-mêmes et qu'ils apprennent à prendre le contrôle de leur vie. La seule chose qui compte, c'est de contrôler la santé de son corps par l'exercice, la santé de ses organes par la nourriture, et de contrôler ses connaissances en lisant et en s'informant.

Le bon Dieu nous a donné un corps; il faut prendre soin de son corps. Le bon Dieu nous a donné un cerveau; il faut s'en servir davantage. Et il n'est jamais trop tard pour commencer.

Guy Saint-Pierre

Diplômé de l'Université Laval, ingénieur, onze ans dans l'armée, six ans en politique dans le cabinet de Robert Bourassa, président de SNC-Lavalin pendant sept ans, président du conseil de la Banque Royale pendant trois ans, Guy Saint-Pierre a également été président du Conference Board, de l'Association des manufacturiers canadiens et du Conseil canadien des chefs d'entreprise.
Depuis sa retraite officielle de la Banque Royale, il se consacre à des projets ponctuels d'intérêt public, notamment au sein de l'Institut de recherche en politiques publiques.
Il est compagnon de l'Ordre du Canada.

« Aimer ce que l'on fait et apprendre constamment. »

J'ai rencontré Guy Saint-Pierre la veille du jour où il allait prendre sa retraite de la Banque Royale. La Banque est inflexible. On vous montre la porte lors de l'assemblée annuelle qui suit vos soixante-neuf ans. Pourtant, à la veille de quitter ses luxueux bureaux de président du conseil, Guy Saint-Pierre respirait la sérénité. En forme, reposé, bien dans sa peau, la perspective de se retrouver à la retraite ne semblait pas l'inquiéter du tout.

Des transitions, j'ai dû en faire beaucoup dans ma vie. Je les prends un peu comme quand je lis un livre : je finis un chapitre, j'en commence un autre et je ne pense plus au précédent. Maintenant, je commence un nouveau livre.

Le nouveau livre, ce n'est pas la retraite au sens conventionnel du terme, mais plutôt une période où il aimerait rendre à la société, et profiter davantage de la vie. Mais il a découvert que les paramètres changent avec le temps. Pour commencer, le niveau d'énergie.

Je me sens encore plein d'énergie, mais pas autant que quand j'avais cinquante ans. J'en ai peut-être davantage que bien des gens de soixante ans, mais je n'accepterais pas un projet qui m'engage pour plusieurs années. J'aurais peur de ne pas avoir assez d'énergie. Ou plus précisément, je sais que j'en aurais assez la première journée, la deuxième, la troisième et la quatrième. Mais peut-être pas pour fournir un effort soutenu dans un projet à long terme. Je ne suis pas prêt à m'engager à faire un travail jusqu'à soixante-quinze ans.

C'est une question d'horizon, mais aussi de niveau de pression.

Si, par exemple, mon frère avait une petite entreprise, je pourrais lui donner un coup de main. J'ai une nièce qui pense se lancer en politique, si elle le fait, je l'aiderai. Mais il y a des tâches qui demandent trop d'intensité pendant trop longtemps, et là il faut être réaliste.

Récemment, on a voulu me confier toute une responsabilité. On m'a offert un nouveau défi. C'était intéressant! Après réflexion je me suis dit : « J'ai soixante-dix ans. Si c'est pour faire plaisir, je peux bien aider la province, mais je ne vais pas prendre n'importe quoi. » Je ne me sens pas le devoir d'accepter, alors qu'il y a cinq ans je m'en serais fait un devoir.

Est-ce que c'est cela, passer à la troisième phase de sa vie ? Ne plus se sentir de devoir envers la société, se dire : « J'ai assez donné » ?

J'en arrive presque à ça. Bien que… Il y a des choses que je serais incapable de refuser si on me le demandait. J'aimerais aider les cadres de la jeune génération, agir comme mentor. Je me sentirais égoïste de dire « non ». Comment pourrais-je passer mon temps à me prélasser sur mon bateau ou à pousser une balle blanche dans un petit trou alors que je pourrais être utile à mon pays, à ma province, à ma ville ?

Guy Saint-Pierre a du mal à se convaincre qu'il faut qu'il apprenne à dire « non ». Entre le sens du devoir et le plaisir de relever un défi, il faut qu'il se raisonne très fort pour ne pas dire « oui » à chaque fois. Alors, il utilise sa technique de la feuille blanche.

C'est un exercice que j'ai toujours fait dans ma vie quand j'ai eu à prendre une décision. Je prends une feuille blanche que je divise en deux colonnes : le pour et le contre. Puis pendant au moins une heure, je fais la liste des raisons pour aller dans un sens et dans l'autre. Je les ai toujours gardées, ces feuilles. Je les ai encore. Je les regardais encore l'autre jour, et c'est fascinant de voir comment, à la réflexion, on peut anticiper certaines choses. Par exemple, quand je suis allé en politique, j'ai fait cette feuille-là, et finalement la réalité a beaucoup ressemblé à ce que j'avais inscrit sur ma feuille.

À soixante-dix ans, dans la colonne des « non » Guy Saint-Pierre inscrit le devoir qu'il a de passer plus de temps avec sa famille.

Tout au long de notre vie, nous n'avons pas toujours pu faire ce que nous aurions voulu. Surtout en politique, où l'on travaille sept jours par semaine. À la fin d'une vie relativement active, la liste des choses que nous avions envie de faire est assez longue. Nous avions pensé que nous voyagerions pour notre plaisir. Et voilà que tout à coup, cela ne nous tente plus beaucoup, ce qui m'attriste un peu. Jusqu'à il y a dix ans, j'avais toujours eu envie d'aller dans des pays comme le Vietnam, le Maroc, le Brésil, mais je n'en avais pas le temps. Maintenant, je n'en ai plus tellement envie. Nous avons eu une mauvaise expérience, nous avons été malades pendant plusieurs semaines à cause de l'eau, et on dirait que cela nous a un peu découragés, que nous avons perdu le goût de l'aventure. C'est dommage.

Aujourd'hui, on dirait que mon plaisir c'est davantage de me dire : «Pendant cinquante ans j'ai désiré...» Il y a comme un plaisir malicieux à descendre dans le jardin en robe de chambre à neuf heures et demie pour regarder mes fleurs au soleil. C'est une joie que je n'ai pas pu m'offrir pendant cinquante ans.

C'est une des difficultés de planifier la troisième partie de sa vie : les rêves changent, mais on ne peut pas savoir à l'avance comment.

Le conseil que je donne, aux jeunes et aux moins jeunes, à mes enfants comme aux baby-boomers qui vont prendre leur retraite, c'est de garder en tête qu'il y a deux choses très importantes dans la vie : il faut aimer ce que l'on fait et il faut apprendre constamment. Dès qu'un de ces éléments cesse d'être présent, on doit songer à changer de carrière et faire autre chose. On ne peut pas vivre heureux si on n'aime pas ce qu'on fait et si on n'apprend pas.

Ce précepte a amené Guy Saint-Pierre à faire plusieurs changements radicaux au cours de sa vie : l'armée où il aurait pu faire toute une carrière, la société d'ingénierie Acres (qui était la plus grande société d'ingénierie au Canada, impliquée dans le projet des chutes Churchill, le plus grand projet au monde à l'époque) qu'il a quittée au moment où on lui offrait une augmentation de cinquante pour cent, la politique où il a fait un passage très honorable, Labatt où il aurait pu prendre une retraite dorée à cinquante-cinq ans, SNC-Lavalin où il a accompli des miracles... chaque fois, il a quitté au moment où les obstacles étaient aplanis.

Il y a une chose que les gens ne réalisent pas, et que je n'ai pas comprise sur le coup, ce sont les risques énormes que j'ai pris dans ma vie. Par exemple : Il y avait onze ans que j'étais dans l'armée, j'avais trois enfants à nourrir ; je rencontre le plus imbécile de mes confrères d'université, qui gagne quinze cent dollars de plus que moi dans un ministère fédéral et qui se repose sur son balcon au soleil dès quatre heures et quart alors que moi je travaille comme un fou. Là il y a eu un déclic, et je suis parti.

Chez Labatt, même chose. Cela faisait onze ans que j'étais là, j'étais bien, j'avais cinquante et un ans, je pouvais prendre la fameuse retraite à cinquante-cinq. Financièrement, j'étais complètement sécurisé.

C'est alors qu'on m'a demandé d'aller chez SNC. Je n'avais absolument pas idée que la compagnie était dans de telles difficultés. Tous les grands étaient en train de quitter, les banquiers appelaient, on aurait pu faire faillite au bout de six mois. J'ai pris un risque énorme en allant là, mais c'était emballant.

Il aime les défis. Quand il n'en a pas, il s'en donne. Est-ce comme cela qu'il reste jeune ?

Peut-être. Mais il faut aussi avoir une certaine curiosité intellectuelle. Je tiens cela de ma mère, qui était américaine, et qui n'a jamais arrêté d'apprendre des choses nouvelles. À soixante-huit ans, par exemple, elle avait entrepris d'apprendre la reliure. Pour elle, avoir un B ce n'était pas suffisant si on était capable d'avoir un A. Elle me disait toujours : « Ce n'est pas parce que soixante pour cent c'est la note de passage qu'il faut que tu t'en satisfasses si tu es capable d'avoir quatre-vingts. Ne demande pas aux autres de te fixer ta barre. C'est toi qui te fixes ta barre. » Il ne faut jamais se satisfaire en se disant : « Voilà. J'ai accompli telle chose, ça suffit, je suis heureux. »

À entendre les recettes de vie de Guy Saint-Pierre, on pourrait penser que c'est un homme obnubilé par l'action, la réussite, un fonceur qui ne sait pas s'arrêter. En réalité, il a toujours pris le temps de maintenir ses priorités en ordre.

J'ai essayé de conserver tout au long de ma vie un certain équilibre, même quand j'avais beaucoup d'ouvrage – ce qui n'était pas toujours facile en politique –, et de tenir compte des besoins de ma famille. C'est peut-être parce qu'il m'est arrivé de voir le sort pénible qui attend les gens qui n'ont pas une bonne santé, soit physique, soit émotive.

Le monde des affaires peut être très dur. Donc je me suis dit : « Pour rester en bonne forme, je vais faire un peu d'exercice. » Quand j'étais en politique, j'allais faire du ski de fond tous les matins avant ma journée de travail. On ne peut pas fonctionner dix-huit heures par jour. C'est peut-être ce qui fait que certains ne sont pas capables de continuer après cinquante-cinq ou soixante ans. Parce que sur le plan émotif ou physique ils sont rendus au bout de leur rouleau.

Toutes les recommandations de Guy Saint-Pierre ramènent à cette notion de juste milieu : travailler comme un fou, mais garder du temps pour sa famille ; s'investir complètement dans une tâche, mais être capable d'en changer à brève échéance ; prendre des risques énormes, mais les mesurer aussi ; se rendre utile quand c'est nécessaire, mais se garder du temps pour soi.

Parfois nous sommes en Floride, nous passons une journée tranquille, et le soir nous pensons en nous couchant : « Nous sommes chanceux, nous avons une belle vie, nous nous aimons encore ». Je n'ose pas le dire, je ne le dis pas trop haut, mais après quarante-sept ans de mariage, il y en a de moins en moins à qui ça arrive. Nous avons trois enfants, des petits-enfants, et nos intérêts tournent de plus en plus autour de la famille.

Monique Bégin

Sociologue de formation, Monique Bégin a été la première femme du Québec à siéger à la Chambre des communes. Elle a été ministre du Revenu, puis ministre de la Santé et du Bien-être social. Son nom est associé à la Loi canadienne sur la santé.

Elle a quitté la politique à l'âge de quarante-huit ans pour faire une carrière universitaire. Doyenne pendant sept ans de la Faculté des sciences de la santé à l'Université d'Ottawa, elle est maintenant professeur émérite à l'École de gestion. Elle a participé à de nombreuses commissions d'enquête et vient d'être nommée à la commission de l'Organisation mondiale de la santé sur les déterminants sociaux de la santé.

Elle est officier de l'Ordre du Canada.

« Mon problème, c'est que je n'ai jamais planifié ma carrière. »

La vie de Monique Bégin, c'est le modèle de ce qu'il ne faut pas faire. Elle est la première à l'admettre.

Cette femme de soixante-neuf ans peut se féliciter d'avoir eu une brillante carrière en politique et dans le monde universitaire. Elle a devant elle des projets extraordinaires. À l'Université d'Ottawa, son bureau est vaste et confortable; de la fenêtre de son appartement on ne voit que le ciel, les arbres et la rivière; elle jouit du respect de ses collègues, elle est entourée d'amis très chers. Pourtant...

Il y a trois ans, je déjeunais avec deux amis, qui m'ont demandé au cours de la conversation :
– Alors, quels sont tes projets de retraite ?
– Projets de retraite ? De quoi parlez-vous ?
– Ben voyons, tout le monde sait que si tu n'as pas de projets, ta retraite va être ratée.

Ils m'ont passé un savon. Je n'y avais jamais pensé ! J'étais occupée à plein temps, mais ils m'ont fait tellement honte que j'ai commencé à essayer de récupérer mes week-ends. Ensuite, j'ai essayé de récupérer mes soirées. Cela a été plus difficile. J'ai encore beaucoup de réunions le soir. Mais... un projet de retraite ? J'étais incapable d'en trouver un. Pour moi, cela ne servait à rien.

Tout d'un coup, il y en a un qui m'est apparu très clairement. J'avais toujours rêvé d'apprendre l'italien. Je suis née à Rome, mes parents parlaient l'italien, voilà un beau projet de retraite ! C'est ainsi que l'automne dernier je suis allée à Florence apprendre l'italien pendant deux mois et demi. J'ai adoré cet îlot de temps que je me suis donné.

Est-ce que je comprends bien que votre projet de retraite a duré deux mois ?

Et demi ! Puis, je ne sais comment, je me suis embarquée de nouveau. L'Organisation mondiale de la santé m'a invitée à être membre de la Commission des déterminants sociaux de la santé. Cela m'intéresse beaucoup ; on voyage dans le monde entier. J'ai accepté, et maintenant au moins, je peux me vanter auprès de mes amis d'avoir un plan triennal !

L'histoire se répète dans la carrière de Monique Bégin. Déjà, sept ans auparavant, elle avait pris sa retraite officielle de l'Université d'Ottawa après un septennat comme doyenne de la faculté des sciences de la santé. Mais cela n'avait pas duré longtemps.

J'étais fatiguée quand j'ai fini mes sept ans comme doyenne, d'autant plus qu'en même temps j'avais présidé une commission royale d'enquête et siégé à une commission internationale. Je n'avais jamais de ma vie pris l'année sabbatique dont on entend toujours parler dans les universités. Et j'avais vraiment besoin de souffler. J'ai donc pris ma retraite de l'université. Six mois plus tard, j'enseignais ici, à l'École de gestion. Je ne l'avais pas planifié. On me l'a demandé.

Pourquoi avez-vous accepté ce poste-ci alors que vous n'y étiez pas du tout obligée et que vous étiez fatiguée ?

(Rire.) Je ne sais pas ! C'était une petite équipe très sympathique, et il s'agissait d'enseigner le système des soins de santé pour former les futurs gestionnaires du système de santé. Mon problème, c'est que je n'ai jamais, jamais planifié ma carrière ! On dit à toutes les jeunes femmes aujourd'hui qu'elles doivent planifier leur vie professionnelle, moi je ne l'ai jamais fait. On me demande quelque chose et si j'y trouve un défi intéressant et que le moment est opportun, je dis oui.

Êtes-vous capable de dire non ?

Oui. J'ai déjà dit non à Trudeau quand il m'a offert mon premier ministère. Je voulais un autre portefeuille, et je l'ai eu. Il m'avait fait remarquer alors que personne ne lui avait jamais dit non de sa vie.

Elle est capable de dire « non » et même de dire des « non » difficiles, mais elle ne le fait pas toujours. Parce que dans le fond elle adore ce qu'elle fait. Mais depuis quelques années elle se rend compte que cela lui a coûté très cher.

Il y a une dizaine d'années, j'ai réalisé que mon corps ne me suivait plus comme avant. Un jour, je me réveille à cinq heures un matin, et tout tournait autour de moi. J'ai cru que c'était une crise cardiaque. Ambulance, hôpital, urgence… finalement, je pense qu'ils m'ont donné deux aspirines. Mon cœur était impeccable. C'était simplement une labyrinthite. Il s'agit d'un petit dérèglement de l'oreille interne, où de petits morceaux de cartilage se brisent et flottent dans le liquide interne, ce qui vous fait perdre l'équilibre. Quand on a une attaque, tout tourne, mais ce n'est rien du tout, et ça n'intéresse absolument pas les médecins. Il paraît que cela arrive à tout le monde, mais on ne me l'avait pas dit. Cela revient parfois, et j'ai compris que c'est sans doute lié au stress.

Lentement, mon corps est devenu un problème, au lieu d'être un bon serviteur. Par exemple, il m'a fallu un temps fou avant de me rendre compte que mes articulations étaient de plus en plus raides, jusqu'au jour où mes problèmes de genou sont devenus intolérables, et on a découvert que c'était de l'ostéoarthrite. La goutte, c'est une douleur insensée. J'ai compris à ce moment que je souffrais d'une affection chronique.

En prononçant ces derniers mots, Monique Bégin a un sursaut d'horreur. Comme le jour où on le lui a annoncé.

Une affection chronique ? Moi ? J'étais insultée. Je trouvais que c'était une déchéance. Pour moi cela voulait dire une maladie de la vieillesse. C'était inéluctable, et humiliant…

Elle cherche ses mots pour mieux exprimer son indignation.

C'est épouvantable, la notion de quelque chose de chronique qui s'accroche à vous pour toujours, et qui ne va jamais s'améliorer.

C'est alors que vous avez commencé à vous prendre en main ?

J'ai commencé à aller à la piscine, mais je ne le fais plus. Je suis trop occupée. Je prends un grand nombre de bonnes résolutions. Je ne les tiens pas mais, au moins, je marche tout le temps. J'ai marché toute ma vie. Comme je ne sais pas conduire, l'hiver je prends l'autobus, mais dès qu'il commence à faire beau, je marche. Je viens à l'université à pied en trente-cinq minutes. Mais encore là ! J'ai de longues jambes et je faisais de grandes enjambées. Quand je faisais des randonnées en montagne, mes amis restaient toujours derrière. Maintenant, tous les jeunes me dépassent.

Vous portez des chaussures de sport pour venir à l'université ?

Non. Je n'en ai jamais porté, c'est trop laid. J'ai toujours adoré les belles chaussures. Je suis une véritable Imelda Marcos ! Et maintenant, je suis obligée de porter des souliers affreux de vieille dame.

Même pour une réception ?

Pour un cocktail, je vais réussir à passer quelques heures avec des souliers élégants, mais je ne peux plus porter de talons à cause de l'ostéoarthrite. J'ai vraiment vécu ce que Françoise Giroud appelle la décrépitude, quand on constate que le corps s'abîme.

Monique Bégin a toujours eu la réputation de ne pas mâcher ses mots. Quand elle décrit ce qui arrive au corps vieillissant, elle n'essaye pas de dorer la pilule, bien au contraire. Sa franchise est brutale.

De plus, il y a des détails de la vie de tous les jours : on se blesse, on se coupe, on tombe mal, ce qui m'est arrivé souvent – moi qui n'étais jamais tombée de ma vie ! Maintenant je tombe dans l'autobus si je ne me tiens pas à la barre. C'est une quantité de détails auxquels je n'avais jamais pensé. L'hiver en particulier, je dois redoubler de prudence, je fais très attention où je pose chaque pied, je surveille les bordures de trottoir. C'est une dimension de plus du vieillissement pour moi.

Savez-vous pourquoi vous tombez ?

Non, je ne le sais pas. Mais je me sens comme une vieille dame fragile. C'est une expression que je trouvais très belle et que j'utilisais souvent dans mes discours quand j'étais ministre de la Santé. Maintenant, c'est comme cela que je me sens. Une vieille dame fragile et vulnérable.

C'est une série de petits incidents qui s'accumulent. Par exemple, il y a quatre ou cinq ans, je renouvelle mon assurance vie. La compagnie envoie une infirmière vérifier ma santé. Elle me mesure et me dit : « Vous mesurez cinq pieds cinq. »
– Non. Je mesure cinq pieds sept et trois quarts. J'ai toujours mesuré cinq pieds sept et trois quarts. »
Elle m'assure que non. Elle remesure. J'avais rapetissé ! Alors ça, c'est la pire des insultes ! On rapetisse !

Monique Bégin est indignée. En colère, et amusée en même temps, parce qu'elle a presque l'impression que tout cela ne la concerne pas, que c'est en train d'arriver à quelqu'un d'autre, que c'est une mauvaise blague. Elle, elle se voit encore comme elle était quand elle est arrivée à Ottawa, fraîchement élue, la première Québécoise à siéger au parlement fédéral. Elle était belle, mince et charmante, « la chouchoute du caucus » ! Une photo de cette époque orne le mur derrière elle.

En politique, la qualité de vie est déplorable. J'y ai abîmé ma santé, j'en suis certaine. À cette époque, on siégeait le soir, on n'avait pas une semaine de libre toutes les trois semaines comme maintenant, et il n'y avait pas de calendrier fixe. On siégeait souvent l'été. Et puis, en politique, on ne peut jamais dire « non », que ce soit à la Chambre, pour le parti ou dans le comté.

Et vous avez gardé les mauvaises habitudes de vie que vous aviez prises en politique...

C'est tout à fait vrai. J'étais mince, et quand je suis devenue ministre, j'ai pris du poids dans les six premiers mois, ce qui veut dire que j'ai très mal géré ce changement de style de vie, et je n'ai jamais réussi à m'en sortir. Maintenant, je fais un gros effort pour m'améliorer. Je rentre à la maison à six heures au lieu de sept. Mais je suis tellement fatiguée que je n'ai pas le courage de me préparer un vrai repas. J'ouvre un de ces repas tout faits qui sont infects. C'est vraiment stupide, il faut que je change aussi ma façon de manger.

L'ironie, c'est que comme ministre de la Santé, Monique Bégin a passé des années à exhorter les Canadiens à bien manger, à faire de l'exercice, à éviter le stress, aussi convaincue que convaincante.

Aujourd'hui encore, elle a une anecdote pour les gens qui s'apprêtent à prendre leur retraite en passant directement d'une vie très active à un rythme beaucoup plus lent.

Cela lui est arrivé quand elle a décidé de quitter la politique. Pour mieux couper les ponts, elle avait décidé d'aller enseigner un an dans une université américaine où personne ne la connaissait et où elle ne connaissait personne.

Comme je parlais de ce projet à un ami médecin quelques jours avant mon départ, il m'a dit d'un air inquiet : « Cela ne va pas être drôle ! » Il m'a expliqué que ce serait très difficile à vivre, d'un point de vue physiologique.

Cela a été très dur en effet. Pour la première fois de ma vie, j'avais du temps libre. Il y avait des jours où je n'avais rien à faire une fois que mes cours étaient prêts, et je me suis rendu compte que j'étais incapable de rester cinq minutes sans bouger assise dans un fauteuil. C'était une réaction physiologique. C'était vraiment vécu. J'ai trouvé cela très dur. La même chose arrive aux gens qui sont très actifs et qui prennent leur retraite du jour au lendemain. Ils risquent la crise cardiaque.

Quels sont les conseils qu'elle aimerait donner à ses contemporains, même si elle-même ne les suit pas ?

Avoir des projets de retraite. Je trouve que c'est une excellente idée. Pour les plus jeunes : qu'ils s'occupent de leur santé tout au long de leur vie, parce qu'il est certain que cela ne se rattrape pas.

Par ailleurs, il faut se préparer sur le plan financier. Je n'avais pas de REER, j'ai commencé à en accumuler seulement après avoir quitté la politique. J'ai passé des mois à parler aux Canadiens de la nécessité d'avoir une bonne pension quand j'étais ministre du Revenu. Je n'ai jamais pensé que cela s'appliquait à moi.

Et maintenant...

Je ne me suis jamais assise, le jour, dans un fauteuil confortable avec un bon livre. C'est l'image du bonheur que je garde en tête, et c'est ce que je ferai un jour.

Jean Béliveau

Aujourd'hui ambassadeur du Club des Canadiens de Montréal, Jean Béliveau passera dans l'histoire comme l'un des meilleurs joueurs de centre que le hockey ait jamais connu. Quelques chiffres résument sa carrière : 507 buts et 712 passes pour un total de 1219 points en 1125 matchs en saison régulière, 79 buts et 97 aides pour 176 points en 162 rencontres des séries éliminatoires. Il a conduit les Canadiens à dix coupes Stanley à titre de joueur et à sept autres comme membre de l'administration de l'équipe. Il est compagnon de l'Ordre du Canada et chevalier de l'Ordre national du Québec.

« Il faut rester à son meilleur. »

Dans le salon des Anciens du Centre Bell où Jean Béliveau m'a donné rendez-vous, règne une atmosphère de mausolée : les photos sur les murs sont celles de jeunes athlètes resplendissants dans leur uniforme, en pleine action, superbes dans leur moment de gloire, tout seuls sur la glace, ou posant pour la postérité avec toute leur équipe.

Nombre d'entre eux ne sont plus de ce monde, d'autres ont simplement quitté l'univers du hockey et disparu dans l'anonymat de la « vie civile » ; leurs fantômes pèsent lourd dans cette salle vide que l'on pourrait surnommer « le royaume de la nostalgie ».

Entre Jean Béliveau, encore dans ses claques et son écharpe enneigée, et tout change. Cet homme vit au présent. Tout au long de notre entretien, il reviendra à plusieurs reprises sur l'idée que la seule chose qui importe, c'est de bien faire ce que l'on fait, à chaque moment de la vie, et qu'à ce compte-là il n'y a jamais de place pour la nostalgie.

Le Forum n'est plus, mais Jean Béliveau donne l'impression d'être parfaitement à l'aise au Centre Bell, puisqu'il est toujours chez les Canadiens. Il est maintenant leur ambassadeur et il y consacre le plus clair de son temps.

Ma femme trouve que j'ai une bien drôle de retraite, parce que j'ai diminué mes activités, mais pas de beaucoup. Je me suis retiré comme joueur actif en 1971. À ce moment-là le Club des Canadiens m'a demandé de rester, ce que j'ai fait jusqu'en 1993. J'ai pris alors une deuxième retraite. Mais j'ai encore une fois passé une entente avec le président et je leur donne un coup de main quand ils ont besoin de moi pour représenter l'organisation.

Les carrières des sportifs sont courtes. Vous n'aviez que quarante ans quand vous vous êtes retiré de la glace. Vous avez dû avoir le même sentiment qu'ont beaucoup de gens de soixante-cinq ans qui prennent leur retraite alors qu'ils se sentent encore en pleine possession de leurs moyens.

Cela dépend du travail. Sur la glace, l'exigence pour le physique est énorme et j'étais un peu fatigué. C'est une vie où l'on est pris sept jours par semaine. On joue les samedis et les dimanches; les autres jours, ou bien on voyage ou bien on joue à l'étranger, ou encore on pratique; en plus, quand on est capitaine, on doit rencontrer la presse et représenter l'équipe dans de nombreux évènements.

Il faut être honnête avec soi-même. On le sait si on est productif ou non. On le sait si, comme c'était mon cas, on commence à trouver que c'est beaucoup plus dur physiquement. Je demandais à mon physique un effort supplémentaire qui aurait pu me nuire plus tard.

J'ai joué jusqu'à quarante ans, et j'ai été bien heureux de me rendre jusque-là.

Quand vous avez décidé de prendre votre retraite des Canadiens, les Nordiques sont revenus vous chercher. Vous avez dû être très tenté de leur dire oui ?

Non. Parce qu'il y a une qualité de jeu que j'aime fournir. Déjà l'année précédente j'avais voulu me retirer. Sam Pollack, qui était gérant général, m'avait alors dit : « Jean, il y a beaucoup de jeunes qui viennent d'entrer dans l'équipe. Je serais beaucoup plus tranquille si je savais que tu es là pour assurer la transition. Les saisons sont longues, il y a de nombreux matchs, il risque d'y avoir des situations où l'on aura besoin de toi. » J'avais accepté, mais les Canadiens savaient que c'était ma dernière année.

Donc, lorsque les gens des Nordiques sont venus me voir en 1972, je leur ai dit que je ne me sentirais pas honnête à leur égard, parce qu'à quarante ans je ne pouvais pas leur offrir une qualité de jeu dont je puisse être fier.

Vous saviez bien dans le fond qu'ils voulaient vous avoir pour votre jeu mais aussi pour votre nom.

Oui, j'en étais conscient. C'est pour cela que j'ai dit au président des Nordiques, Paul Racine : « Je ne serais honnête ni avec toi ni avec ton organisation, ni avec le public ni avec moi-même. Je ne peux pas vous donner à quarante et un ans le hockey que je jouais à trente-cinq ans. » Pourquoi briser une carrière pour une année ou deux de plus ? Financièrement, cela aurait été très attrayant, mais pour moi, non.

À l'époque on avait beaucoup admiré la dignité dont il avait fait preuve, et on l'avait félicité d'avoir la sagesse de se retirer avant qu'il ne soit trop tard. Par la suite, cette sagesse l'a bien servi puisqu'elle lui a permis de faire non pas une mais deux nouvelles carrières !

J'étais très heureux d'avoir pu jouer jusqu'à quarante ans et ensuite de rester avec le Club des Canadiens. Ce qui s'est passé, c'est que pendant toute la période où je jouais, de 1953 à 1971, je travaillais également chez Molson. Quand je me suis retiré de la glace, j'ai simplement continué mon emploi chez Molson. Quelques mois plus tard, on est revenu me chercher pour que je me joigne à la direction des Canadiens, et finalement je suis resté en pleines fonctions pendant vingt-deux ans jusqu'en 1993. J'ai alors décidé de me retirer de la direction des Canadiens. Ronald Corey, qui était le président à l'époque, m'a dit : « Jean, tu ne peux pas me laisser, on a besoin de toi ici. » C'est ainsi qu'on en est arrivés à la solution actuelle. Pierre Boivin a pris la relève, et j'ai continué à assumer mes fonctions d'ambassadeur pour l'équipe.

Cette deuxième retraite de la direction des Canadiens, vous l'avez prise quand vous n'aviez que soixante-deux ans. C'est plus jeune que l'âge habituel de la retraite.

J'ai toujours eu comme philosophie de vie qu'une personne connue devrait se retirer avant qu'il soit trop tard. Parfois on a une grande carrière, et puis... Voyez les politiciens qui essayent de prolonger leur mandat d'une année ou deux et qui gaspillent ainsi une brillante carrière ! Moi, je me suis retiré de la direction des Canadiens quand j'ai pensé que le temps était venu.

Ses fonctions d'ambassadeur du Club des Canadiens occupent une grande partie de son temps. Chaque jour, quand il va chercher son courrier, il y a de quoi remplir tout son attaché-case. Le courrier des amateurs, venant du monde entier

(surtout d'Europe de l'Est), qui lui demandent des signatures et des photos pour les collectionneurs. Il s'exécute toujours de bonne grâce. Il y a aussi les invitations. S'il les acceptait toutes, il serait pris « tous les matins, tous les après-midi et tous les soirs ».

Le problème, c'est que quand tu as été très actif pendant plus de cinquante ans, les gens qui t'appellent pour une collecte de fonds, un cocktail, ou pour présider un événement quelconque, ce ne sont pas des étrangers, tu les connais, ce sont des amis, et c'est beaucoup plus difficile de dire non à des amis. Mais je voudrais ralentir. J'ai moins d'énergie. Hier soir par exemple, j'étais à une soirée, je suis revenu à la maison pas mal fatigué. Fatigué, mais content. Parce que tu n'es pas aveugle, tu vois bien comment la salle réagit, tu vois que les organisateurs sont très heureux du déroulement de la soirée, tu vois les gens signer des chèques pour l'organisation, ce qui était le but de l'évènement, donc tu reviens chez toi épuisé mais heureux.

Entre les invitations qui pleuvent et son corps qui lui dit de ralentir, Jean Béliveau doit constamment faire des choix. Il a la réputation de gérer son temps de façon magistrale. Il s'est donné des priorités et des critères très stricts pour décider de ce qu'il pouvait accepter et refuser.

Quand on m'appelle, c'est oui ou c'est non. On en fait plus quand on décide vite. Je connais tellement de monde et j'ai tellement de demandes, il faut que j'en refuse. Sur le moment, je me dis parfois : « Tu es peut-être un peu fatigué, tu pourrais être porté à refuser trop vite. » Dans ces cas-là, j'analyse un peu la demande, je la mets de côté, le lendemain je suis reposé et la décision peut être différente. Mais je ne me donne jamais plus d'une journée ou deux pour décider.

Des décisions réfléchies mais rapides, cela a toujours été sa signature.

Quand on est sur la glace, les décisions se prennent très vite. En une fraction de seconde tu vois l'ouverture, et il faut que le geste se fasse au même moment. Tandis que dans ta deuxième carrière ou à la retraite, même si tu as un programme chargé, tu as beaucoup plus de temps pour prendre une décision que sur la glace! (Rire.)

Tout compte fait, l'endroit où je ne suis pas tellement souvent, c'est chez nous. (Rire.) Je suis bien conscient que ma retraite est très occupée, mais quand je vais dans un centre d'achats et que je vois les hommes de mon âge assis, avec l'air de s'embêter, je me considère chanceux.

Puis, il y a eu la maladie. Quand il avait soixante-huit ans, Jean Béliveau a été atteint d'un cancer du cou. Il en a fait d'abord une bataille, et ensuite un apostolat.

Il n'y pas de doute que quand on est atteint d'une telle maladie, cela vous amène à réfléchir. Quand on m'a annoncé que cette tumeur était maligne, j'ai eu un choc pendant une journée. Puis le lendemain, j'ai rappelé les médecins :

– Lorsque vous serez prêts, faites ce qu'il y aura à faire. Vous connaissez ça plus que moi.

De mon côté, j'ai entrepris de me battre. Quand je dis « me battre », c'est peut-être une façon de l'exprimer, mais je me suis dit : « Le cancer ne gagnera pas. » Cela fait cinquante-deux mois que j'ai eu le dernier traitement de radiation. Pendant un an et demi j'ai perdu la glande du goût. Ça c'était triste! (Rire.) Mais c'est revenu. J'ai aussi perdu la salive, et cela, par contre, c'est une chose qui ne reviendra pas. Quand je suis chez moi je mâche de la gomme et il semble que cela aide à saliver. Mais on ne peut pas le faire en public. J'espère que les tumeurs ne reviendront pas non plus.

La maladie, ça donne un coup, sans aucun doute. La première réaction, c'est de se demander : « Pourquoi moi ? »

Après y avoir pensé, j'avais déclaré : « Et pourquoi pas moi ? » Cela avait été très apprécié. J'avais reçu beaucoup de courrier à ce sujet. Je reçois encore du courrier venant des épouses dont le mari a le cancer : « Il est assis chez nous et il ne fait rien ! » Je les appelle tous, et je leur dis : « On s'est battus toute notre vie – parce que travailler, c'est un genre de bataille – maintenant on fait face à la plus grande bataille de notre vie, dites-moi pas que vous ne ferez rien ! »

Par la suite, les épouses me rappellent pour me dire : « Vos paroles ont redonné du moral à mon mari. Vous l'avez incité à réagir et à ne pas se laisser écraser par la maladie. »

Dans les deux années suivant mes traitements, j'en ai eu beaucoup, de ce genre d'appels. J'en ai encore de temps à autre. C'est une accumulation de différentes responsabilités qui me tiennent fort occupé. Mais je le fais avec plaisir.

Quand il peut remonter le moral à un malade en l'appelant chez lui ou éclairer la journée des hommes qui s'ennuient dans les maisons de retraite en allant leur parler des belles soirées du hockey d'antan, il est heureux, parce qu'il est utile. Mais tout cela grignote son temps.

Cela représente beaucoup d'heures. Depuis trois semaines, je n'ai pas eu le temps de faire du tapis roulant – normalement c'est l'exercice que je fais. Je me sens beaucoup mieux quand je peux le faire.

Quand j'ai arrêté de patiner, la mode du jogging commençait et pendant quelques années je me suis joint à un groupe boulevard Saint-Joseph ; trois ou quatre fois par semaine j'allais courir avec eux. Ensuite, je me suis mis à courir tout seul au Forum. Maintenant, j'ai seulement ce tapis roulant à la maison, et en principe j'en fais tous les matins sauf quand je suis trop occupé.

J'ai bon appétit. Je pourrais faire un peu plus attention. Je suis un gros mangeur de pain – une bonne baguette!

Pensez-vous être un modèle pour les gens de votre âge?

On ne pense pas à ces choses-là. S'il y en a qui me prennent comme modèle, ils ne me le diront pas. Ils me proposent plutôt comme modèle pour les jeunes. Je l'ai encore entendu hier soir. Le gars qui m'a présenté a dit que tout le monde aimerait que leur enfant suive mes traces, parce que nos modèles actuels du côté des sports, il n'y en a pas beaucoup. C'est lui qui le disait, ce n'est pas moi qui le pensais...

Qu'est-ce que vous auriez envie de dire aux gens qui s'apprêtent à prendre leur retraite?

Premièrement, il y a la question des finances. Dans quelle situation allez-vous être? Si tu n'as pas les moyens financiers, tu ne peux pas passer six mois en Floride. Deuxièmement, qu'ils se réservent une heure ou deux pour faire de l'exercice physique. Moi, chaque hiver, je passe quelques semaines à la Barbade, et tous les matins je vais faire une heure de marche le long de la mer.

Jean Béliveau et son épouse habitent dans la même maison depuis cinquante ans. Un petit cottage du Vieux-Longueuil qu'ils avaient acheté tout jeunes mariés, en arrivant à Montréal en 1955.

Cette maison avait un double terrain, et cela a eu son importance. Avec les années, on a ajouté un appartement en arrière, une piscine; je viens de démolir un foyer qu'on avait à l'extérieur et j'ai installé un bassin avec une cascade. Il y a une vingtaine d'années, j'ai tout entouré d'une solide clôture. Nous sommes toujours restés au même endroit, et nous y sommes très heureux.

Il n'a jamais été question de chalet d'été. J'ai des amis qui ont des sites incroyables, mais nous, nous avions pensé : c'est l'un ou l'autre. Ou bien nous allons nous installer quelque part dans les Laurentides ou dans les Cantons de l'Est, ou bien nous restons ici, mais nous n'aurons pas deux maisons.

Le dimanche parfois, on est assis, tranquilles, en train de lire, on est bien, j'entends les sirènes et je me dis : « On est beaucoup mieux ici que sur les routes encombrées. »

Qu'est-ce que vous aimez lire ?

J'aime beaucoup les biographies. Je suis en train de finir celle de Clinton. J'aime apprendre comment ces grands hommes ont réussi dans leur carrière et je m'aperçois que cela revient toujours à la même chose : ce sont de grands travaillants, qui n'ont jamais compté leurs heures.

Ça vous ressemble !

Je n'ai pas d'heures. J'ai toujours travaillé, même petit bonhomme. On avait tous un petit rond à patiner en arrière de la maison. Avec mon père on égalisait le jardin qui était assez grand. Les hivers étaient beaucoup plus durs qu'aujourd'hui. On commençait dès novembre. Les frères du Sacré-Cœur nous organisaient des ligues. Ce n'était pas structuré comme aujourd'hui, mais on patinait, par exemple! C'est la base du hockey. Si ton patin est bon, tu vas réagir beaucoup plus vite. Alors on patinait. On nettoyait la patinoire. Combien de fois on l'a pelletée! Le vendredi à dix heures du soir quand on avait fini, il fallait encore arroser et nettoyer, parce que le samedi et le dimanche c'était deux grosses journées de patin et de hockey.

J'ai été élevé dans la discipline. Aujourd'hui, je constate que les personnes de mon âge ne sont pas tellement heureuses de ce qui se passe dans la société. Le mot « discipline » et le respect de l'autorité, cela n'existe plus pour les jeunes générations. Je pense qu'on est trop tolérants et pas assez sévères.

Venant de quelqu'un d'autre, les mots « discipline » et « respect de l'autorité » n'auraient guère de résonance. Jean Béliveau le sait, et c'est pourquoi il en rajoute.

C'est facile pour moi d'en parler parce que, pour réussir, il faut être discipliné. Quand je parle de respect... J'ai des amis qui ont des problèmes avec leurs enfants. Je suis persuadé que dans beaucoup de familles, les jeunes disent : « Ce n'est plus de même aujourd'hui. » Ce qui arrive ensuite, c'est que les jeunes sont mal pris et ils viennent nous voir. Alors, je leur dis : « Peut-être que notre façon de faire n'est pas moderne, mais elle me semble plus solide que la vôtre... »

Mais sur ce registre, même Jean Béliveau a parfois du mal à se faire entendre. Il aborde le sujet de façon oblique.

Parfois, les aînés émettent des opinions, et les jeunes disent : « Bof ».

Cela lui est même arrivé à lui. Pendant la grève historique du hockey de l'hiver 2005, il est sorti de sa réserve habituelle pour appeler toutes les parties à la raison.

Je l'ai fait pour le sport du hockey. Je l'ai fait pour les amateurs, et je l'ai fait pour les joueurs, même si cela a dû en choquer quelques-uns. Parce que leur carrière est courte ; tu perds un an, aux salaires qu'ils font aujourd'hui, c'est beaucoup. Mais quand on intervient, ils disent : « Votre temps est passé ! » Ils ne te le diront peut-être pas en pleine face, mais c'est souvent ce qu'ils pensent.

Bien évidemment, ce prince de la glace qui affirme volontiers que le hockey est toute sa vie n'a pas aimé se faire dire qu'il était dépassé. Et, pour la première fois peut-être, il a ressenti ce que Pierre Dansereau a appelé « l'insensibilité du deuxième âge ».

Quand ce n'est pas une personnalité connue qui parle, c'est encore plus difficile. Une personne âgée peut bien donner son opinion, mais qui va l'entendre ?

Alors, il prêche par l'exemple. Et la même sagesse qui a fait de lui une légende internationale lui permet aujourd'hui de vivre son âge dans une enviable sérénité.

Marguerite Lescop

Elle a publié son premier livre et créé sa propre maison d'édition à l'âge de quatre-vingts ans. *Le tour de ma vie en quatre-vingts ans* lui a valu le Prix du grand public au Salon du livre de Montréal en 1996. Ses deuxième et troisième titres ont également été des best-sellers. Marguerite Lescop partage son temps entre l'écriture et les nombreux ateliers et conférences qu'on l'invite à donner aux quatre coins du Québec.
Elle est membre de l'Ordre du Canada.

« S'ennuyer, c'est mourir à petit feu. »

La justice n'est pas de ce monde.

C'est cette phrase de saint Paul qui vient à l'esprit quand on passe ne serait-ce que quelques minutes avec Marguerite Lescop. A-t-elle vraiment quatre-vingt-neuf ans, cette petite femme mince et vive, au visage gouailleur marqué seulement par les rides du sourire ? Elle se tient bien droite, ses mouvements sont alertes, aucun appareil pour mieux entendre, pas même de lunettes pour consulter ses notes, l'arthrite, elle connaît à peine, sa voix est claire et enthousiaste, et quand elle perd le fil de ses pensées, c'est seulement parce que ses pensées ont tendance à fuser dans toutes les directions – ainsi que ses idées, ses projets, ses espoirs et ses observations sur le monde.

Dans une belle rue bordée de grands arbres dans le quartier du Plateau, l'appartement de Madame Lescop est à son image : clair, ensoleillé, chaleureux, et suggérant tout en même temps l'avenir, le passé et le présent. La cuisine toute neuve, aux couleurs audacieuses – bleue avec des accents orange –, évoque les tropiques. Le salon rassemble les souvenirs d'une vie : les photos de l'époux disparu, un portrait de Marguerite à vingt ans, plusieurs tableaux réalisés par l'une de ses filles, deux chères chaises anciennes, un fauteuil confortable ultramoderne, quelques beaux meubles québécois en pin comme on les aime. Et dans la salle à manger, le présent : la grande table de ferme sur laquelle Marguerite écrit tous ses livres.

Elle a tout fait à l'envers, Madame Lescop. Elle a commencé à écrire à l'âge où les autres s'arrêtent. En plus, elle a commencé par un best-seller !

J'étais assise dans ma cuisine, dans cette maison, dans mon *lazy-boy*, et je m'ennuyais. C'était la première fois de ma vie que je m'ennuyais. J'ai élevé sept enfants, j'ai fait beaucoup de bénévolat, j'ai fait de la couture pour mes enfants, et soudain les enfants ont moins besoin de moi… je m'ennuie ! Est-ce que j'allais m'ennuyer pour le reste de ma vie ?

Savez-vous ce que c'est, s'ennuyer ? C'est mourir à petit feu. Je n'aime pas perdre mon temps. Pour moi, le temps c'est précieux, j'ai été élevée à ne jamais perdre une minute, et là je suis là, assise, et je me dis : « Quoi ? Rien ? Non. Le rien, moi ? Non ! »

En quelques mots, elle vient de dresser le tableau de ce que redoutent tant les gens qui s'apprêtent à prendre leur retraite : être assis, chez soi, avec strictement rien à faire. Elle vient également de montrer le déclic pour en sortir : « Quoi ? Rien ? Non ! Le rien, moi ? Non ! »

J'étais en train de lire les petits journaux de quartier, et je tombe sur une annonce du cégep de Rosemont, qui donnait des cours d'écriture pour les gens du troisième âge.

Ma façon d'être, c'est l'action. J'agis, et je réfléchis après. Je lis cette annonce, je me dis : « Pourquoi pas des cours d'écriture ? Ça fera passer le temps. » Je ne réfléchis pas plus longtemps, je saute dans ma voiture, je m'en vais au cégep et je m'inscris. Je n'ai pas de diplôme, à part un certificat de l'Université de Montréal en littérature, mais tout ce que je voulais, c'était chasser l'ennui.

Le reste de l'histoire, elle l'a raconté mille fois, dans son livre, en entrevue, en conférence… Ce qui en ressort, c'est que pendant qu'elle rédigeait ce livre, à la main, toute seule chez elle, elle a découvert qu'elle adorait écrire.

Je l'ai écrit sur cette table, en sept ou huit mois. J'étais heureuse, j'avais des ailes, je ne voyais pas le temps passer, je révisais. J'ai vraiment aimé cette période.

Depuis… Je me souviens d'un jour, dans une réception, où un jeune homme dans la cinquantaine me pose cette question banale :

– Comment allez-vous ?

– Très bien. Je vis en ce moment une période extraordinaire de ma vie.

– Vous m'avez donné la même réponse la dernière fois. Vous me donnez toujours la même réponse depuis que je vous connais !

J'ai réfléchi à ma réponse… Mais c'est vrai !

C'est gros ce que vous dites là. La plus belle période de votre vie ? Mieux que votre vie de jeune mariée ? Mieux que la naissance de vos enfants ?

Non. Tout cela a été très important, bien sûr. Mais maintenant avec l'expérience, on dirait que je suis plus consciente de ce que je suis.

Est-ce parce que je souris à la vie que la vie me sourit, ou est-ce le contraire?

Tout à l'heure je suis sortie sur l'avenue m'acheter du pain, et une dame m'a dit : « Allô ma belle Marguerite, vous ne me connaissez pas mais nous autres on vous connaît! » C'est beau de se sentir aimée. Cela m'arrive très souvent.

Elle fait bien ce qu'elle fait, les gens l'aiment, ils la reconnaissent dans la rue, ses enfants l'entourent sans l'envahir, elle remplit tous les critères du bonheur identifiés par les psychologues tels que Marie-Paule Dessaint. Mais il y a un ingrédient de plus dans la personnalité de Marguerite Lescop.

Je me suis toujours considérée un peu comme une délinquante. En ce sens que j'ose des choses que les autres n'osent pas.

Ses livres en font foi. Toute sa vie, elle a osé, elle s'est lancée : le camping seule avec sept enfants, tous les étés, au Lac-Saint-Jean, en Gaspésie et en France jusqu'en Espagne, les cours d'ébénisterie à l'École du meuble avec Jean-Marie Gauvreau, les cours de personnalité, l'école d'amaigrissement, plus tard des cassettes de chants religieux, composés et chantés par elle-même... Marguerite Lescop ose.

Quels seraient ses conseils aux personnes âgées qui se morfondent dans leur cuisine?

Oublier ses malaises et penser aux autres. L'égoïsme a du bon, mais sans excès.

Marguerite Lescop m'explique comment elle s'y prend pour oublier ses malaises :

D'abord, l'arthrite : en réalité, j'en ai, mais je fais tout pour être en santé. Je surveille mon alimentation, je suis optimiste, rien de bien original. Je fais de la marche, j'ai fait de la raquette l'année dernière, j'ai mes raquettes en arrière du sofa.

Ma fille, qui est médecin, me dit toujours : «Maman, fais de l'exercice!» Pour mes quatre-vingt-neuf ans, elle m'a offert des bâtons de marche et m'a montré comment faire de la marche norvégienne : une, deux! une, deux! tout ton corps travaille, pas seulement le bas, comme dans la marche ordinaire.

Marguerite Lescop a attrapé ses bâtons de marche et, au milieu du salon, elle me fait une démonstration : «Une, deux, il faut garder le rythme!»

C'est merveilleux! C'est ainsi que je suis allée faire de la marche à Magog, avec mon amoureux.

Votre amoureux!

Il est beau. Savez-vous comment je l'ai rencontré? Je l'ai raconté à des milliers de personnes. J'étais à l'aéroport de Moncton, dans la salle d'attente, et je le vois passer. Sans réfléchir, je l'apostrophe : «Monsieur, êtes-vous un Monseigneur?» Pensez-vous que j'ai réfléchi à ce que je disais? «Vous avez la prestance d'un évêque, d'un cardinal!»

Je l'ai revu l'année suivante au Salon du livre. Quand il m'a invitée à dîner, j'étais flattée au dernier degré. J'avais quatre-vingt-cinq ans; depuis que j'étais veuve, je n'avais jamais pensé à un homme. Mais ce bel homme-là… Pendant un instant, j'ai pensé : «Si tu acceptes, tu te fais prendre. Il va entrer dans ta vie.» Et j'ai dit oui. L'amitié amoureuse a ses charmes, j'en conviens.

Marguerite Lescop parle de son compagnon comme une midinette.

Enfin, j'ai compris la différence entre les hommes et les femmes. Les femmes vivent de sentiments, d'émotions, alors que les hommes sont plutôt pragmatiques. Ils se réveillent le matin et ils pensent à leurs affaires. Il faut les comprendre. Mon quatrième livre sera probablement sur les nouveaux hommes, jeunes et vieux, parce qu'ils ont évolué de façon extraordinaire et que je les aime.

Encore un projet à l'horizon! Madame Lescop fait feu de tout bois, tout ce qui lui arrive est matière à un livre, une conférence, une nouvelle réflexion.

Est-ce que vous pensez à vous comme à une vieille dame?

Pas du tout! C'est clair et net. Je ne suis pas vieille. Je suis obligée de me forcer et de me dire : «Écoute, tu n'as plus vingt ans.» Mais je retiens mes ardeurs parce que parfois je serais portée à faire des folies. Je suis très extravertie. Par exemple, si quelqu'un se met à danser, je suis prête à partir moi aussi (elle se lève et esquisse quelques pas de danse en riant), à faire la folle, mais je me retiens. Parmi mes projets immédiats, j'ai l'intention d'enregistrer une cassette vidéo d'exercices pour les personnes âgées sur de la musique de danse.

Il y a une autre facette à l'étonnante Marguerite Lescop. Elle est activement croyante et, malgré l'éducation religieuse très étroite qu'elle a reçue, elle a été capable de donner à sa foi une nouvelle pertinence.

J'ai fondé un groupe de prière avec quelques amies il y a trente ans. Nous étions alors plus de cent personnes, nous ne sommes plus que six ou sept dont l'âge varie entre soixante-dix et quatre-vingt-dix-sept ans. Je suis souvent tentée de le laisser tomber parce qu'il a tellement changé, mais je continue parce qu'elles sont tellement heureuses de venir au groupe. On se raconte des choses. Il y en a une qui se plaint : «Quand je pense que mes enfants ne pratiquent pas!» Je lui dis : «Écoute, il ne faut pas que tu te tracasses. Ce n'est pas seulement la pratique religieuse qui compte. Il y a aussi la conscience. Ils ont des valeurs, nos enfants. Ils sont honnêtes, ils sont droits, ils vivent leurs épreuves. Nous, on a été élevées de façon rigide, il fallait aller à la messe, il ne fallait rien faire en dehors de ce qui se faisait, c'est pour ça qu'on a eu tant d'enfants.»

Je ne regrette rien, mais le message du Christ a été tellement baratté que finalement il n'en reste plus rien. J'en veux un peu à l'Église catholique pour cela.

On doit se sentir un peu seule quand vos amies d'enfance ne parlent plus guère et vivent dans le passé dans leur chaise roulante.

Les gens de mon âge, je les vois peu. Mes amies ont toutes soixante-dix ou soixante-quinze ans. Les autres sont mortes. Je me dis sans trop y penser : «Un jour ce sera ton tour.» D'ici ce moment, je reste optimiste et continue à aimer la vie.

Combien de personnes me disent : «Ah que vous m'avez fait du bien ! Si vous avez été capable d'écrire à votre âge, moi aussi je suis capable.» Je les stimule. Je ne parle pas pour rien dire, je parle pour les stimuler : «Vous êtes capables ! Entreprenez ! Allez-y !»

Jean Lapointe

Comédien, humoriste, auteur, interprète, Jean Lapointe a aussi été pendant vingt ans partenaire des Jérolas, le duo de fantaisistes le plus populaire du Québec. Il a conçu et présenté plus de quinze spectacles différents, il s'est produit à Bobino et à l'Olympia à Paris, il a joué des rôles de premier plan dans de nombreux films dont *Les ordres* et *Le dernier tunnel*, et dans de nombreuses séries télévisées, *Duplessis* notamment.

En 1981, il a créé la Fondation Jean Lapointe contre l'alcoolisme et autres toxicomanies, qui finance chaque année la Maison Jean Lapointe, trois Centres pour adolescents toxicomanes et d'autres centres à travers tout le Québec. Jean Lapointe est sénateur depuis 2001. Il est officier de l'Ordre du Canada.

« C'est en donnant qu'on reçoit. C'est un cliché, mais j'en retire beaucoup. »

Jean Lapointe, sénateur. Quatre ans après sa nomination, on a encore de la difficulté à imaginer comment cet artiste, sensible, à fleur de peau, s'est adapté à la vie à la Chambre rouge.

Pourtant, il a l'air tout à fait à l'aise dans son bureau du Parlement. Il ne prend pas trop au sérieux les formalités de l'institution, mais il prend sa fonction très au sérieux. Il a entrepris de faire adopter, presque à lui tout seul, un amendement au Code criminel.

Actuellement, je mène un combat contre les loteries-vidéos, ces maudites machines infernales qui tuent des gens, qui privent des enfants de leurs parents, qui créent de la criminalité, de l'absentéisme, des drames familiaux terribles. C'est moi qui ai déposé ce projet de loi. Comme les loteries appartenaient aux provinces, la seule façon de contourner le problème était d'apporter un amendement au Code criminel.

Je ne voulais pas qu'on les supprime, mais qu'on les relocalise, parce que ces machines sont trop accessibles. J'ai vu des choses incroyables. Une dame de soixante-dix ans venait de perdre son mari, qui lui laissait deux immeubles, pas un sou de dettes, presque cinq cent mille dollars en banque. Pour se changer les idées, elle s'est mise à jouer : En cinq ans elle a perdu toute sa fortune. Elle habite maintenant chez sa sœur, et dès qu'elle reçoit son chèque de pension elle va le brûler dans les machines à sous. Il y a un monsieur à Magog qui s'est suicidé après avoir englouti tous ses REER, non pas à Blue Bonnett mais strictement dans les loteries-vidéos. C'est incroyable. Les plus vulnérables sont les jeunes et les vieux, les retraités qui ont du temps libre.

Le sénateur Lapointe a appris comment se servir des procédures. Il a appris la mécanique, la *game*, les jeux de pouvoir entre le fédéral et les provinces, entre les deux chambres, entre les partis, à l'intérieur de son propre caucus. Et il a appris à gagner. Il me dira plus tard qu'il est un bagarreur. Pour l'instant, il me revient une phrase que Félix Leclerc avait écrite à son sujet : « Ce gars-là, bien au-delà de sa retraite il sera encore en train de jeter des bouées au monde. »

À cette évocation, Jean Lapointe a un sourire tendre et nostalgique.

C'était dans *Portraits*. Félix avait écrit cela à propos de ce que j'avais fait pour la lutte contre l'alcoolisme et la toxicomanie.

Quand Jean Lapointe menait sa propre bataille contre l'alcoolisme, il avait créé la fondation qui porte son nom et des maisons de désintoxication pour aider les gens qui vivent l'enfer qu'il a connu. Sa bataille contre les machines à sous relève de la même compassion.

Depuis que je suis tout petit, si je peux aider, je le fais. Cela me procure plus de bonheur et de joie qu'à ceux que j'aide. Je n'ai aucun mérite. Mes parents étaient comme ça, mes frères, mes sœurs, tous mes enfants le sont aussi. Je me dis : « Si je peux servir, et servir à quelque chose… » C'est en donnant qu'on reçoit. C'est un cliché, mais j'en retire beaucoup.

C'est un peu pour cette raison qu'il a accepté de devenir sénateur. Mais c'est aussi parce qu'il avait désespérément besoin d'un nouveau départ.

Je venais de perdre ma femme Cécile douze jours auparavant, j'étais tout seul à la maison, et quand monsieur Chrétien m'a appelé, je me suis mis à pleurer parce que j'étais dans un état d'esprit et de cœur très pénible. Ma femme était morte subitement, et je l'aimais beaucoup.
Il m'a offert ses condoléances. Je l'avais rencontré deux ou trois fois. J'avais joué au golf avec lui une fois. Il a été habile.
– Es-tu propriétaire d'un terrain qui vaut au moins quatre mille dollars ?
– Non, je l'ai vendu il y a deux ans.
– Je t'appelle pour te nommer sénateur.
C'est là que je me suis mis à pleurer.
– Pleure pas, c'est pas une si mauvaise nouvelle que ça !

Il m'a raconté une histoire drôle. L'histoire de Jean Marchand. Quand on l'avait nommé au Sénat, on lui avait dit : « Tu as quarante-huit heures pour t'acheter un terrain de quatre mille dollars ou plus. » Il est allé voir son voisin qui avait un lot à vendre.

– Combien tu veux pour ton lot ?
– Deux mille.
– Prendrais-tu quatre mille ?

Il n'avait pas de temps à perdre. Cela a placé les choses pour moi. J'ai accepté tout de suite parce que je n'étais plus capable de vivre dans les Cantons de l'Est. Tout ce qui était beau, je ne le voyais plus.

Et puis, j'avais soixante-cinq ans. Ma carrière n'allait pas très bien. Donc je me suis dit : « C'est une récompense, cela assure mes vieux jours, cela ne peut pas mieux tomber. » Aussi, j'avais la larme à l'œil, je pensais à maman, je pensais à Cécile, et je pensais aussi bien sûr à mon père, qui avait été député au fédéral pendant dix ans. Quand je suis arrivé sur la Colline parlementaire, cela m'a fait quelque chose. J'ai pensé qu'il aurait été fier de moi.

Jean Lapointe a eu une vie exceptionnellement riche en événements très heureux et très malheureux. Il a connu d'immenses succès, de grandes amours et de belles amitiés, il a également enterré deux épouses, deux de ses frères et plusieurs amis très proches. Il a connu un revers de fortune spectaculaire, ce à quoi il faut ajouter son long et célèbre combat contre l'alcoolisme. Alors que nous parlions de son âge, il a laissé tomber : « Avec tout ce que j'ai vécu, j'ai au moins quatre-vingt-quatorze ans ! » Il est dans sa soixante-dixième année, et il a l'air en forme.

Je me fais examiner régulièrement. La dernière fois que j'ai passé un test, il y a trois mois, le médecin m'a dit : « Je n'aime pas ce que je vois. Il faudrait passer un scan. » Je suis entré dans son bureau, très calme, je me suis assis, j'avais mon manteau sur le dos, et je lui ai dit : « Docteur, si vous m'annoncez que j'ai le cancer, je ne vais pas tomber à terre. Cela ne m'étonnerait pas parce que ça fait cinquante ans que je fume. »

Je suis allé passer le scanner, et le médecin m'a appelé : « Monsieur Lapointe, venez voir ! » Je n'avais jamais vu de photo de scan, c'est beau. Il m'a annoncé :

– Il n'y a rien, absolument rien !
– Oui, mais ça fait cinquante ans que je fume.
– Vous savez, il y a des gens qui ne fument pas et qui aimeraient bien avoir vos résultats.
– Comme ça je vais pouvoir continuer à fumer ?
– Ce serait quand même préférable que vous arrêtiez. Et il s'est mis à rire.

Comme je manifeste mon étonnement, il compte sur ses doigts les petits plaisirs qu'il a abandonnés.

Écoutez. J'ai arrêté de boire, je ne sors pas, je vais rarement aux premières ; alors je prends quatre ou cinq cafés par jour, avec la cigarette c'est ma seule drogue.

Comment vous voyez-vous quand vous pensez à votre âge ?

Il ne faut surtout pas calculer l'âge que l'on a. C'est la dernière chose qu'il faut faire et je m'en rends compte au golf. Je frappe la balle moins loin, je joue moins bien, ça n'a pas d'importance. Parfois, je trouve cela frustrant parce que je n'ai plus la musculature. J'étais très fort pour ma taille. Je frappais la balle très loin, presque aussi loin que le professionnel avec qui je jouais en Floride. Et soudain, en l'espace de trois mois j'ai perdu soixante-quinze verges sur mon drive. Le professionnel m'a dit : « Jean, je vais être obligé de te dire la vérité : C'est ton âge. C'est ta musculation qui est moins solide. »

Je me suis dit : « Il est dans le champ à gauche. Il est dans les patates. C'est juste parce que je ne me place pas comme il faut. » Je me suis entêté. Finalement un an après, je refrappais loin, mais quand même moins loin qu'avant.

Est-ce qu'on devient vraiment plus sage en vieillissant ?

Je ne suis pas plus sage, mais je suis plus discipliné. C'est grâce à mon ami Raymond Devos qui m'avait dit un jour : « Si tu veux durer, il faut que tu sois discipliné. » Je fais une sieste tous les jours. Quarante-cinq minutes après le lunch, c'est sacré pour moi. C'est ce qui me donne l'énergie pour l'après-midi.

Si je suis en spectacle, je dors toujours une heure avant mon spectacle. Je l'ai fait à l'Olympia, je l'ai fait pour les grandes premières. Même si je suis nerveux dans la journée, quand je m'installe pour la sieste, je m'endors tout de suite. Je m'endors n'importe où, je me réveille, je prends une douche et je suis en forme.

Quand je fais du cinéma, c'est la même chose. Les producteurs sont avertis. J'ai besoin d'une heure de solitude, avec un lit, un canapé ou un divan, j'ai mon oreiller à moi sur lequel je suis confortable, j'ai ma couverture, je me déshabille et je me couche. Je récupère de cette façon-là.

Quand Pierre Gendron m'a proposé de tourner *Le dernier tunnel,* tout ce qu'il voulait savoir, c'est si j'étais assez en forme pour le faire. C'était dur, *Le dernier tunnel*. On a gelé comme des rats dans un vrai tunnel, il y avait de l'eau, de la glace sur les murs, on n'avait pas d'éclairage. Après, quand on a tourné à l'intérieur, en studio, ils ont reconstruit le tunnel, c'était pendant la canicule, on n'avait pas droit à l'air climatisé parce que ça fait du bruit. C'était des conditions difficiles, mais Pierre Gendron a veillé à ce que j'aie mon lit. Il a même utilisé une doublure dans les scènes particulièrement dures, comme lorsqu'il fallait mettre un casque pour creuser avec une lampe à acétylène. Il m'a très bien traité... mais il avait intérêt s'il voulait que j'aille jusqu'au bout !

> Vous, est-ce que vous vous êtes demandé si vous arriveriez jusqu'au bout ?

Moi non, mais certaines personnes ont dit : « C'est un film qui est *rough* en maudit. Est-ce qu'il ne va pas avoir une crise cardiaque ? »

> Avez-vous pris cela pour de la condescendance ? Vous êtes-vous senti insulté qu'on pense à vous en disant : « À son âge... » ?

Pas du tout. La seule chose qui m'insulte, c'est quand je vois des gens très compétents qu'on n'utilise plus à cause de leur âge. Voyez Pierre Nadeau. Qu'on tasse Pierre Nadeau sous le prétexte de son âge, je trouve que c'est aberrant. Tandis que chez nos voisins américains, voyez tout le respect qu'on porte aux gens qui ont de l'expérience ! Les gens qui font les informations, on les garde jusqu'à quatre-vingts ans. Pourquoi ? Parce qu'ils apportent des éléments supplémentaires, ils ont été témoins, ils ont de l'expérience. Tant et aussi longtemps qu'ils sont en santé...

> De façon générale, pensez-vous que notre société tasse trop les personnes âgées ?

C'est absolument sûr et certain. On oublie tout ce que ces personnes ont fait de sacrifices. Si tu parles à un vieux de quatre-vingts ou quatre-vingt-dix ans, tu réalises tout ce qu'il a dû sacrifier dans sa vie ! J'ai commencé à travailler à soixante-quinze dollars par semaine dans les boîtes de nuit. J'étais très content, je travaillais. Mais aujourd'hui, quand on leur offre cent cinquante dollars pour chanter, les jeunes disent non. Cela me fait de la peine parce qu'ils perdent l'occasion d'apprendre le métier.

Est-ce que la société y perd quelque chose ?

Sûrement. Quand je pense à Devos qui a quatre-vingt-deux ans et qui fait encore des spectacles ! Je l'ai vu cent fois – minimum – sur scène, et il est encore meilleur maintenant qu'il y a vingt ans. Le dernier spectacle qu'il a donné à Montréal était le plus beau de tous. Incroyable.

Il y a toujours de la passion dans tout ce que vous dites.

Je suis extrêmement passionné. Les gens qui prennent leur retraite, qu'ils se trouvent une passion. Qu'ils jouent au golf, qu'ils collectionnent les timbres, les papillons ou les boîtes d'allumettes, mais que ça devienne une passion. Parce que si tu n'as pas de passion… Évidemment, tu as l'amour. Mais l'amour à soixante-douze ans, c'est très beau, mais ce n'est pas l'amour passionné qu'on a à vingt-deux ans.

Ça peut arriver ?

Oui, je crois que ça peut arriver.

Seriez-vous capable d'avoir une nouvelle aventure ?

(Il soupire.) Pas en ce moment. J'ai quelqu'un dans ma vie qui m'a soutenu quand Cécile est décédée. Nous faisions partie de la même association. Elle est à la retraite, elle a mon âge. Quand j'ai été nommé sénateur, on m'a dit : « Vous avez droit à un chauffeur. » Tout de suite, j'ai pensé à Mercédès. C'est ma voiture mais c'est aussi le nom de ma blonde. J'ai dit : « Est-ce que je peux engager une « chauffeurette » ? Ils se sont mis à rire.

Mercédès, cela faisait son bonheur. Pendant presque un an on a habité au Holiday Inn, puis une fin de semaine je lui ai dit : « Bon, c'est assez les dépenses. Ça coûte cher les deux chambres, on prend juste une chambre, on va faire des économies. » Elle m'a répondu : « Je ne dis pas non. »

C'est une fille extraordinaire. Tellement belle intérieurement !

Avez-vous l'impression que vos sens se sont aiguisés avec le temps ?

Il y en a qui s'amoindrissent, comme les yeux et les oreilles, et il y en a qui s'aiguisent. Par exemple, je suis plus sensible à la musique, à la nature. À mesure qu'on vieillit, on prend plus le temps de voir qu'on a des cadeaux de la vie. On a davantage le sens de l'observation. Avant, quand je me réveillais, je n'allais jamais regarder le paysage dehors. Tout à coup, quand je me suis acheté une maison à la campagne, je me suis intéressé aux oiseaux, aux canards. Il y avait deux hérons qui venaient tous les jours prendre leur petit-déjeuner sur le lac. Je n'avais pas besoin de cadran, ils passaient au-dessus de la maison à six heures moins vingt chaque matin. Pile. Comme je suis un lève-tôt, je les regardais et je les suivais avec mes jumelles jusque de l'autre côté du lac. Et je me suis aperçu que les plus beaux cadeaux de la vie, ils étaient gratuits.

Mot de la fin ?

Devenez passionnés. C'est ce qui donne du soleil les jours de pluie.

Philippe de Gaspé Beaubien

Fondateur de Télémédia Québec, il a été à la tête de nombreuses stations de radio au Québec et en Ontario, et a lancé plusieurs magazines dont Elle-Québec et TV Hebdo. Il a joué un rôle clé lors de l'Exposition universelle de Montréal en tant que « maire de l'Expo 67 ». Dès sa création en 1971, il a été président du conseil de Participaction, programme destiné à promouvoir l'exercice physique auprès des Canadiens. Il est président fondateur de l'Institut de l'entreprise familiale. Il est officier de l'Ordre du Canada.

« On veut laisser le monde un peu meilleur qu'on l'a trouvé. »

Une lettre de Louis XIV, précieusement encadrée et accrochée au mur, rappelle ses origines à Philippe de Gaspé Beaubien chaque fois qu'il entre dans son bureau au trente-troisième étage de la Place Ville-Marie. Cette lettre léguait à sa famille la seigneurie de Saint-Jean-Port-Joli et anoblissait son ancêtre. Elle lui a toujours servi de phare.

Je viens d'une des plus vieilles et illustres familles nord-américaines. Notre arbre généalogique remonte à 1635. À chaque génération, mes ancêtres ont été des leaders dans leur communauté. Je me sens comme un maillon dans cette chaîne. Il y a des responsabilités qui viennent avec ça, mais cela me vient naturellement parce que depuis mon plus jeune âge ma famille m'a toujours enseigné que « noblesse oblige ».

> Comme les autres maillons de la chaîne avant lui, il a exceptionnellement bien réussi en affaires avec Télémédia, et il a contribué au mieux-être de la communauté, en particulier avec l'initiative Participaction dont il est encore très fier.

J'ai fondé le mouvement Participaction après l'Expo. En 1970 le Canada était un des pays les plus mal servis du point de vue condition physique. Il n'y avait pratiquement pas de jogging à cette époque. Tandis qu'aujourd'hui, allez sur la montagne un matin, et vous verrez le nombre de gens qui marchent, qui courent! J'ai commencé à faire du jogging en 1967 et j'ai toujours continué parce que j'y crois. On voit les résultats.

> Étant donné qu'il s'était mis la barre haute, il s'est toujours donné comme habitude de faire des bilans : non seulement de sa vie, mais de l'année écoulée, du mois écoulé, de la semaine écoulée.

Quand le leader d'une entreprise se couche le soir, s'il y a des choses qu'il n'a pas faites, personne d'autre ne va les faire. J'ai toujours eu cette hantise, et j'ai toujours essayé de prendre une journée par semaine pour faire le point, pour planifier l'entreprise que je dirigeais, repenser mon rôle dans cette entreprise, et aussi mon rôle comme père, comme époux, comme ami et comme leader responsable. « Est-ce que tout va bien ? Est-ce qu'on s'en va toujours dans la bonne direction ? »

Tous les ans, en même temps que mes résolutions pour l'année à venir, je fais un bilan pour voir où j'en suis, comment je vais au point de vue santé physique, santé mentale, équilibre, et comment je progresse par rapport à l'idéal que je me suis fixé.

Ce millionnaire philanthrope avait un grand rêve : au-delà des affaires et de la présence dans la communauté, il voulait être le premier de la lignée à transmettre à ses enfants la société qu'il avait créée.

Ma famille est une des vieilles familles de chez nous et je suis de la douzième génération. Dans cette famille, on n'a jamais pu transmettre la propriété d'une génération à une autre. On a transmis les valeurs, mais il y a toujours eu une raison, des circonstances qui ont fait que l'entreprise a dû être vendue. Douze générations d'entrepreneurs se sont succédé sans y réussir.

Il voulait être le premier de la lignée à le faire. Il y a pensé toute sa vie. Les choses ne se sont pas passées tout à fait comme il l'avait prévu, mais la famille est toujours en affaires.

Les rêves des parents ne peuvent pas être les rêves des enfants. J'ai passé Télémédia à mes trois enfants, eux en ont vendu une partie. Avec le reste, ils ont créé trois compagnies et ont investi dans les entreprises les uns des autres. Autrement dit, nous n'avons plus une entreprise familiale, nous avons trois entreprises familiales. C'est là le plus important, nous demeurons une famille en affaires.

Vous ne voyez pas devant vous une personne désespérée, alors que j'ai perdu la majorité des choses que les gens m'attribuaient : le pouvoir, des stations de radio, des magazines...

Abandonner le contrôle d'une entreprise qu'on a créée n'est pas facile. Philippe de Gaspé Beaubien réussit à projeter l'image évoquée par Stendhal du « calme patricien qui respire... l'impossibilité d'aucune vive émotion ».

C'est comme lancer un bateau, il faut couper les cordes pour le faire partir. Chaque fois qu'on coupe quelque chose, c'est pénible. Ce n'est pas facile, mais je suis très heureux de l'avoir fait.

On pense et on vit pour contrôler. Pendant longtemps, j'ai voulu garder le contrôle de ma compagnie. Mais qu'est-ce que le vrai contrôle dans une vie qui change continuellement ? Ce qui est plus difficile, c'est de laisser aller. Abandonner son pouvoir. C'est tout un processus quand on cède sa propriété à d'autres, quand on transmet le titre à d'autres, quand on vend des parts à d'autres, quand on laisse la responsabilité à d'autres.

Ce n'est pas la fin parce qu'on quitte l'entreprise. Ce n'est pas la fin parce qu'on atteint l'âge de soixante-quinze ans. Ce n'est pas la fin parce qu'on est malade. Il y a encore une vie qui se passe. Il faut avoir d'autres valeurs, d'autres intérêts.

Son projet de retraite était tout trouvé. Il aiderait les autres entreprises familiales à réussir cette transition que si peu de familles réussissent à faire.

Philippe de Gaspé Beaubien a créé la Fondation des familles en affaires. Le sujet est en train de devenir d'actualité, et il offre soutien et expertise à six centres universitaires canadiens, dont celui de l'École des hautes études commerciales, qui s'intéressent maintenant à la question.

Dans la foulée, il a également entrepris de promouvoir le mentorat, autre façon de transmettre quelque chose aux générations qui suivent.

On a très peu de mentors au Québec. Le concept de *mentoring* est beaucoup plus populaire dans les vieux pays d'Europe. En Angleterre, on choisit souvent des personnes expérimentées pour être les mentors de ses enfants. J'ai essayé, j'ai choisi des mentors pour mes enfants, mais cela n'a pas marché. Il faut que les jeunes les choisissent eux-mêmes. Avoir quelqu'un qui est là comme *sounding board* quand on commence dans la vie, je pense que c'est utile. Notre société se prive de quelque chose en ne tirant pas profit des gens qui sont maintenant prêts à redonner, qui ont le temps et le goût de redonner, et qui ont une expérience extraordinaire qui pourrait aider à améliorer la société.

Philippe de Gaspé Beaubien a encore un autre projet en tête, toujours sur le thème de la transmission des valeurs.

Nous voulons aider les gens à devenir de meilleurs parents. C'est la responsabilité la plus importante qui nous incombe à tous et, paradoxalement, c'est celle pour laquelle nous avons eu le moins de préparation au collège ou à l'école. Nous voulons créer un centre, un institut international pour aider les membres de la famille à travailler ensemble, pour aider les parents à élever leurs enfants ensemble, pour renforcer ce noyau essentiel de la société.

Il observe ses enfants et leurs contemporains, et il est préoccupé par la rapidité des communications et les exigences qu'elle leur impose.

C'est beaucoup plus difficile pour eux que cela l'a été pour nous. C'est une génération *wired*. Ils sont constamment bombardés d'information. Ils sont toujours branchés, leur cellulaire ne s'éteint jamais, ils reçoivent des centaines de courriels aussi bien au bureau qu'à la maison, cela les oblige à réagir instantanément ; ils n'ont pas de temps pour eux.

Lui se garde maintenant du temps pour lui en faisant de la méditation.

J'avais essayé de méditer il y a une vingtaine d'années, mais je n'en avais jamais été capable, parce que mon esprit était toujours très actif et troublé. Et puis un jour j'ai rencontré quelqu'un qui m'a expliqué que méditer, cela s'apprend.

Maintenant je médite une heure chaque jour. Si j'avais su, j'aurais pris le temps de faire de la méditation pendant l'Expo. Plutôt que de me lever à six heures et demie je me serais levé à cinq heures et demie pour faire ma méditation. Cela m'aurait aidé à traverser cette période intense et trépidante, où je travaillais sept jours par semaine.

Vous allez peut-être penser que je suis un peu cinglé, mais la chose la plus difficile que j'aie faite dans ma vie, c'est une retraite de méditation de dix jours. Dix jours en silence! Les gens ne peuvent ni se voir, ni se parler, ni communiquer pendant dix jours. On ne mange pas très bien et on couche sur un lit rudimentaire comme les moines. Chaque personne a sa cellule. C'est la meilleure chose que j'aie jamais faite. J'ai vraiment pris contact avec moi-même, *the soul*, l'esprit.

Ce qu'il a appris durant ces dix jours de retraite de méditation?

Nous nous créons nos propres problèmes. Le pire ennemi, c'est nous, ce que nous imaginons. Les idées qui me viennent à l'esprit quand j'essaye de me concentrer, ce sont des idées soit de regret pour le passé ou de crainte pour l'avenir, alors qu'on n'a de contrôle ni sur l'un ni sur l'autre. Être capable de vivre davantage dans le moment présent, c'est la seule chose qui compte, c'est le seul moment où l'on peut avoir un impact. Cela donne une sérénité.

Que disent vos enfants et les autres membres de cette génération « branchée » quand vous leur dites ce genre de choses?

Je n'en parle pas. Je ne leur fais pas part de ce que je pense. Il faut que je fasse très attention parce que quand les jeunes adultes sont dans cette phase où ils sont en train de faire leurs preuves, il y a là quelque chose de fragile...

Il hésite. Lui qui toute sa vie a été soucieux de transmettre à ses enfants valeurs et expérience, sent qu'il touche à la limite de ce qui peut être transmis d'une génération à l'autre.

Quand ils ont des difficultés et qu'ils se posent des questions, je dois être prêt à avoir une réponse. Mais quand les choses vont bien, c'est difficile.

En réalité, j'en parle rarement. La seule façon dont je peux communiquer, c'est par mon exemple. La vie, c'est de sentir qu'on fait quelque chose qui nous aide à grandir, à nous développer, et c'est aussi poser notre pierre, faire la différence.

Frédéric Back

Cet artiste dont les films d'animation ont fait le tour du monde est né en Alsace et a étudié à Paris, puis à l'École des beaux-arts de Rennes, avant de venir s'installer à Montréal en 1948. Frédéric Back a enseigné à l'École du meuble puis à l'École des beaux-arts. Lors de l'arrivée de la télévision, en 1952, il s'est joint à Radio-Canada comme illustrateur, concepteur et décorateur.
Il a obtenu deux Oscars, l'un pour *Crac!* en 1982 et l'autre pour *L'homme qui plantait des arbres* en 1988.
Il est membre fondateur de la Société pour vaincre la pollution et de la Société québécoise pour la défense des animaux. Il a été fait officier de l'Ordre du Canada, chevalier de l'Ordre national du Québec et officier de l'Ordre des Arts et Lettres de la France.

« Il y a quatorze milliards de mains sur la terre, dont trop ne foutent rien. »

Frédéric Back est perplexe. Tout le monde admire son œuvre, mais personne ne suit ses traces. Ses films d'animation sont tous porteurs d'un message écologique fort, on le réclame dans les festivals de films d'animation, mais il a l'impression que personne ne l'écoute.

Mes trois derniers films viennent d'être présentés au festival d'Annecy. On a présenté mes quatre derniers films au festival de Shanghai en juillet 2005. En outre, les organisateurs de festivals me demandent d'écrire des textes, de donner des explications, pas seulement sur les films mais sur les raisons pour lesquelles je les ai faits.

Or ces raisons sont les mêmes depuis toujours : faire comprendre au public que la planète est fragile, et que tous les êtres vivants, qu'ils soient humains, animaux ou végétaux, ont besoin les uns des autres pour survivre. *L'homme qui plantait des arbres* représente l'expression la plus accomplie de ce message. Vingt ans plus tard, il est d'ailleurs encore surpris et ravi du succès qu'a obtenu cette œuvre.

Jean Giono a dit avec des mots ce que j'ai dit avec des images. Je trouvais que de mettre des images sur ses paroles était l'occasion de faire sortir ce texte du petit livre dans lequel il était publié, et de le faire entrer dans tous les foyers à l'improviste.

Les gens laissent souvent leur téléviseur allumé pendant des heures. Lorsque mon film a été diffusé, beaucoup d'enfants sont allés chercher leurs parents : « Viens voir, il y a quelque chose qui passe à la télévision, ça va t'intéresser. » Dans de nombreux foyers, les gens ont regardé l'émission, puis ils ont éteint leur téléviseur pour en parler avec leurs enfants. Ils ont analysé le contenu de ce récit, et ils ont bien senti qu'à coté de l'histoire des arbres qu'on plante et qui régénèrent un pays désolé, il y a un aspect philosophique. Il s'agit du travail généreux de quelqu'un qui ne recherche aucune récompense immédiate mais qui reconstitue, qui enrichit quelque chose pour le bénéfice des générations qui le suivront.

Ce film a connu un succès immense, il a été vu dans soixante pays, on en parle encore comme d'un modèle, il a manifestement touché une corde sensible. Pourtant, paradoxalement, personne ne suit les traces de Frédéric Back, et c'est ce qui l'inquiète.

J'étais invité à Los Angeles il y a quelques mois pour donner une conférence à propos de l'animation. La seule raison pour laquelle j'ai accepté d'y aller était pour leur dire : «Pourquoi ne faites-vous pas de films dont le message ressemble à celui de *L'homme qui plantait des arbres*? Si on reste collés avec *L'homme qui plantait des arbres*, c'est parce qu'il n'y a rien qui le remplace. Et pourtant si ce film marche tellement, si mes autres films sont encore en demande après tant d'années, c'est parce qu'il n'y a pas d'autres éléments qui viennent renouveler le discours.

«Il existe un besoin auquel vous ne répondez pas ! Vous avez tout l'argent, tout le talent, vous faites face à une demande qui existe dans le monde entier. Les gens veulent des films qui les informent et qui les motivent, ils veulent apprendre à agir pour le bonheur de tous et pour la protection d'une beauté qui est extrêmement fragile. Pourtant, il y a un manque de productions stimulantes et instructives. J'encourage les autres créateurs à continuer, à faire mieux, à aller plus loin. Parce qu'il y a urgence.»

Il a parlé de la campagne, parce que c'est ce qu'il connaît le mieux.

J'ai vécu sur des fermes en Alsace, en Bretagne et au Québec. J'aimais le contact avec les animaux, avec les gens qui étaient autosuffisants, qui avaient des activités équilibrées, qui créaient suffisamment de choses valables pour faire vivre des villes et des pays.

Ce rapport aurait pu continuer pendant des siècles. Mais le monde rural a été transformé d'une façon monstrueuse. Les gens manipulent la nature pour la rendre productive, mais à un prix énorme pour leur santé et pour l'équilibre écologique. Maintenant, nous sommes confrontés à une production aveugle qui roule à cent milles à l'heure vers un feu rouge qui est déjà allumé. Rachel Carson (biologiste et océanographe américaine, pionnière de l'écologie scientifique) avait donné l'alarme dans *Printemps silencieux* et dans *Cette mer qui nous entoure*. Cela fait déjà presque quarante ans, et nous continuons à fonctionner à pleins feux comme si de rien n'était.

Il a développé ce message pour la campagne, mais il voudrait voir l'équivalent pour la ville.

Les films que j'ai réalisés ont eu leur effet pendant un certain temps, mais il y a une limite. Il arrive un moment où le public veut voir du nouveau. Il faut renouveler le message de *L'homme qui plantait des arbres,* le rapprocher de la réalité des gens qui habitent dans les villes, l'adapter aux problèmes des populations des cités. Tout ce que nous avons en commun est particulièrement précieux et mérite notre respect.

Par exemple, dans le parc en face de chez moi, il y a des poubelles un peu partout, et pourtant les gens jettent leurs détritus à quelques mètres de ces poubelles quand ils ont fini de manger. Il y a une éducation civique à faire pour que les gens ne voient pas leurs semblables comme des ennemis potentiels mais établissent plutôt des rapports de paix, d'entraide, d'encouragement mutuel à embellir la ville plutôt que la détériorer. Tout comme la forêt qu'on détruit et qu'on ne pense pas à rebâtir.

Lui a fait sa part. Depuis plus de trente ans, il a replanté vingt-cinq mille arbres autour de sa petite ferme dans les Laurentides. C'est maintenant une véritable forêt, qu'il a d'ailleurs dédiée à Jean Giono.

Frédéric Back est membre fondateur de la Société pour vaincre la pollution. Il aide plusieurs organisations bénévoles et humanitaires en faisant leurs affiches et en donnant ses dessins. Il ne comprend vraiment pas pourquoi tout le monde n'en fait pas autant.

Ces associations sont l'espoir d'un futur plus respectueux pour vos enfants! Elles font contrepoids aux armes, à l'injustice et à la misère. Je ne peux pas comprendre qu'il n'y ait pas plus de gens qui aient une conscience universelle qui les incite à être acteurs. Il y a quatorze milliards de mains sur la terre, dont trop ne foutent rien ou servent juste à prendre et à consommer au lieu de donner, d'échanger.

En particulier, il voit dans les nouveaux retraités une force potentielle énorme qui pourrait avoir un impact considérable si elle était mobilisée.

Il y a là un pouvoir sans précédent. Toute une population de gens qui sont à la retraite, qui ont une expérience ou un savoir professionnel, qui ont encore de la force physique, et qui pourraient intervenir bien davantage auprès des organisations humanitaires. Ce serait bon pour eux. Nous avons tous des muscles et un cerveau dont nous pouvons nous servir, que nous avons même avantage à faire travailler, pour notre propre équilibre.

Cela pourrait faire une énorme différence. Il y a de nombreux organismes tels qu'Oxfam ou Plan Nagua qui envoient des gens dans les pays du tiers-monde pour construire des puits, des écoles, apporter des livres. Des personnes dont on entend trop peu parler prennent des initiatives personnelles, relèvent des défis physiques, rebâtissent des pans de plantations dans des villages de montagne, aident les sans-terre un peu partout. Mais il pourrait, il devrait y en avoir beaucoup plus.

J'ai des amis qui sont allés faire du bénévolat au Pérou, et c'est formidable. Maintenant, ils arrivent au moment de leur vie où ils n'ont plus les moyens physiques de travailler, mais ce qu'ils ont accompli là-bas leur apporte un réconfort considérable qui leur permet d'être sereins. Leur esprit est resté dans ces communautés et cela donne un sens à leur vie.

Autrement, vivre seulement pour soi-même, pour son petit bonheur personnel ou celui de quelques êtres chers, c'est assez mince. Nous avons tous le pouvoir de faire bien davantage.

Une de ses bêtes noires : les messages publicitaires de « Liberté 55 ».

On voit beaucoup de gens d'âge mûr ou avancé qui se promènent en touristes dans des pays démunis et qui profitent de la nature, du soleil et des ressources, mais qui ne contribuent pratiquement pas à améliorer la condition de vie des populations locales. Ils n'ont pas de contacts avec la réalité de leur vie, ils achètent quelques produits, ils consomment et ils repartent. Il n'y a pas d'échange.

Or on ne peut pas être éternellement consommateur. Avant de consommer, le fermier sème. Il donne avant de recevoir. C'est comme cela qu'il faut vivre. Le bonheur, pour soi-même et pour les autres, consiste à agir de cette manière-là.

À quatre-vingts ans passés, Frédéric Back en est aux bilans. Sa santé n'est pas très bonne. Il a eu un cancer il y a une dizaine d'années, il s'étonne encore d'en avoir réchappé.

Cela m'a amené à m'occuper de détails qui n'étaient pas réglés concernant ma succession, mon testament, et de tout ce lot de choses que j'ai là-haut.

Ce « lot de choses », comme il dit, c'est plus d'un millier de dessins, de croquis et de tableaux qui étaient restés dans des caisses pendant des années et que même ses trois enfants ne connaissaient pas. Cela a été une révélation.

Avec la famille, nous avons formé une compagnie, parce que ces choses que j'avais faites il y a longtemps, et auxquelles je n'ai jamais eu l'occasion de toucher après coup, sont devenues avec le temps des documents intéressants. Elles révèlent des paysages du Québec et d'ailleurs qui ne sont plus ce qu'ils ont été, des modes de vie qui ont disparu, des métiers, des artisanats qui n'ont plus rien en commun avec la façon dont on vit maintenant. Tout s'est tellement transformé en cinquante ans que ces vieilles études redeviennent des nouveautés.

Notre fille est en train de construire un site web pour les mettre à la disposition des chercheurs, des musées, des écoles et des amateurs d'art.

La famille de Frédéric Back est unie et présente. Ses trois enfants ont tous fait des carrières qui prolongent l'un ou l'autre des intérêts de leur père :
Un fils aîné entomologiste qui a travaillé pendant dix ans en Afrique pour lutter contre la cécité des rivières, une maladie tropicale qui atteint les yeux; un fils illustrateur historien spécialisé dans l'histoire du Québec; et une fille qui a fait des études en arts textiles et qui vient entre autres de réaliser l'iconographie du dernier livre de son frère sur les coureurs des bois.

Je continue d'être actif, mais je n'ai pas tellement de mérite parce que j'ai une épouse extraordinaire. Nous venons de fêter cinquante-six ans de vie commune et c'est elle qui me permet de continuer à fonctionner en me dégageant des obligations quotidiennes. Je lui dois énormément pour cette grande liberté qui m'a permis de réaliser tant de choses.

D'autant plus que je ne suis vraiment pas rigolo ! Je n'ai jamais changé dans mon désir de défendre les animaux, la nature et ce qui est beau. Je suis attristé par l'anarchie et la violence des hommes. C'est peut-être ennuyeux pour les gens qui vivent avec moi de me voir toujours sur le même rail, mais j'ai toujours essayé d'être cohérent dans ma vie.

Ma raison d'être c'est d'essayer de faire entendre raison. Essayer d'avoir une influence bénéfique pour les générations à venir. Le seul véritable progrès est celui du cœur.

Flora MacDonald

Après une longue carrière de seize ans en politique – elle a été la première femme à occuper le poste de secrétaire d'État aux Affaires extérieures – Flora MacDonald s'est consacrée au secteur humanitaire et à l'amélioration des conditions de vie dans le reste du monde. Elle s'intéresse particulièrement au sort des femmes en Afghanistan, à la survie des villages en haute altitude au Tibet et au sort des vieux en Afrique.
Elle est compagnon de l'Ordre du Canada et a été décorée de la médaille Pearson pour la paix en 1999.

*« Il y a deux choses qu'on sous-estime dans la vie :
l'énergie et la curiosité. »*

Quand on entre chez elle, il apparaît immédiatement que Flora MacDonald ne passe pas beaucoup de temps à Ottawa. Son appartement est encombré de caisses de livres qu'elle n'a pas eu le temps de ranger, de boîtes d'invitations périmées, d'objets d'artisanat rapportés du monde entier. Les murs sont couverts de photos prises dans les plus de cent pays qu'elle a visités, dont plusieurs portraits lumineux de l'ancienne ministre à sept mille mètres d'altitude au Tibet. Dans un coin s'entassent sacs à dos et chaussures de marche. Sur la table de la salle à manger, un ordinateur et des piles de dossiers et de photos à classer.

Flora MacDonald n'est jamais que de passage chez elle. Le jour où je l'ai rencontrée, elle revenait du Tibet et avait la tête encore pleine d'images.

Il y a quatre grands fleuves qui descendent de l'Himalaya du côté Est. Le Yang Tse va vers la Chine, le Mékong vers le Vietnam, le Salween en Birmanie et le Brahmapoutre en Inde. Au total, ils assurent les réserves d'eau, l'agriculture et la pêche pour un cinquième de l'humanité.

L'organisation non gouvernementale que je préside travaille à protéger le bassin de ces quatre fleuves. Cela représente un territoire de la taille de l'Italie. Nous sommes en train d'aider les habitants des villages de cette région à la faire déclarer « réserve naturelle ». Notre but est de les former pour qu'ils prennent le contrôle de leur environnement et qu'ils deviennent les gardiens de ces forêts.

Elle passe également beaucoup de temps en Afghanistan, pour une organisation qui équipe les femmes pour leur permettre d'assurer l'éducation des petites filles. Il est arrivé à Flora MacDonald de transporter des livres scolaires (interdits) sous sa burka pour les faire parvenir aux femmes des villages isolés malgré les interdictions officielles.

Personne d'autre ne va là où je vais. Aucune autre organisation ne s'y risque.

J'ai commencé à me rendre en Afghanistan quand les talibans étaient encore au pouvoir en 2001. J'ai pu dresser un tableau de la situation des femmes et des enfants dans les écoles interdites, de la destruction pendant la guerre civile. J'y suis retournée en 2002 pour constater que la vie est en train de reprendre, et nous sommes retournés quatre fois dans les villages les plus éloignés.

J'essaye de montrer les progrès que font les villages, et les gens eux-mêmes. Les progrès les plus positifs ne viennent ni du financement international ni des opérations militaires, mais de la détermination des Afghans à reconstruire leurs vies. C'est ce qu'on découvre en voyageant dans ces pays. Nous avons tellement l'habitude des institutions que nous oublions que les gens font les choses tout seuls, par eux-mêmes.

Elle a commencé à s'impliquer dans le secteur humanitaire immédiatement après avoir quitté la politique active. Elle avait alors soixante-deux ans.

J'ai toujours eu envie de voyager. Quand j'avais dix-huit ans, j'ai traversé le Canada en faisant du pouce. En 1951, je suis allée en Angleterre et j'ai entrepris de voyager à travers l'Europe et l'Afrique du Nord, toujours sur le pouce.

Vous avez eu très tôt la piqûre des voyages !

La partie politique de ma vie n'aura été qu'un interlude qui a duré un peu plus longtemps que prévu.

Mon poste de secrétaire d'État aux Affaires extérieures m'amenait à être souvent en contact avec les organisations non gouvernementales. Chaque fois, je me disais en moi-même : « Que j'aimerais être à leur place ! » Mon expérience en politique a été très enrichissante, mais ce n'est rien comparé à ce que je vis depuis quinze ans.

Vous avez rencontré des gens de différentes cultures, de différentes religions dans plus d'une centaine de pays. Peut-on dire qu'il y a des constantes dans le rôle que jouent les aînés dans les sociétés traditionnelles ?

J'ai présidé pendant six ans une organisation internationale basée à Londres, une des plus importantes au monde, qui s'appelle Help Age International. Elle a des agences dans soixante-dix pays en voie de développement. J'ai visité avec eux plusieurs pays d'Afrique ainsi que l'Inde et la Chine.

C'est là qu'on réalise la grande différence dans la façon dont on traite les personnes âgées dans les pays industrialisés et les pays du tiers-monde. Ces derniers ont traditionnellement beaucoup plus de respect pour leurs aînés. Mais c'est en train de changer à mesure que les jeunes quittent le village pour aller travailler en ville.

Au Pakistan, je me souviens avoir rencontré un homme dans la quarantaine, marié et père de famille, qui pensait émigrer au Canada. Il m'avait dit : « Je n'envisagerai même pas de le faire si ma mère n'est pas d'accord. » Les personnes âgées sont beaucoup plus impliquées dans les décisions de la famille. Nous n'avons plus ça chez nous.

En Chine, il existe quelque chose qui pourrait servir d'exemple pour le reste du monde. Les Chinois ont créé une organisation nationale qui s'occupe des personnes âgées. Il y a une organisation semblable dans chaque province, une autre au niveau du comté, de la ville, du village et du quartier.

Cela fonctionne de la façon suivante : vous offrez vos services comme volontaire pour vous occuper des personnes âgées de votre quartier. Le nombre d'heures que vous donnez est inscrit à votre crédit dans un compte, comme dans un compte en banque. À votre tour, vous pourrez vous servir de ce crédit pour obtenir de l'aide quand vous serez vieux et que vous en aurez besoin.

On m'avait fait visiter un quartier pauvre. Mais, comme c'est souvent le cas dans ce pays, tout ce qu'on me montrait avait été arrangé à l'avance. Un jour, j'ai décidé d'aller seule dans la maison d'un couple très âgé. Effectivement, quelques minutes plus tard, un voisin est venu à la porte leur demander s'ils avaient besoin de quoi que ce soit au marché.

C'est une excellente idée. Cela oblige les jeunes à commencer plus tôt à penser au vieillissement, cela leur fait comprendre les besoins des vieux et leur donne une meilleure appréciation de ce que seront leurs propres besoins.

En Afrique, il n'était pas rare de voir des hommes occupant des postes élevés de la hiérarchie gouvernementale retourner régulièrement dans leur village voir leur mère. Maintenant, tout cela a changé à cause du sida. Dans ce groupe d'âge des vingt à quarante ans, tellement de gens ont disparu !

C'est un aspect de la société africaine qui est particulièrement inquiétant. Nous travaillons avec des aînés, des grands-mères qui sont en train de devenir les nouveaux mentors. Leur vie a pris une nouvelle dimension. Une vieille Africaine m'a dit : « Vous rendez-vous compte que nous sommes le dernier groupe de personnes âgées en Afrique pour très longtemps ? » J'ai rencontré au Kenya une femme dont les quatre filles sont mortes du sida. C'est elle qui s'occupe des onze petits-enfants. Elle n'a pas de pension, il n'y a pas de bien-être social, rien. Il faut s'occuper d'eux, travailler pour gagner un peu d'argent pour leur acheter de quoi manger. Tous les pays africains qui ont été frappés par le sida sont dans la même situation. Les gens dans la soixantaine, qui étaient trop vieux pour risquer d'attraper le sida, se retrouvent à devoir travailler jusqu'à la mort.

Dans sa biographie, Nelson Mandela se souvient avoir assisté aux réunions des anciens des villages quand il était enfant : c'était la démocratie la plus pure qui soit. D'abord, les gens des villages venaient rencontrer les anciens pour leur faire part d'un problème donné. Les anciens se réunissaient alors pour en discuter et essayer de trouver une solution. S'ils n'y arrivaient pas, ils reportaient l'affaire au lendemain, et ainsi de suite jusqu'à ce qu'ils arrivent à un consensus.

Nous avons beaucoup à apprendre des autres peuples sur la démocratie.

L'année 1999 avait été désignée comme l'année internationale des personnes âgées. Flora MacDonald était la coprésidente du comité national pour le Canada.

Nous avions toutes sortes de projets pour impliquer les personnes âgées. Il y avait en particulier des jardins communautaires, sur le même modèle que les «jardins de la victoire» pendant la guerre. Chacun recevait son carré de potager pour y planter ses légumes. Les gens qui vivent en appartement et qui habituellement ne sortent guère s'étaient mis à jardiner et à développer des relations amicales avec les autres.

Que faut-il dire aux gens pour qu'ils organisent intelligemment la troisième partie de leur vie ?

Je crois que la plupart des gens comprennent mal ce que c'est que la vieillesse. Ce n'est rien d'autre qu'un des plateaux de la vie. Il se peut qu'au bout de ce plateau on ne soit plus aussi agile que lorsqu'on était adolescent, mais on n'en retirera aucun bénéfice si on l'aborde en pensant qu'on ne peut plus rien accomplir.

Il faut entrer dans la vieillesse en se donnant un objectif pour soi-même. On ne peut pas généraliser. Mais c'est à chacun de le trouver, et de se dire : «Bon. Il me reste trente années à vivre. Qu'est-ce que je vais en faire ?» Il faut penser en ces termes-là.

Est-ce que vous vous sentez vieille ?

Flora MacDonald hésite avant de me donner une réponse toute en subtilité.

Non. Je m'associe à beaucoup de gens de différents âges. Ils sont tous beaucoup plus jeunes que moi, mais je ne vois aucune différence entre eux et moi dans les intérêts que nous partageons.

Quand vous escaladez le Tibet, vous devez être plus lente que le reste du groupe ?

La réponse est rapide et sans réplique.

Non ! Du moins pas pour l'instant. Je me fais un point d'honneur de rester en forme. J'ai une amie, avec qui je vais au Tibet et en Mongolie, qui a soixante-cinq ans et qui est très athlétique. Elle a fait le Mont-Blanc l'automne dernier. Il faut que je m'accroche pour rester à son niveau. Je fais des exercices au sol chaque matin pour que mes jambes restent fortes. Je patine l'hiver sur le canal. Un de ces jours, mon corps va probablement me lâcher, mais dans l'intervalle, je me maintiens.

Tout de même, elle fonctionne à un rythme qui intimiderait la plupart des gens dans la quarantaine.

Quand je vais donner des conférences, les gens me posent toujours la même question : Comment faites-vous à votre âge ?
Je leur dis : Il y a deux choses qu'on sous-estime dans la vie : l'énergie et la curiosité. Moi, j'ai les deux en abondance. Je n'ai pas besoin de beaucoup de sommeil. Cinq ou six heures par nuit me suffisent. Dernièrement, je venais de passer plusieurs semaines à l'étranger comme professeur invité, je suis revenue chez moi une journée, le temps de ramasser mes affaires, et je suis repartie pour l'Égypte. Au retour, je me suis fait la remarque : « À dix heures du soir je commence à être fatiguée... Pour moi, c'est inhabituel. » Je ne m'arrête pas de travailler pour autant ; je me dis : « Je vais juste terminer ce petit travail-là et ensuite j'irai me coucher », mais je réalise qu'à un moment donné, il va falloir...

Je m'attends à ce qu'elle me dise : Il va falloir que je ralentisse. Mais non !

… à un moment donné, il va falloir que j'apprenne à faire une pause entre deux projets.

Ce qui empêche Flora MacDonald d'aller se coucher à dix heures du soir quand elle revient de voyage et qu'elle est fatiguée, c'est son insatiable curiosité.

On a si peu de temps ! Il y a tellement de choses que je veux faire !
Je vais vous raconter une anecdote. Quand j'étais en quatrième année, le professeur nous avait donné comme devoir de monter un album. On pouvait choisir n'importe quel sujet. Les autres avaient fait leur projet sur des feuilles, des plantes, des jeux…
C'était une époque où les gens écrivaient encore des lettres et envoyaient des cartes postales. J'avais demandé à mon père et à ses amis de me donner toutes les cartes postales qu'ils recevaient d'un peu partout dans le monde, et j'avais intitulé mon projet : « Personnes que je veux rencontrer et lieux que je veux visiter quand je serai grande ». J'avais remporté le premier prix.

Est-ce qu'elle a visité tous les pays qui figuraient dans son album ? Flora MacDonald me répond « Oui ! » en se redressant, les yeux brillants de fierté, comme une petite fille.
Elle vient de me donner la clé. Après une longue et très honorable carrière en politique active avec la défense des droits humains comme toile de fond, elle est retournée réaliser son rêve d'enfant et continue à travailler à l'amélioration de la condition humaine par d'autres moyens.

Père Emmett Johns

À l'âge de la retraite, ce prêtre montréalais a lancé Le Bon Dieu dans la rue, organisme œcuménique sans but lucratif qui vient en aide aux jeunes sans-abri. Depuis 1988, sa roulotte circule le soir dans les rues de Montréal pour distribuer nourriture et amitié. Le « Bunker » offre un gîte d'urgence, et le centre de jour comprend entre autres services une infirmerie et une école secondaire alternative.
Le père Emmett « Pops » Johns est membre de l'Ordre du Canada et grand officier de l'Ordre national du Québec.

« Les gestes parlent plus fort que les paroles. »

– **U**n régulier, ketchup, moutarde, relish.
– Deux végés, un all dressed, l'autre sans moutarde.
– Aurais-tu un hot-dog sans le pain, c'est pour plus tard, pour mon chien.

Dans la roulotte de Pop Johns, j'enfourne les hot-dogs six par six dans le four à micro-ondes, je répète les commandes à voix haute, j'étale le ketchup-relish-mayo-moutarde en essayant de tenir la cadence. Il est deux heures du matin, une pluie verglaçante s'abat sur Montréal, ce n'est pas une nuit à mettre le nez dehors, la roulotte est pleine de monde.

Les jeunes entrent, mouillés, transis, sans regarder personne dans les yeux, les uns trop timides, les autres trop arrogants, ils prennent leur hot-dog sans dire bonjour, sans dire merci, ils vont s'asseoir comme par hasard au fond de la roulotte, là où est installé Pops. Ils mangent. Ils en redemandent. Pour eux. Pour leur chien. Ils parlent de tout, à personne en particulier : de leur chien, de la pollution, de la politique, de leur chien, des finances publiques de la Ville, des endroits qui acceptent les chiens, et où reste-t-il de la place pour dormir ce soir ?

Le père Emmett Johns est assis sur la banquette, impassible, un vague sourire sur les lèvres, un chocolat chaud dans les mains. C'est à lui que les conversations sont destinées, même s'il semble qu'on le regarde à peine. Il n'intervient que quand on lui adresse la parole. Il les connaît, ces jeunes qui ont été maltraités par l'existence, et il sait que le plus anodin des « Comment ça va ? » peut les faire fuir, ou tout au moins les faire se refermer comme des huîtres. Mais que l'un d'eux lui fasse part de son problème du jour et, en un clin d'œil, le cellulaire surgit de la ceinture, composition abrégée vers le Bunker, un autre gîte ou l'hôpital. Les portes s'ouvrent et il prononce les mots magiques : « Oui, ils ont de la place pour toi, ils t'attendent. » Les visages s'éclairent. Ils n'auront pas à passer une autre nuit dehors dans la pluie glacée.

C'est le Bon Dieu dans la rue.

Le père Emmett Johns est un homme heureux. À soixante-dix-sept ans, il a réalisé son rêve. Le Bon Dieu dans la rue est devenu une institution qui roule bien, avec un centre de jour, une école pour finir son secondaire cinq, un service vétérinaire pour ces chiens, ces chats et même ces rats que les jeunes traînent partout avec eux, et bien sûr, la légendaire roulotte avec laquelle l'aventure a commencé il y a dix-sept ans.

Quand il s'est lancé dans ce projet, il partait avec rien, pas d'argent, pas d'appuis ; il avait soixante ans, il venait de faire un *burn-out*. Il avait touché le fond. Tout ce dont il était certain, c'est que ce serait un projet à long terme.

Comment a-t-il pu penser qu'il aurait suffisamment d'énergie ?

Il rit.

J'ai fait un *bargain* avec le bon Dieu. Je lui ai dit ceci : « Je voudrais bien faire ce ministère. J'accepte la possibilité que vous ayez d'autres idées. Je suis à votre service. Si vous voulez que ce projet réussisse, je vous demande de le faire exister. Si vous ne voulez pas qu'il existe, si vous pensez que ce n'est pas bien pour moi, pour les jeunes ou pour le diocèse, vous n'avez qu'à me le signifier en nous mettant en faillite. »

Vous êtes un bon Irlandais. Vous faites des paris même avec le bon Dieu !

On ne doit pas le faire, mais on le fait. Les Irlandais sont bons pour faire des paris avec tout le monde !

Manifestement, le bon Dieu était d'accord. Non seulement le père Johns n'a pas fait faillite, mais son conseil d'administration comprend aujourd'hui quelques-unes des personnalités les plus influentes de la province. C'est ainsi qu'il a hérité de locaux appartenant au CN, dans la Gare centrale, à côté du Tim Hortons. C'est là qu'il me reçoit, le lendemain de notre première rencontre nocturne. Et c'est là que je vais comprendre que ce rêve, ce rêve d'aider son prochain dans l'action, il l'a attendu douloureusement toute sa vie.

Je suis venu au monde en 1928. En 1939, j'avais onze ans, j'étais au secondaire et on était en guerre ! On avait les cadets de l'armée, les cadets de l'Air Force, les jeunes se préparaient pour aller défendre leur pays. Mon premier choix aurait été d'aller à la guerre. Mais quand j'ai eu l'âge, c'était trop tard. La guerre était terminée. Ils n'avaient plus besoin de moi pour combattre l'Allemagne.

Il fallait que je trouve une autre carrière. J'avais toujours eu un intérêt pour l'Église, j'allais à la messe tous les dimanches. On avait eu la visite à la paroisse d'un prêtre des missions étrangères. Il était venu nous parler du travail de son organisme. Chez nous, il y avait deux revues, *The China Mission* du Scarborough Foreign Mission Society et *L'Œuvre missionnaire* des sœurs de l'Immaculée-Conception. C'était les deux seules revues que nous avions à la maison. Pour moi, il était évident que si je ne pouvais pas être un soldat, j'irais travailler en Chine, améliorer le sort des Chinois.

C'était l'aventure qui vous attirait ?

Je ne le voyais pas comme une aventure mais comme un service. C'est vrai tout de même que cela n'aurait pas été aussi plate qu'une paroisse. Je n'étais pas très attiré par la paroisse.

Pourtant, il a passé sa vie à faire du travail de paroisse, parce que les Missions étrangères n'ont pas voulu de lui.

Ils croyaient que je n'avais pas la vocation. Ceux qui avaient la responsabilité des missions étrangères à Scarborough me considéraient comme un incompétent qui ne savait même pas laver les planchers.

Cinquante ans plus tard son amertume est encore palpable.

Cela été le moment le plus dur de ma vie. J'avais vingt ans. J'étais bien découragé. On me l'a dit le samedi, je devais prendre le train du dimanche pour revenir à Montréal. Au lieu de rentrer, j'ai décidé d'aller à New York où se trouvait la société des missions étrangères américaines. J'ai fait du pouce pour la première fois de ma vie et je suis allé rencontrer le directeur des vocations à New York. Mon entrevue a duré quinze minutes. Il m'a dit : « Si vous avez fait quatre ans d'études au séminaire de Scarborough et qu'ils ont décidé que vous n'aviez pas la vocation, nous ne pouvons pas perdre notre temps avec vous. »

Il y a encore de la tristesse dans sa voix alors qu'il raconte dans les détails le déroulement de ces deux jours qui ont décidé du cours de sa carrière.

Alors je suis retourné à Montréal. Que faire ? Mon père étant décédé, c'est mon oncle qui a été de bon conseil : « Tu as déjà fait quatre ans d'études sur un programme de sept ans, tu es aussi bien de terminer. Tu as peut-être une vocation pour la prêtrise. » C'est ainsi que je suis devenu un prêtre ordinaire. Nous, les dominicains, nous ajoutons à notre nom les lettres O.P., ce qui signifie Ordre des Prêcheurs. Moi, je mets P.O. pour prêtres ordinaires ou P.B.O. pour prêtres bien ordinaires.

C'est ainsi que ce jeune Irlandais des quartiers pauvres de Montréal qui rêvait d'aventures s'est retrouvé bien malgré lui curé de paroisse toute sa vie. Non sans ruer dans les brancards de temps à autre, contre l'Église catholique mais jamais contre le bon Dieu.

Le bon Dieu, je tiens à lui donner le crédit pour son œuvre. Quand on y pense, un gars qui a été renvoyé du séminaire, puis de la faculté de théologie, et qui, ordonné prêtre, a été mis à la porte de la première paroisse où il était vicaire, puis de la troisième paroisse où il était vicaire... (Rire.) Je n'étais pas vraiment une personnalité très... Disons que les curés ne se tenaient pas en ligne pour m'avoir comme adjoint ou assistant. (Rire.) Et pourtant, manifestement le bon Dieu était avec moi.

Si vous étiez si mal dans l'Église, pourquoi êtes-vous resté aussi longtemps ?

J'avais mon propre ministère. Je m'entendais bien avec les jeunes, surtout les jeunes en difficulté. Dans les paroisses, par tradition, le vicaire s'occupe des jeunes et le curé s'occupe des vieux. À cette époque, nos études ne nous préparaient absolument pas au travail de paroisse. On étudiait comme on étudie la médecine, et ensuite on vous envoyait comme vicaire ou comme interne. On se retrouvait dans la paroisse et… aïe aïe aïe!

On avait bien appris toute la théorie, mais comment fait-on affaire avec un adolescent alcoolique par exemple? On avait tout à apprendre. C'est là que je me suis rendu compte que j'avais beaucoup de facilité à m'entendre avec les jeunes, même les jeunes délinquants. Ils m'acceptaient. Je les aimais bien, ils m'aimaient bien.

Il avait alors vingt-quatre ans. Il venait de découvrir sa vocation, ce qu'il appelle son ministère : s'occuper des jeunes en difficulté. Pourtant, il allait passer toute sa vie adulte à être prêtre de paroisse, comme le lui demandait l'Église.
Et il trouvait ça plate. À tel point qu'à l'âge de soixante ans il a fait une dépression, dans sa belle paroisse du lac Saint-Louis.

Je n'étais pas tout à fait content du rôle de curé. C'était un moment dans l'Église où les exigences des paroisses n'étaient plus les mêmes. On attendait moins du prêtre.

Il était à cinq ans de la retraite, et il n'avait encore pas fait ce qu'il voulait faire de sa vie. Peut-être était-il déjà trop tard?

Est-ce que je voulais tout simplement démissionner et aller jouer aux cartes dans la salle paroissiale ou passer mon temps au bowling? Non. Certainement pas. Je voulais un ministère qui réponde à mes besoins. J'ai donc demandé un autre ministère sous forme d'un projet que j'avais l'intention de lancer, une mission auprès des jeunes dans les rues de Montréal.

Cela faisait des années qu'il y pensait, et il avait eu le temps de réfléchir aux détails!

J'avais déjà commencé à y travailler. Le Bon Dieu dans la rue existait, nous avions une charte qui décrivait nos objectifs et comment nous allions les réaliser. Notre charte nous permettait d'avoir un maximum de biens d'un million de dollars. En 1988 c'était beaucoup d'argent.

J'avais déjà la charte avant de demander la permission. (Rire.) Je n'étais pas certain que ce soit accepté, mais j'étais dans une bonne position pour négocier. Dans ma lettre, je disais à l'évêque : « Si vous me donnez la permission, je vais démissionner (de ma paroisse) et je vais me lancer dans ce projet. Si vous ne me donnez pas la permission, je vais démissionner quand même. » Alors l'évêque, qui avait l'habitude de répondre aux besoins de son clergé, m'a donné la permission. Je n'ai pas eu à démissionner.

Enfin il était libre ! C'était en 1988, il avait soixante ans, et il pouvait se lancer dans cette aventure dont il rêvait depuis si longtemps !
Mais il partait avec rien, et il allait lui falloir une énergie sans pareille, sans compter la débrouillardise qu'il avait gardée de son enfance sur les quais. D'abord, il avait besoin d'un toit. Parce que soudain, il était sans logis, sans salaire et sans un sou en poche.

Quand j'ai quitté ma cure à Lachine, j'étais sans abri. Le curé de la paroisse Saint-Kevins à Côte-des-Neiges était un de mes amis depuis le secondaire. Je me suis présenté pour demander résidence. Mon ami m'a dit : « On a une ou deux chambres en haut sous les combles, elles sont à toi. Il n'y aura pas de loyer, ce sera notre contribution. »

C'était la toute première contribution de l'Église au Bon Dieu dans la rue.

Ensuite, il fallait mettre le projet sur pied.

J'avais cinq objectifs immédiats. Commencer par trouver une roulotte, parce que cela coûtait moins cher qu'un local. Il fallait un téléphone cellulaire, qui coûtait deux mille dollars à cette époque-là. Il fallait aussi une entente avec la police, puis recruter des bénévoles pour m'aider, et enfin trouver des revenus.

À mesure qu'il énumère, on se rend compte que pendant ses longues années de vie plate, il avait fait beaucoup plus que d'en rêver, de ce projet. Il avait déjà des plans très concrets.

J'ai vu une annonce dans le journal au sujet d'une roulotte à vendre à Laval. Je suis allé emprunter de l'argent à la caisse populaire et j'ai acheté le véhicule. C'était une antiquité – il avait déjà quinze ans.

Ensuite, il fallait un téléphone cellulaire. Quelqu'un a suggéré que j'appelle monsieur De Grandpré, qui était président de Bell Canada. Sa secrétaire m'a demandé si j'étais le frère de François, j'ai dit oui. Elle m'a dit : « On était au secondaire ensemble ! Laissez-moi m'en occuper. » Dès le lendemain, on m'a téléphoné pour me demander à quelle adresse il fallait livrer les téléphones. Il n'y avait aucuns frais.

Ensuite, il fallait que je fasse une entente avec la police. À l'époque, le directeur général de la police de la CUM était un de mes anciens élèves. Je l'ai appelé, et même si c'était le grand boss, dès qu'on lui a dit que Pops voulait lui parler, j'ai eu la communication.

Pourquoi aviez-vous besoin d'une entente avec la police ?

La plupart de nos jeunes ont des problèmes. Ce sont des fugueurs, ils ont fait des bêtises, des vols à l'étalage, des vols par effraction. Il fallait s'entendre avec la police pour qu'on puisse les fréquenter et qu'eux puissent nous fréquenter, sans avoir peur que la police vienne les cueillir dans la roulotte. Le directeur m'a dit : «Nous serons là si tu as besoin de nous.» Ce qui m'a bien soulagé parce que j'avais peur de me lancer tout seul dans le centre de Montréal à trois heures du matin.

Vous aviez vraiment peur ?

Oui! oh oui! Mais (rire) j'avais aussi des amis dans la pègre. Alors j'ai recruté mes amis de la pègre. C'est ainsi que le soir de l'inauguration de la roulotte, mes deux premiers visiteurs ont été un lieutenant et le sergent de police qui sont venus me souhaiter la bienvenue au nom du directeur général. Peu après, quatre jeunes hommes se sont présentés à la porte de la roulotte avec des sacs de *smoked meat*. C'était mes amis de la pègre.

Ils vous ont offert leur protection ?

Oui. J'étais leur ami. Ils ont discuté avec moi et avec les deux policiers pendant quelques minutes. Ensuite ils ont quitté la roulotte et sont allés avertir leurs amis des *bikers*, de la mafia italienne, de la mafia canadienne-française, tout ce monde-là, pour leur dire que j'étais un ami à eux, que je venais aider les jeunes qui traînaient dans la rue.

Vous vous êtes senti plus en sécurité ?

Disons qu'ils étaient là. Je sentais que je n'étais pas tout seul. Personne ne nous a jamais menacés. On a touché des points sensibles, comme la prostitution. Si une fille qui faisait de la prostitution nous disait : «Je veux quitter, je veux retourner chez moi», on lui fournissait un billet d'avion et on la renvoyait chez elle. C'est une perte de revenu pour un souteneur. Une fois, il y en a un qui était vraiment fâché et il a menacé un de nos bénévoles avec un couteau. Mais il y avait deux autres souteneurs qui étaient là, et c'est eux qui lui ont dit : « Rentre ton couteau. On ne touche pas à Pops. » Et il a rentré son couteau.

S'allier la police, la mafia italienne, les *bikers*, la pègre montréalaise et la grande entreprise, ce n'était qu'un préambule. Le vrai défi, c'était de gagner la confiance des jeunes de la rue. Ce défi-là, il l'a remporté par les gestes, et en s'impliquant sans réserve.

Les gestes parlent plus fort que les paroles. J'étais déjà connu dans la ville, et à partir du moment où j'ai accepté d'aider les jeunes dans la rue, je l'ai fait aussi bien que je pouvais. Je me suis donné complètement. Il m'est souvent arrivé de rentrer chez moi et de me coucher en pleurant parce qu'un de mes jeunes s'était fait ramasser, ou qu'un jeune qui travaillait dans la rue s'était suicidé, ou qu'un autre était mort d'une overdose. Ce sont mes amis. Ce ne sont pas des clients qui viennent à la pharmacie acheter des pilules, ou des paroissiens qui viennent une fois par semaine. Non. Ce sont des jeunes avec qui je partage une certaine amitié. Ce sont des enfants qui sont comme orphelins, en ce sens qu'ils n'ont personne. Ils n'ont pas de cousins, de cousines, de tantes, d'oncles, ils n'ont personne. Quand il faut déménager, c'est bien de pouvoir compter sur ses amis – et là on s'aperçoit qu'on n'a pas beaucoup d'amis non plus. Alors parfois je les aide.

Il a soixante-dix-sept ans. Il tire un peu la jambe quand il marche. Et il aide les jeunes à porter leurs meubles dans les escaliers extérieurs des petites rues du Plateau ?

Mon père était débardeur sur les quais à Montréal dans les silos à grain. Il avait des épaules et des bras assez larges. Les gènes m'ont sans doute permis d'avoir des muscles. Donc je suis capable de porter des objets que bien souvent les jeunes trouvent trop lourds. Et puis… cela me donne l'occasion de les fréquenter sans une structure autour.

Je repense à mon unique nuit dans la roulotte. Debout de huit heures du soir à trois heures du matin, à distribuer des hot-dogs dans l'air glacial, à faire face à ces jeunes au visage de pierre qui ne font plus confiance à personne au monde sauf à leur chien, puis rentrer au centre, remballer tout le matériel, décharger le véhicule, et enfin s'écrouler dans son lit vers quatre heures du matin… Lui, les premières années, il a fait ça toutes les nuits. Pendant la journée, il gérait le centre, formait les volontaires, cherchait de l'argent, faisait face à la crise du jour… À cette époque-là, il avait déjà l'âge de la retraite.

Il y a eu des moments où j'allais voir mon médecin et je lui disais : «C'est trop. Je ne suis plus capable! Comment je vais pouvoir m'en sortir?»

Il n'est pas question qu'il en sorte. Dans la Rue, c'est son bébé, c'est sa vie, pourquoi le quitterait-il? Et le jour où son corps ne pourra plus suivre…

Alors, bien sûr, je m'arrêterai. Mais mon corps n'est pas le seul instrument que j'ai. Dans la Rue, personne ne peut nier son existence ni sa valeur.

Le père Emmett Johns est serein. Il a réalisé le projet de sa vie, même s'il a dû attendre la retraite pour le faire, et sa réussite est incontestable aux yeux des hommes, et sans doute aussi aux yeux du bon Dieu…

Jean Coutu

À partir de la première pharmacie à escompte qu'il avait ouverte en 1969, Jean Coutu a bâti un empire qui figure maintenant au quatrième rang de toutes les chaînes de pharmacies en Amérique du Nord. Le Groupe Jean Coutu occupe également le premier rang parmi les entreprises les plus admirées au Québec.

En 1990, Jean Coutu et son épouse Marcelle ont créé une fondation dédiée à la lutte contre la pauvreté au Québec et dans le monde. Jean Coutu est maintenant président du Conseil d'administration du groupe. Il est officier de l'Ordre du Canada et officier de l'Ordre national du Québec.

« En Afrique, quand un vieux parle, on l'écoute. »

Ce n'est pas une légende. Jean Coutu travaille vraiment en sarrau blanc de pharmacien. À l'étage de la direction de l'empire Jean Coutu à Longueuil, les bureaux sont d'une élégance sobre et confortable, l'atmosphère est calme et feutrée. Au bout du couloir, l'homme qui a créé de toutes pièces cette immense compagnie internationale reçoit ses invités dans un sarrau blanc semblable à celui qu'il portait quand il était tout jeune pharmacien.

Est-ce une coquetterie ? Peut-être un peu. Mais c'est aussi une façon de se rappeler ce qui est important dans la vie.

La chose la plus rassurante, c'est de pouvoir tout se payer et tout se refuser. Quand on se refuse quelque chose, on est heureux. Je ne veux pas dire manquer de l'essentiel, mais le vrai plaisir, c'est d'espérer. Il est bon de se refuser sciemment certaines choses.

Étonnante entrée en matière de la part d'un de nos plus chers millionnaires !
Pouvez-vous donner un exemple de quelque chose que vous pourriez parfaitement vous payer et que vous vous refusez ?

Sincèrement, je peux me payer n'importe quoi. Mais ce n'est pas cela le plaisir. Qu'est-ce que cela me donnerait d'avoir cinquante habits ? Vous pouvez vous changer matin, midi et soir, c'est un peu niaiseux étant donné que vous ne pouvez porter qu'un costume à la fois.

Jean Coutu a manifestement passé beaucoup de temps à essayer de concilier son aspiration à une vie dépouillée et le fait qu'il gagnait de plus en plus d'argent. Il y a réussi grâce à cette petite fable :

Il était une fois un homme qui se sentait infâme d'être riche. Il alla demander conseil à une sainte femme : « Il n'y a pas de différence fondamentale entre ce que je suis et ce que sont les autres. Je me sens gêné d'être si riche. » Elle lui répondit : « Si vous étiez musicien, vous feriez de la musique pour le mieux-être des autres, pour divertir les gens, et vous trouveriez cela parfaitement normal. Vous, vous avez le talent de faire des sous, ce n'est pas donné à tout le monde. Vous avez une obligation de continuer, mais tâchez de partager votre argent comme le musicien partage sa musique. »

C'est ainsi que Jean Coutu voit son rôle dans la société. C'est pourquoi lui et son épouse ont créé cette fondation qui porte leur nom et qui aide de nombreuses communautés au Mali, en Haïti, en Inde, au Pakistan ainsi qu'un grand nombre d'organismes humanitaires au Québec.

Un beau jour, ma femme et moi nous nous sommes dit : « Nous ne sommes pas en nomination pour devenir les personnes les plus riches de la terre. Nous avons bien réussi mais il y a une disproportion. Nous ne pouvons pas sauver le monde, mais nous pouvons essayer d'aider par segments. Chaque petit segment qui se prend en main va influencer l'autre segment, et finalement ils pourront s'entraider. C'est un peu ce que nous avons fait dans trois villages que nous avons « adoptés » au Mali. Cela a été notre point de départ.

Jean Coutu affirme que pour lui « partager, c'est tout simplement une nécessité ». Il a beaucoup appris de ses voyages en Afrique. Il raconte le Mali, les villages traditionnels où les femmes font tout le travail pendant que les hommes « font la jasette ». Il parle aussi du grand respect qu'on accorde aux aînés dans ces communautés.

Comme dans toutes les cultures traditionnelles orientales, et surtout africaines, il y a un grand respect pour la sagesse. Quand un vieux parle, on l'écoute. Tandis que chez nous... Je me souviens d'une occasion où j'avais rencontré des jeunes, et notre conversation avait commencé ainsi :
– C'est quoi à votre avis, la différence entre vous et moi ?
Il s'est trouvé un astucieux pour me répondre :
– Les piastres.
– Tu as raison, c'est un fait, on ne peut pas le nier. Mais ce n'est pas le plus fondamental. Le plus fondamental, c'est que j'ai eu seize ans, dix-sept ans, mais toi, tu n'as pas eu soixante ans. Quand on a seize ou dix-sept ans, on fait tous des frasques et on

s'imagine qu'on les a inventées. Mettez-vous ça dans la tête : Nous avons tous fait la même chose. Si on échangeait un peu plus entre nous, vous pourriez peut-être éviter les erreurs que nous n'avons pas évitées.

C'est cela qui est peut-être le plus important. Aujourd'hui, avec les grands moyens de communication dont on dispose, on se prive d'une façon désolante de mieux s'entendre entre générations. Il n'y aurait pas toutes ces guerres si on écoutait plus les anciens.

La philosophe Renée Houde parle du « frottement intergénérationnel » comme d'un puissant facteur de transformation. Jean Coutu en est d'autant plus convaincu que, selon lui, aujourd'hui il n'y a presque plus aucune excuse pour faire des guerres.

Autrefois, il y avait des questions familiales qui causaient les conflits. Le danger aujourd'hui, c'est cette disproportion entre les pays pauvres et les pays riches. Les pauvres font comme les fourmis. Quand les fourmis ont faim, elles sont prêtes à tout. Elles mangent tout. On ne peut plus continuer comme ça.

J'ai vu au Mali et en Côte d'Ivoire des cultivateurs professionnels qui ont de grosses exploitations de café, de cacao, de sucre, et qui gagnent aujourd'hui moins d'argent que leurs parents il y a trente-cinq ans. Vous trouvez que ça a de l'allure ?

Alors si quelqu'un va voir l'un d'entre eux et lui dit :

– Ta terre est très bonne pour planter du pavot ou de la feuille de coca.

– Combien ça va me rapporter ?

– Beaucoup plus que ce que tu gagnes présentement.

Il a sept enfants qui crèvent de faim. Pouvez-vous le blâmer s'il accepte ? Après ça on s'étonne qu'il y ait un problème de drogue dans le monde. C'est là qu'elle doit se situer, la lutte contre la drogue. En subventionnant la production des cultures telles que le café et le cacao.

Jean Coutu a acquis en Afrique un sens aigu de l'interdépendance entre les personnes et entre les pays. Il a aussi observé la force de la solidarité dans les sociétés traditionnelles.

La solidarité existe tant qu'il n'y a pas de la richesse. Quand la richesse arrive, la solidarité est remplacée par l'égoïsme.

On parle de solidarité chez nous, les gens manifestent dans la rue en criant SO-LI-DA-RI-TÉ, mais cette génération des baby-boomers ne sait plus ce que cela veut dire. Leurs parents ont connu ce que c'était, parce qu'en ce temps-là il n'y avait pas de bien-être social, pas de pension de vieillesse, pas d'assurance santé. Il fallait travailler et on avait des grandes familles. Si le papa ne pouvait pas gagner assez pour tout le monde ou s'il n'avait pas de travail, la maman qui était à la maison faisait des petits lavages pour les voisins plus fortunés, la grande fille aidait sa mère, le petit garçon travaillait à l'épicerie à livrer les achats, ils mettaient tout cela ensemble et ils se tiraient d'affaire. Ça, c'était de la solidarité !

Nostalgie pour une époque révolue, mais aussi sentiment que le Québec a jeté beaucoup de bébés avec l'eau du bain depuis une génération.

On a dit à propos de l'Église : « Regardez ce qui s'est passé, moi, je ne crois plus à rien. » On a voulu tout changer et je pense qu'on a fait fausse route. Il faut admettre que toute religion est faite par des hommes et des femmes qui peuvent faire des erreurs, mais il ne faut pas s'en servir comme excuse pour abandonner certaines convictions qui ont été bâties sur ce qu'on croyait être des valeurs solides – surtout une religion d'amour.

C'est important parce qu'il n'y a pas beaucoup de religions qui incitent au don de soi tous les jours.

Nous avons tous besoin de faire partie d'un groupe, que ce soit une entreprise ou une société quelconque, et la paroisse remplissait ce rôle avant la Révolution tranquille.

Au point de vue religieux, on ne veut plus s'astreindre à aucune discipline. Les gens disent : « Moi je n'ai pas besoin de la religion, je peux faire ça tout seul. »
C'est vrai, mais aujourd'hui on a le culte des clubs, on fait partie de telle société, de tel club sportif, et on est bien disposé à s'astreindre à la discipline de ces clubs.
Pour être bon au tennis, il faut pratiquer. Pour être bon au golf, faut pratiquer. C'est la même chose pour tout.

C'est la raison pour laquelle il va à la messe tous les dimanches : pour pratiquer, pour s'astreindre à la discipline de ce club bien particulier, pour se rappeler qu'il fait partie de cette immense communauté qu'est l'Église.

Je ne suis pas croyant parce que je vais à la messe, je vais à la messe parce que je suis croyant.
Quand j'ai eu mon diplôme au collège, le recteur nous a fait un discours : « La formation que nous vous avons donnée, avec ses défauts et ses qualités, a fait de vous des gens qui peuvent aspirer à faire n'importe quoi. Vous allez pouvoir apprendre n'importe quel métier et y aller à fond de train. Il y a une seule chose que vous n'augmenterez jamais dans votre vie, c'est la formation religieuse que nous vous avons donnée. Cela va continuellement diminuer, parce que vous ne la nourrirez pas. » C'est assez vrai !

Il y a quelques années, Jean Coutu a entrepris de confier de plus en plus de responsabilités à son fils François, jusqu'à ce qu'en 2002 ce dernier soit en mesure de prendre complètement la relève. Lui demeure à la tête du conseil d'administration où il jouit d'une vue d'ensemble de l'immense empire qu'il a fondé, et où il veille aux décisions de fond avec la sagesse que lui donne le recul du temps et l'expérience de toute une vie.

Père Benoît Lacroix

Père dominicain, historien, humaniste, docteur en sciences médiévales, Benoît Lacroix a enseigné pendant quarante ans à l'Institut d'études médiévales de l'Université de Montréal. Ses nombreuses publications portent entre autres sur l'histoire médiévale, la théologie, la littérature et la culture populaire.
Il est officier de l'Ordre du Canada et grand officier de l'Ordre national du Québec.

« Il faut se souvenir que Dieu est un vieux... »

« Et maintenant, qu'est-ce que je fais ? »
Telle est la question que se posait le père Benoît Lacroix en 1980 alors qu'il venait de quitter l'Université de Montréal « à l'âge fatidique de soixante-cinq ans ».
Il avait enseigné dans la même institution pendant quarante années, et soudain, du jour au lendemain, il était à la retraite.

J'ai d'abord un peu hésité. Puis je me suis mis à écrire ; ensuite, comme je suis prêtre catholique on me demandait ici et là pour célébrer des funérailles, des mariages, des baptêmes ; j'ai aussi fait de plus en plus de bénévolat auprès des personnes âgées, et j'en ai fait une deuxième carrière. Absolument. Au point d'en oublier la première.

Quitter l'université, c'était une option personnelle. Il n'y était pas obligé. D'autres auraient choisi de continuer à enseigner pour faire profiter les jeunes générations de l'expérience acquise durant une longue carrière. Lui a préféré passer le flambeau.

C'était une question de loyauté. Je me disais que les jeunes enseignants avaient l'avenir devant eux et que c'était eux qui allaient construire la nouvelle société. Moi j'ai fait ma part, s'ils ont retenu quelque chose de moi, c'est déjà suffisant. Je leur ouvrais la porte, et je ne l'ai jamais regretté. Je me suis ennuyé des jeunes, leur désinvolture me plaisait beaucoup. Puis peu à peu j'ai découvert d'autres personnes, je suis entré dans l'univers des gens âgés, et c'est fascinant.

Ce sont des gens qui ont une grande expérience de vie, souvent inconnue non seulement des autres, mais également inconnue d'eux-mêmes. Des gens qui ont beaucoup travaillé, qui ont élevé leur famille, qui appartiennent à la culture d'une autre époque, et qui sont aujourd'hui dans un univers qui les oublie. C'est très émouvant de les voir ayant fait leur possible et se sentant reniés ; j'admire leur courage et surtout leur patience. Il y en a peu qui se défendent publiquement, il y en a peu qui parlent, qui osent. J'aime leur silence. Et pourtant je suis un bavard.

J'aime le silence des gens âgés parce que dans ce silence-là, il y a beaucoup d'implicite.

Si on explicitait cet implicite, qu'est-ce qu'on entendrait ?

Ils ne veulent pas nuire à ceux qui les remplacent. Et ceux qui les remplacent ne sont pas portés à les consulter.

C'est normal, puisque la société a beaucoup changé. On a de nouveaux critères de vie, le pouvoir médiatique s'est élargi, il est devenu plus puissant que les gouvernements, que les Églises. Les personnes qui sont très âgées sont heureuses que les générations plus jeunes aient trouvé cette liberté d'expression, mais en même temps elles ont peur que l'on détruise ce qu'elles ont fait, ce qu'elles ont dit, ce qu'elles ont pensé.

On pense souvent aux sociétés traditionnelles comme à des sociétés où l'âge est associé à la sagesse, et où les personnes âgées sont respectées pour leur sagesse. Est-ce une vision trop romantique des choses?

Ayant vécu et enseigné au Japon un an et au Rwanda une autre année, je me suis aperçu que c'était vrai. La part des ancêtres dans ces pays est très importante. Quand on ouvre la Bible, qui est un livre extraordinaire au point de vue culturel, on y trouve l'éloge des ancêtres. Il faut se souvenir que Dieu est un vieux. Dieu, dans le livre de Daniel, dans l'Apocalypse, c'est un vieux! Cela représente de la part des écrivains cette fameuse admiration que l'on a pour le grand âge. On aime le vieux Siméon, on aime Moïse qui est vieux, on les met tous vieux. On les fait vieillir même, parce qu'ils représentent la sagesse, et aussi le rapport entre l'esprit et la réalité.

Quant à moi, je me fais souvent dire que je suis un sage, et cela ne me plaît pas. Je ne crois pas avoir cette sagesse que l'on prête en général à la génération des gens âgés, parce que je parle encore. Je parle trop.

Voulez-vous dire que quand on est vraiment sage...

On préfère le silence. Le silence est la réponse des sages. C'est très émouvant de voir d'anciens chefs politiques, d'anciens hommes d'État qui se sont retirés. Je les vois souvent silencieux, souriants, ils sont devenus sages, ils ont un air de bienveillance que j'aimerais avoir. La société évolue, on accepte l'évolution. On accepte d'être âgé. Il y a un art de vieillir, madame.

À cet instant de notre entretien, je déclenche sans le vouloir un mécanisme automatique chez mon interlocuteur. Il se peut que je me sois légèrement avancée sur ma chaise, que j'aie levé les yeux de mes notes ou que j'aie changé la position de mes doigts autour de mon crayon... toujours est-il que, soudain, Benoît Lacroix redevient professeur. À peine le temps d'ironiser sur lui-même et il entreprend de me faire un cours structuré sur l'art de vieillir.

J'y verrais quatre étapes.

La première étape, c'est de s'identifier par rapport à son âge. J'ai tel âge. J'ai tel corps, telle santé, j'ai subi tels deuils, je vis à tel moment de l'histoire. Il faut se dire tout cela. Le problème d'identité est majeur dans toutes les civilisations, mais nous les vieux, parce que nous sommes portés à comparer, nous avons tendance à être sévères.

Deuxième étape : s'identifier à son milieu et non pas jouer au vieillard qui se retire, qui se complaît dans sa solitude. Quand on est âgé on est porté à se désolidariser de ce qui ne nous intéresse pas. Il faut se souvenir que même si tout va mal, le soleil continue à se lever le matin, les saisons sont là, on fait toujours partie du même univers. Même si les gens me parlent moins, la nature me parle encore. Il faut toujours se dire : Je ne suis pas seul. Nul n'est une île. Personne ne vit pour soi-même.

C'est important de se sentir solidaire de l'univers et pas seulement de la société immédiate. Ce que la société m'impose, c'est une notion de retraite, mais c'est purement juridique, extérieur à ma vie.

Troisième étape : accepter la réalité. Cette étape est majeure. J'ai beaucoup d'amis psychiatres, psychanalystes, psychologues.

Ils me disent tous que lorsque quelqu'un a beaucoup de difficultés – matrimoniales, politiques ou autres – et souffre beaucoup, c'est parce qu'il n'a pas encore accepté la réalité qui s'impose à lui. « Le jour où une personne a accepté sa souffrance, ses limites, pour nous, elle est presque guérie », me disent-ils.

L'acceptation, cela n'enlève pas le jugement. Il faut se coller à la réalité parce qu'elle va venir d'elle-même. Il ne faut pas se battre contre quelque chose qui est devenu un fait.

Je suis historien : « Voilà quels sont les faits. » Ne transformons pas une épreuve en rêve. L'épreuve, c'est l'épreuve. Et je suis capable, en tant qu'être humain, de faire face à une épreuve. Je suis fasciné par la puissance de l'être humain. Sa puissance de volonté, sa puissance d'acceptation, la puissance de sa pensée.

Quatrième étape : l'offrande de soi.

Avant d'aborder la quatrième étape, qui est manifestement la plus complexe, le professeur Lacroix fait une pause, et s'étonne lui-même.

Je suis en train de donner un cours ! Vous me suivez toujours ?

Puis il compte sur ses doigts, pour faire le point, comme à l'intention d'étudiants qui auraient perdu le fil de sa pensée.

D'abord l'identité, puis l'identité dans l'univers, ensuite l'acceptation de la réalité telle qu'elle se présente, et enfin l'offrande.

Je suis peut-être marqué par la mystique judéo-chrétienne. Le Christ dit : « Il y a beaucoup plus de bonheur à donner qu'à recevoir. » Il n'y a rien de plus beau que de servir. Nous, les gens âgés, si vous saviez comme nous avons la chance de donner ! Notre gratuité s'impose d'elle-même à cause du fait que nous ne sommes pas menaçants. Le don de soi, c'est quelque chose de très beau.

Je dis aux gens : Ne vous repliez pas sur vous-mêmes. La seule raison d'être, c'est les autres, l'amour, l'amitié et le partage.

« Monsieur le professeur, vous parlez comme un curé ! »
Et pourtant non. Ce n'est pas le prêtre qui parle. Les mots peuvent rappeler des discours trop souvent entendus, mais de la bouche du père Lacroix, ils prennent une nouvelle jeunesse. Ses recommandations sont tout simplement fondées sur ce qu'il observe dans son bénévolat auprès des personnes âgées.

Moi, je parle du point de vue expérimental. Je constate à partir de ce que je vis, de ce que je vois, l'importance d'accepter son âge et d'offrir sa vie. Les gens âgés, quand ils ne sont plus capables de poser des gestes de gratuité, je les vois vieillir davantage. Dans les hôpitaux, je vois quelquefois des gens d'une qualité rare : ils sont paralysés, mais ils ont encore le sourire et ils ne vieillissent pas.

L'abbé Pierre, que j'ai bien connu, me racontait que lorsqu'un vieux malheureux lui disait « Je veux m'en aller, je veux me jeter dans la Seine », il lui répondait : « Souris à une personne dans ta journée. Ainsi, tu vas ajouter d'autres sourires à d'autres personnes. Tu ne vivrais que pour cela que ce serait déjà assez. »

Cela m'avait beaucoup frappé. L'importance, quand on est âgé, de donner concrètement, non pas en théorie mais à des personnes en chair et en os. Nous avons tous besoin de motivation, de savoir que nous vivons pour quelque chose ou pour quelqu'un. Les gens âgés ont besoin d'être aidés dans leurs motivations.

C'est à cela que le père Lacroix consacre sa deuxième carrière. La semaine précédente, il était allé rencontrer un groupe de personnes âgées à Trois-Rivières. Cette semaine, un autre groupe à Montréal. Il visite les hôpitaux plusieurs fois par semaine. Il continue à écrire et à publier. Son énergie est surprenante, sa forme physique aussi.

C'est vrai. Parfois les gens me demandent de venir célébrer des funérailles. Ils me disent : « Grand-papa était très vieux, à cet âge-là, on n'est pas très en forme, quelquefois on radote, on n'est pas vraiment lucide. »

Je demande l'âge du grand-père : « Soixante-dix ans. » Je ne dis rien. J'accepte, j'ai honte quelquefois.

Quelles sont les choses que vous avez faites pour rester en bonne forme aussi longtemps ?

Je marche. Il faut dire que j'ai joué au tennis jusqu'à quatre-vingt-six ans. Le jour où j'ai commencé à perdre, j'ai abandonné. Je leur ai dit que je ne pouvais pas accepter de perdre.

Vous n'étiez plus assez rapide ?

Non. J'étais très bon. Mais l'autre était meilleur. Je me suis dit : « Oh ! oh ! il ne faut pas que les gens sachent que j'ai perdu. » J'adore cet orgueil que j'appelle, moi : fierté. J'ai arrêté par fierté. Alors maintenant, je marche une demi-heure par jour, systématiquement, le midi après le repas.

Il est très important aussi d'avoir une vie quotidienne régulière. D'abord, il faut se lever à telle heure, plutôt tôt que tard, aller dormir à telle heure. Ensuite, il faut prendre son repas à telle heure, tous les jours.

La recette semble banale. Mais rien n'est jamais banal avec Benoît Lacroix.

Pourquoi la régularité est-elle aussi importante ?

Parce que la régularité vient rejoindre le cosmos. Notre corps fait partie du cosmos. Le cosmos se renouvelle sans cesse. On perd, on crée, on recrée, on reperd, et cela me fascine. Avec la régularité dans les repas, je m'inscris dans la régularité du cosmos!

Est-ce que vous vous sentez vieux ?

Non!

Est-ce qu'un jour vous vous sentirez vieux ?

Oui. Quand je serai malade. Quoique j'ai été très malade, je suis allé à l'hôpital, et je n'ai même pas pensé que j'étais vieux.

Je crois que la pensée doit beaucoup jouer. On n'est pas obligé de penser qu'on est vieux. Même aujourd'hui, je ne sais pas que j'ai quatre-vingt-dix ans. On me le rappelle souvent, mais j'ai tellement peur du mot quatre-vingt-dix! Je pourrais avoir quatre-vingt-treize ans ou quatre-vingt-quatorze, cela ne me dérangerait pas. Mais quatre-vingt-dix, je n'aime pas ça!

Marguerite Yourcenar disait qu'il y a deux étapes privilégiées dans la vie : la vieillesse et l'enfance.

J'ai toujours été en admiration devant les vieux quand j'étais jeune. La première image que j'ai gardée de mon enfance est celle de mon grand-père assis au bout de la table. Un grand-père à barbe blanche. J'avais quatre ans. À partir de ce moment-là, j'ai toujours cherché à découvrir des gens âgés, qui dans mon esprit étaient le grand-père à barbe blanche. J'ai vu Pablo Casals jouant du violoncelle à quatre-vingt-seize ans. J'ai vu Rubinstein jouer du piano à quatre-vingt-neuf ans, les yeux fermés. Pour moi, c'est ça, la vie. Quand je vais à Chartres, je vais toujours voir mon vieux Siméon au portail sud. Siméon, celui qui a tenu le Christ quand il était bébé, qui vous regarde avec ses yeux de pierre.

Tout cela nous ramène au silence intérieur.

Les expériences des neuropsychologues sur les moines bouddhistes en train de méditer ont montré qu'ils arrivaient à faire ralentir leur activité mentale.

Cela a des effets physiques sur les malades!
Je crois que la méditation est un élément global qui enveloppe toutes les religions de même que la prière. Certainement, humainement, neurologiquement la prière est un bien et elle est un bienfait. Je ne suis pas superstitieux, mais elle me repose.
Il y a quelque chose d'efficace, de positif dans le fait de penser, de prier, de faire oraison. Je vois encore mes étudiants bouddhistes, à Kyoto, devant leur mur blanc. Ils se dépouillent de tout, ils se libèrent de tout, ils se détachent de tout ce qui peut nous énerver, je regarde dans leur visage une certaine bonté, une compassion, et je suis jaloux!
Je voudrais faire la même chose, mais je n'en suis pas capable. Je n'ai pas la résistance physique et psychologique. Je pense qu'aujourd'hui il y a des phénomènes religieux multiples devant lesquels nous devons être attentifs, positifs, que nous devons considérer comme des phénomènes naturels. La religion propose des phénomènes naturels, elle propose des démarches qui sont humaines, psychologiques, qui ont beaucoup de valeur. Elle a aussi une autre dimension, bien sûr, mais il ne faut jamais rejeter l'aspect naturel, physiologique, neurologique de la religion. Cela fait partie de notre héritage.

On redoute toujours un peu les passages. Est-ce la perspective de la mort? Benoît Lacroix me surprend sur cette question-là, car il est une des rares personnes qui m'ait affirmé avoir peur de la mort – alors que sa foi est certainement des plus solides.

J'ai une peur physique de la mort, et en même temps, je parle comme les anciens, je sens le besoin de mes Grecs et de mes

Latins de durer, de continuer, et je trouve dans ma croyance une réponse et à ma peur et à mon besoin. Je suis historien. Physiquement, je n'aime pas ça, j'ai peur. Culturellement, je m'aperçois que de tous les êtres qui existent sur la terre, l'homme est le seul qui pense à l'immortalité et qui la désire. Ce n'est pas simplement culturel, on le sent. Par ailleurs, par ma croyance, je crois qu'on est fait pour durer.

Pierre Dansereau

Ce Montréalais, né en 1911, est mondialement reconnu comme l'un des fondateurs de l'écologie moderne. Pierre Dansereau a enseigné dans une vingtaine d'universités sur cinq continents, dont l'Université de Montréal, Columbia, l'université du Michigan et l'Université du Québec à Montréal.
Il a occupé divers postes de direction notamment au Jardin botanique de Montréal, au Service de biogéographie du Québec, à l'Institut botanique de Montréal et au New York Botanical Garden. Il a participé à de nombreuses missions de recherche et d'expertise en Amérique du Sud, en Europe, en Afrique, en Australie, en Nouvelle-Zélande, au Japon et en Chine.
Ses écrits se comptent par centaines et portent sur la biogéographie et les sciences naturelles, l'écologie humaine et l'éthique du développement. En 1993, il a été le cofondateur de l'Union pour le développement durable.
Il est compagnon de l'Ordre national du Canada et grand officier de l'Ordre national du Québec.

« Quand on me laisse entendre que je suis dépassé, je dis : Je l'espère bien ! »

Pierre Dansereau est le doyen des participants à ce livre. Même parmi les anciens, et des plus grands, il fait figure de référence ; plusieurs d'entre eux ont mentionné son nom et parlé de lui comme d'un modèle au cours des entrevues que nous avons faites.

Car Pierre Dansereau a eu tout bon, toute sa vie.

Le jour où nous nous sommes rencontrés, il venait de célébrer ses quatre-vingt-treize ans et de prendre sa retraite de l'Université du Québec à Montréal. Désormais, c'est de son appartement d'Outremont qu'il travaille, qu'il continue à écrire et à recevoir des appels d'anciens étudiants et de collègues du monde entier. Son épouse, artiste peintre, a réalisé les tableaux de paysages qui ornent les murs. Des membres de sa famille habitent dans le même immeuble. La maison où il est né se trouve à un jet de pierre. Pour aller dans le bosquet où il jouait quand il était petit, il suffirait de traverser la Côte Sainte-Catherine. Pour se rendre à l'école Querbes où il a appris à lire, il suffirait de traverser la rue Laurier. Pierre Dansereau, le globe-trotter, l'écologiste aux pieds nus, est revenu chez lui.

De mes fenêtres, je vois l'église Saint-Viateur où j'ai été le premier baptisé. La rue Laurier n'a pas changé. Les boutiques ne sont pas les mêmes, mais ce sont toujours de petites boutiques, il n'y a pas de Provigo, on trouve à peu près tout ce qu'il faut. De se retrouver dans le décor de sa naissance, de son adolescence, de sa jeunesse, c'est très chaud, très réconfortant, surtout qu'il n'y a rien d'essentiel qui a changé. On se reconnaît.

Vous avez dû trouver difficile de quitter officiellement le laboratoire de l'UQAM qui porte votre nom et où vous venez de passer plus de trente ans.

Je m'habitue facilement aux changements. Depuis quelques années, il y a beaucoup de choses que je ne peux plus faire et que je faisais encore à quatre-vingts ans. C'est la nature qui évolue, c'était prévisible. Il y a des fonctions qui ont duré plus longtemps que la moyenne. Je voyais cela venir, je ne peux pas me plaindre. Je ne peux plus faire certaines choses, mais je peux lire, je peux écrire, je peux faire des discours en public.

Depuis quelques années, je ne donne plus de conférences. Je préfère les tables rondes, parce que j'y suis particulièrement bon. Je l'ai fait encore tout dernièrement. Je m'installe sur le podium et j'invite les gens à me poser des questions. Cela marche à cent milles à l'heure.

Je préfère cette formule à la conférence parce que c'est un échange, tandis qu'une conférence, c'est unilatéral. Les gens pensent que j'ai quelque chose à leur dire, cela me donne confiance et à partir de là, j'accueille toutes les questions.

Il y a un curieux mélange d'assurance et de vulnérabilité chez Pierre Dansereau. Assurance, parce que son message est solide comme l'airain. Il a eu six décennies pour le polir, l'affiner, l'adapter à l'écoute du grand public. Vulnérabilité parce que, paradoxalement, il y a si longtemps qu'il en parle que la paternité de certaines idées lui échappe !

Par exemple, qui se souvient qu'il a pratiquement inventé le terme « écologie » ? En 1940, quand il a commencé à s'en servir, on ne trouvait le mot que dans quelques ésotériques publications scientifiques scandinaves. Aujourd'hui, il est sur toutes les lèvres.

Vous devez en être fier !

Il a un sourire menu, pour énoncer :

Il arrive de temps en temps qu'on dise : « C'est lui qui a ouvert la voie, il a été le père de l'écologie québécoise. »

Correction : de l'écologie mondiale !

Peut-être aussi. J'étais bien en avance sur les Français, et même sur les Américains, qui pourtant étaient rendus plus loin que les Français.

Pierre Dansereau n'aime pas se vanter. Il faut pratiquement lui arracher l'aveu de ce titre de gloire. C'est pourtant bien lui qui a fait entrer le concept d'écologie dans nos vies. Mais cela fait tellement longtemps! La plupart d'entre nous n'étions pas nés, cela fait déjà presque partie de l'histoire.

Les murs de son bureau illustrent l'envergure de ses intérêts. On y trouve en particulier des photos de quelques-unes de ses expéditions sur les différents continents ainsi qu'une illustration de la célèbre «boule de flèches» qu'il avait conçue en 1971 comme modèle de l'écosystème.

C'est tellement joli! C'est beau, ma boule de flèches. C'est compliqué, mais c'est simple aussi. Les niveaux trophiques, l'ascension de l'énergie depuis le minéral jusqu'au spirituel. On ne s'en est pas beaucoup servi, sauf au Japon et en Italie. Mais c'est une bonne petite invention.

Tout Pierre Dansereau est dans cette réflexion. L'apparente modestie du vieillard qui vit entouré de ses souvenirs. Et la conscience, presque désespérée, de l'esprit plus grand que son temps. Avec sa boule de flèches, il avait réussi à intégrer le naturel, l'humain et le spirituel dans un ensemble cohérent qui contenait toutes les clés pour sauver la planète. Or ses contemporains comprennent à peine de quoi il parle.

Pourtant, avec sa voix douce et ses manières de jeune homme de bonne famille, il utilise des termes très forts, qui sont à la portée de tout le monde : des termes comme l'«irréversibilité de la détérioration de notre planète», et des commentaires comme : «La grande nouveauté dans notre histoire, c'est la menace d'auto-extinction rendue possible par l'escalade du pouvoir de l'homme» et : «La sélection naturelle n'avait pas encore habilité une espèce animale au suicide[1]».

---

1. Commentaires sur la Déclaration de Vancouver, septembre 1989. Publiés dans *Québec Science*, vol. 28, n° 8, avril 1990.

A-t-il parfois l'impression d'avoir prêché dans le désert ? Sa réponse est oblique.

Il faut croire à ce qui n'existe pas. Il faut croire qu'on est capable comme individu, à des degrés divers, d'apporter quelque chose – cela peut être léger ou lourd – mais quelque chose au patrimoine commun.

Je suis heureux quand on me dit : « Vous avez dit telle chose en 1969, et cela a changé ma vie. » C'est arrivé, effectivement, mais cela ne m'impressionne pas. J'essaye de donner une certaine traduction publique de ce que je vis intimement, ce qui me paraît pouvoir être partagé. Mais quelle est l'importance de ma pensée, de mes enseignements, je n'y pense pas beaucoup.

Quand on me laisse entendre que je suis dépassé, je dis : « Je l'espère bien ! » J'espère bien que ce que j'ai pu faire va porter d'autres à aller plus loin. C'est normal, c'est ce qui se passe en ce moment, et c'est la preuve que le rôle que j'avais à jouer, je ne l'ai pas trop mal accompli.

Voilà qui est parler comme un vrai scientifique ! Il n'empêche que cela fait toujours un peu mal.
Est-ce qu'il y a vraiment des gens qui vous disent que vous êtes dépassé ?

Ils ne me le disent pas directement. Mais dans l'attitude de certaines personnes, on sent bien qu'ils pensent que je suis dépassé. Il y a des choses qui sont un peu tombées dans l'usage commun. Ce n'est pas important de se souvenir que le premier qui a fait cela, c'est le professeur Tartampion. Il y en a même qui ne me citent pas toujours !

Il a un petit rire, partagé entre la fierté que tel ou tel message soit passé et l'amertume qu'on ait déjà oublié que c'était le sien.

Victoire de l'homme d'idées, mais blessure de l'homme.

Il souffre également de ce que l'éthologue Boris Cyrulnik a appelé la « psychodictature de l'adulte normal ». « Notre culture fait taire les âgés[1] », écrit Cyrulnik. Même les grands humanistes !

Pierre Dansereau me raconte l'histoire de ce jeune collègue dans la trentaine venu le consulter avec un grand respect pour son opinion sur un sujet d'ordre professionnel, et qui une heure plus tard l'excluait complètement d'une conversation plus quotidienne avec des gens de son âge. Au souvenir de cet incident, il a encore des larmes de rage dans les yeux.

Or cette histoire n'est pas nouvelle. Pierre Dansereau l'avait mentionnée dans un texte rédigé en 1977. Il n'avait alors que soixante-six ans, il venait de prendre sa retraite et l'incident datait déjà de quelques années.

Autrement dit, cela fait plus de trente ans que cet homme exceptionnel revit la même brûlure chaque fois qu'il pense à ce qu'il avait appelé alors « l'insensibilité relative du deuxième âge ».

Parfois je me dis : « Je suis vieux. La société évolue comme je ne voudrais pas la voir évoluer, et le moment est venu où je ne peux rien faire pour la changer. » Parce que changer la société, c'est ce que j'ai voulu toute ma vie.

Il y a des moments où j'aimerais pouvoir intervenir. Récemment, j'étais témoin de certains accrochages, et je me disais : « Si j'étais plus jeune je règlerais ce problème. » Mais je ne me sens pas l'énergie, je ne me donne pas l'autorité que je devrais avoir pour résoudre le problème.

L'énergie et l'autorité lui manquent, mais il pense que les personnes âgées devraient avoir un rôle à jouer dans la société.

---

1. Boris Cyrulnik, *Les nourritures affectives*, Éditions Odile Jacob, Paris, 2000.

Il y aurait des structures à inventer pour que les personnes âgées soient plus publiquement présentes. Il y a là un inventaire de compétences, d'expériences, dans lequel la société devrait pouvoir aller puiser. Dans quels cas les personnes âgées devraient-elles être consultées ? Est-ce qu'il y a des questions qui sont plus susceptibles d'être réglées par des personnes d'expérience ?

Il prend l'exemple des cégeps comme illustration.

Que des inventions viennent de personnes plus jeunes, que l'on abolisse les cégeps pour les remplacer par autre chose, c'est aux gens dans la quarantaine de se lancer dans une innovation de ce genre. Mais s'ils le font, ils devraient peut-être consulter les personnes qui ont vécu les trois ou quatre changements antérieurs. Parce que lors de l'avant-dernière réforme, eux n'étaient pas présents.

Ce sont les vieux qui détiennent la mémoire collective.

Oui. L'évolution historique. Au moment de la création des cégeps on avait élaboré un programme qui était très novateur. Maintenant, on veut les changer. Est-ce que c'est parce qu'ils n'ont pas réalisé l'innovation qu'ils se proposaient d'instaurer, et si c'est le cas, quelle était-elle, cette innovation ? Ne faudrait-il pas aller la repêcher ? Les jeunes peuvent difficilement le faire. Il faut que ce soit les plus âgés qui ont vécu le tournant de la création des cégeps et qui se souviennent de l'intention première. L'intention a disparu au cours de la réalisation. Il y a des éléments de ce que les cégeps remplaçaient dans l'ancienne société qui sont restés lettre morte.

Les aînés sont détenteurs de la mémoire historique. Ils ont également un autre rôle à jouer : celui d'éveilleurs.

En Italie, on a un tel respect pour les aînés! On les écoute. Ce n'est pas par complaisance, mais parce que les jeunes admettent, reconnaissent qu'ils peuvent être orientés dans leurs décisions par les aînés. Pas nécessairement par leurs parents, mais par des personnes plus âgées.

Cette reconnaissance vis-à-vis des éveilleurs, qui nous ont révélés à nous-mêmes, est fondamentale.

Lui-même a été un éveilleur pour des générations d'étudiants.

Je leur disais souvent : « Si vous ne m'apportez rien, je ne vous donne pas grand-chose. » C'est mon principe. L'enseignement est un mécanisme réciproque. C'est une conversation. J'ai beaucoup appris de mes étudiants. Plus j'ai appris d'eux, plus ils ont appris de moi.

Cette réciprocité s'étend – ou devrait s'étendre – aux relations entre les générations. Pierre Dansereau dit souvent que son enfance a été exceptionnellement heureuse, en partie à cause de plusieurs adultes qui avaient avec lui de véritables conversations.

Ils ne me parlaient pas de haut, ils me demandaient mon avis comme si je pouvais leur apporter quelque chose d'utile. Ils ne faisaient pas les jeunes, et moi je ne jouais pas les vieux.

Antonine Maillet

Romancière et dramaturge acadienne, titulaire d'un doctorat en lettres de l'Université Laval, Antonine Maillet a publié plus d'une trentaine de livres, dont *La Sagouine*, qui a fait le tour du monde, et *Pélagie-la-Charrette*, qui lui a valu le prix Goncourt en 1979.

Elle est compagnon de l'Ordre du Canada, officier de l'Ordre national du Québec, officier des Palmes académiques françaises, chevalier de l'Ordre de la Pléiade, officier des Arts et des Lettres de la France.

*« Notre vie est plus grande que nous.
Il ne faut pas passer à côté. »*

Dans une société où l'on a tendance à ignorer ce que les vieux ont à dire et où, comme l'a dit Jacques Languirand, la vieillesse est un sujet tabou, Antonine Maillet fait figure d'exception. Les vieux et la vieillesse, elle en a fait son pain quotidien toute sa vie.

Des yeux vifs bleu de mer, un sourire chaleureux et la tenue qui semble être l'uniforme des gens qui vivent de leur plume : col roulé et pantalon noir, elle m'accueille sur le pas de sa maison, sur la rue qui porte son nom.

> Elle a plus de soixante-quinze ans, elle pourrait en avoir dix de plus ou vingt de moins, elle n'y pense guère.
> Pour elle, les vieux, ce sont les anciens des villages d'Acadie auprès desquels, dès son enfance, elle allait passer de longues heures pour se faire raconter des histoires.
> Ils jouent un rôle fondamental dans ses romans, qui dépeignent la société acadienne et son histoire bousculée.

Nous, les Acadiens, nous avons une attitude assez différente vis-à-vis des aînés. Nous reconnaissons chez eux la tradition de l'oralité que nous avons développée beaucoup plus qu'ailleurs, parce qu'à un moment donné l'Acadie n'avait plus d'écriture. L'oralité a donc joué chez nous un rôle qu'elle n'a pas joué du tout au Québec. C'est grâce à elle que nous avons appris l'histoire, et la petite histoire, et que nous avons eu une littérature. Nous avons une littérature orale très riche en Acadie.

Pourtant, nous venons d'une culture écrite. Nous venons du Moyen-Âge, de la Renaissance, nous avons connu le dix-septième siècle. C'est l'époque à laquelle nous sommes venus en Acadie. Ce qui veut dire que nous avions un bagage littéraire ancien, mais nous l'avons transmis sous forme d'oralité.

Prenons Rabelais. L'Acadie est pleine de références à Rabelais. Que ce soit les contes, les légendes, les croyances, les proverbes, le langage... Mais cela n'a rien à voir avec les sociétés traditionnelles. C'est une société qui, par l'oralité, a survécu, a gardé son bagage littéraire.

C'est pour cela que ma génération avait un respect pour les vieux que je n'ai pas retrouvé ailleurs.

> **C'est pour recueillir ce bagage littéraire qu'Antonine Maillet est allée rencontrer les vieux des villages d'Acadie.**

J'ai beaucoup fréquenté les centenaires. Là-dessus, j'ai une expérience que peu de gens ont. J'ai beaucoup visité et interviewé des très vieux. Et quand je dis des très vieux... je ne les prenais pas en bas de quatre-vingt-dix, cent ans, cent dix ans même. Pour me faire raconter des histoires.

Ce faisant, elle a eu la surprise de découvrir autre chose.

Je me suis rendu compte qu'ils n'étaient pas seulement des coffres aux trésors. Ils étaient eux-mêmes une valeur. Ils étaient eux-mêmes le trésor. Au lieu d'être simplement des récipients, c'est le récipient qui était bon. J'ai découvert que les gens que j'allais consulter pour qu'ils me donnent des personnages étaient eux-mêmes des personnages. À partir de ce moment-là, je fréquentais la personne non pas pour ce qu'elle allait me raconter, mais pour ce qu'elle était.

Maintenant, quand je vais voir un vieux, c'est parce qu'il est riche en lui-même, et non pas parce qu'il va me raconter mes ancêtres. C'est un trésor qu'il a. Ce n'est pas la même chose qu'une sagesse.

Dans *Les chemins de Saint-Jacques*, vous parlez du « sommet de son âge où l'on avait une vue imprenable sur toute une vie ».
La vue de vos personnages âgés va même un peu au-delà. Plusieurs d'entre eux sont un peu voyants. Mais c'est quelque chose de flou. Ils sont suffisamment voyants pour que les gens du village viennent les consulter, mais on ne peut pas compter complètement sur leur voyance.

Parce que le voyant comme tel, je ne suis pas sûr qu'il existe. Les voyants voient forcément quelque chose de flou. Ils n'ont pas les yeux pour voir, ils n'ont pas les oreilles pour entendre. Ils ont un sixième sens qui, lui, est indéfinissable. Donc c'est flou. C'est pour cela que mes voyants ne sont pas trop voyants.

Pourquoi ce sont des vieux ? Parce qu'il faut un silence, une sorte de retrait, ne pas être impliqué dans la vie de tous les jours quand on est vraiment voyant. C'est le vieux, la personne qui est retirée, qui est au-dessus du quotidien, qui a plus la possibilité de regarder le détail, qui est capable d'écouter, de s'entourer de silence, qui finit par être capable d'utiliser son sixième sens.

Antonine Maillet fait écho au père Benoît Lacroix qui nous disait : « J'admire et j'envie le silence des personnes âgées. » Comme lui, elle était attirée par les vieux quand elle était enfant.

On a perdu la relation privilégiée qui existait entre les très vieux et les très jeunes dans les sociétés traditionnelles. C'était un enrichissement.

Cela m'a toujours manqué, les grands-mères. Le seul grand-parent que j'ai connu, c'est la mère de ma mère, et elle est morte quand j'avais cinq ans. J'étais à la fin d'une famille, de parents qui étaient eux aussi à la fin d'une famille, donc mes oncles avaient l'âge d'être mes grands-pères. Je n'ai pas eu de grand-mère ni de grand-père, et cela m'a manqué toute ma vie.

Je me souviens de la grand-mère de mon petit voisin. Lui, il s'en foutait complètement, de sa grand-mère. Pas moi. Moi j'allais la voir !

J'ai passé ma vie à chercher des grands-pères, des centenaires, j'en ai plein mes livres !

Jean Guitton parlait de l'enfance et de la vieillesse comme de « deux âges métaphysiques par la disproportion qu'elles présentent entre la faiblesse du corps et l'énergie de l'esprit ».

Je suis d'accord. On vit des âges extrêmes, qui se rapprochent. L'enfant ne peut pas encore vivre l'âge plein, comme on dit – gagner sa vie, faire face aux difficultés de l'existence. Ce sont des réalités qu'il ne connaît pas à ce moment-là. Le vieillard n'en a plus besoin ou il est au-dessus de ça, il a dépassé ça. Les deux sont en état de pouvoir aider le monde. L'un en avant et l'autre en arrière.

Si les aînés sont en état de pouvoir aider le monde, dans la réalité, le monde n'en est guère conscient ! Les personnes âgées ont souvent l'impression qu'elles n'ont rien de pertinent à transmettre.

Je pense qu'il y a eu un vide pendant une génération ou deux. Maintenant, nous sommes en train de redécouvrir la valeur, la richesse des aînés, mais pour d'autres raisons. Ici, je ne parle plus seulement de l'Acadie. Nous sommes en train de découvrir que nous avons perdu toute une génération ou deux de contacts avec nos aînés, que cela a été un appauvrissement pour nous tous.

Le fait est que pendant cette génération ou deux, les personnes âgées ont appris à se taire et à se faire toutes petites parce qu'on ne les écoute pas. Peut-on sortir de ce cercle vicieux ?

On en sort par l'éducation. Aujourd'hui, ceux qu'on appelle les vieux, les aînés, les personnes âgées de soixante-dix ans et plus, ont quand même été à l'école. Beaucoup d'entre eux sont allés à l'université. Ils ont donc des connaissances. Ils ont développé une pensée, pour ne pas dire une philosophie. Ils ont un regard sur le monde. Et ils sont plus riches que la seule richesse de l'expérience ou de l'oralité. Ils sont riches par eux-mêmes. Tous ceux que vous avez rencontrés pour ce livre ont quelque chose à dire. Ce sont des gens qui après soixante-cinq ans n'ont pas pris leur retraite, ont fait quelque chose. Ils ont davantage à dire que les gens de quarante ans.

Qu'est-ce que c'est qu'une vie ? C'est de l'avoir vécue. Qu'est-ce que c'est qu'une longue vie ? C'est de l'avoir vécue longuement. Je ne pouvais pas écrire à vingt ans ce que j'écris aujourd'hui, parce que je ne savais pas. Je ne pouvais pas l'avoir expérimenté. C'est une vie qui m'a donné ça.

Dans une société dominée par la « psychodictature de l'adulte normal » – qui considère qu'il doit servir lui-même de référence aux autres – comment convaincre cet adulte normal de dresser l'oreille et de prêter attention à ce que les aînés ont à dire ?

Ce sont des choses qui vont arriver si on se convainc soi-même.

Le mouvement écologique est un bon exemple pour montrer qu'on peut faire évoluer les mentalités. On a réussi à convaincre les gens d'avoir une politique plus saine vis-à-vis de l'écologie. Il y a toute une génération pour qui l'écologie, ça n'existait pas, on n'avait pas à s'en occuper. Aujourd'hui, au contraire, la jeunesse en est très consciente. Un jour ou l'autre ils vont découvrir que l'être humain, c'est de l'écologie aussi, et que c'est beaucoup plus avancé. Ils vont découvrir que la personne est aussi importante qu'un arbre ! Je suis convaincue que ceux qui sont capables de se passionner d'écologie, qui font passer la protection de l'environnement avant leur intérêt personnel, vont découvrir un jour la personne de plus de cinquante ans.

On est en train de vouloir sauver les arbres, les eaux, les cailloux, et on ne voudrait pas sauver nos vieillards ? C'est ça qui est grave. Mais on commence par l'écologie parce que c'est nouveau, c'est merveilleux, les jeunes s'emballent pour ça.

Il est probable qu'à l'origine du mouvement écologique, il y a eu quelques personnes fortes, clairvoyantes, déterminées, des chefs de file.

Je me dis qu'il y en aura aussi pour l'âge ; mais cela ne se fait pas du jour au lendemain.

De leur côté, les personnes âgées devraient peut-être réinventer une nouvelle façon de se faire entendre ? Est-ce que les vieux ont une responsabilité en ce sens ?

Nous évoquons ensemble l'incident qui a tellement marqué Pierre Dansereau il y a presque trente ans et dont il parle encore aujourd'hui avec aux yeux des larmes de rage.

Ce professeur de renommée mondiale jouissait de l'attention et du respect de ses étudiants quand la conversation portait sur l'écologie, la botanique ou la géographie, mais il se trouvait exclu dès que les conversations portaient sur autre chose. Comme si ses soixante-cinq ans (à l'époque) d'expérience en amour, en politique, en musique ou en littérature n'étaient d'aucune pertinence pour quiconque.

Si j'avais été à sa place, je n'aurais pas accepté qu'on me traite comme ça. Je les aurais interpellés et j'aurais dit : « Excusez-moi, là-dessus je peux vous répondre. » Ou encore : « Je ne suis pas d'accord avec vous. » D'une façon ou d'une autre, je serais entrée dans leur conversation de force, pour qu'ils se rendent compte de ce qu'ils étaient en train de faire. Autrement dit, je refuserais qu'on m'inclue dans une conversation à un niveau donné et qu'on m'exclue du reste. Je le refuserais.

Il ne faut pas que la personne âgée le tolère. Il arrivera un jour où les gens de quatre-vingts ans et plus se diront : « Écoute-donc, je peux parler avec celui de trente ans ou de quarante ou de cinquante, en utilisant la même langue que lui. » C'est une question d'attitude et de perception.

Les vêtements, par exemple. Regardez-moi, regardez-vous, et pensez à vos parents. On s'habille comme tout le monde, aujourd'hui. Je n'ai jamais pensé que je n'avais pas le droit de m'habiller de telle façon parce que j'ai tel âge. On ne pense plus comme ça.

Ma mère était considéré comme une vieille quand elle est morte. Elle avait cinquante et un ans.

Notre perception n'a pas évolué au rythme des personnes. Être vieux aujourd'hui, cela commence beaucoup plus tard qu'avant. Aujourd'hui à soixante-dix ans, une personne est en pleine forme, alors que ma tante Marie qui aurait pu être ma grand-mère, à soixante-dix ans c'était une très vieille, qui gardait la chambre, qui ne descendait jamais.

Une femme telle que Denise Filiatrault est beaucoup plus jeune que la plupart des comédiennes de trente ou quarante ans, parce qu'elle est encore capable de projets audacieux, et d'en avoir quatre ou cinq à la fois. C'est cela, la jeunesse ! C'est d'avoir des projets d'avenir. Prendre des projets en main, comme la direction artistique du Théâtre du Rideau Vert, avec les difficultés qu'il a connues, ça prend une force et une jeunesse !

Comment réagit-elle quand quelqu'un de bien intentionné, moi la première, vient lui demander : « À votre âge, comment faites-vous ?... »

Voulez-vous que je vous dise ? On me l'a dit, devant les caméras, pendant qu'on tournait un documentaire sur moi. Trois fois dans la même interview, il m'a dit : « À votre âge... »

J'ai fini par lui demander : « Mais qu'est-ce qu'il a, mon âge ? Est-ce que vous savez que tous les matins à sept heures, je plonge dans cet océan que vous voyez en face – j'étais sur la terrasse de mon phare – et que je nage une demi-heure ? Le feriez-vous, vous ? Et quel âge avez-vous ? Qu'est-ce que vous voulez dire par "À votre âge ?" »

Il était mal à l'aise, il ne savait plus que dire. Malheureusement, il n'a pas gardé cet échange au montage du documentaire.

Et pourtant, c'est bien pour la même raison que je suis chez elle aujourd'hui. Parce qu'à son âge elle nous étonne. Elle est en train d'écrire un nouveau roman, elle mène quatre autres projets en même temps, elle gère son temps de façon magistrale...

Quelles sont les expériences de vie dont elle pourrait faire profiter les générations qui la suivent ?

On vit d'une manière beaucoup plus dense à mesure qu'on avance. Ma vie est plus dense maintenant qu'elle ne l'était. Pourtant, dans mon enfance, elle était riche, mais elle n'était pas aussi dense.

La vie est terriblement longue quand on est enfant. Jusqu'à dix ans, c'est long! C'est long! Puis après dix ans, l'adolescence, c'est encore assez long; par la suite ça devient de plus en plus court, et maintenant c'est vraiment court. Maintenant, dix ans, je ne les vois même pas passer. Je me retourne et je me dis : « Ça fait dix ans ? Mais non, ce n'est pas possible, je viens d'arriver dans cette maison. » Et pourtant, il y a trente ans que je suis ici!

Plus la vie est courte, plus les moments sont denses. Je sens que j'ai dépassé le cap du « sommet de mon âge », non pas pour ce qui est de l'énergie, mais quant à la distance de parcours. On y pense davantage, on en est plus conscient.

Je ne veux pas gaspiller mon temps. Voilà peut-être un trait de l'âge. J'ai connu une époque où je pouvais m'amuser à écrire un livre qui ne valait rien mais qui me faisait plaisir. Un guide touristique de l'Acadie, par exemple. Je ne le ferais plus aujourd'hui, parce que je sens que chacun des livres que j'écris peut être le dernier ou l'avant-dernier, peu importe. Je ne le calcule pas, mais j'ai cette sensation que je n'ai plus de temps à perdre. Je ne dirai jamais pourtant : « C'est mon dernier livre. » Le dernier, je ne le dirai pas, je ne le saurai pas.

Notre vie est plus grande que nous. Il ne faut pas passer à côté.

CONCLUSION

QU'EN PENSENT LES EXPERTS ?

Les trente et une personnalités qui ont accepté de participer à ce livre sont admirables dans leur âge, comme elles ont été admirables toute leur vie. Tous sont et ont toujours été exceptionnels. Peuvent-ils servir de modèles ?

En vieillissant, chacun d'entre eux s'est trouvé des façons de vivre avec l'âge, s'est inventé des recettes, des manières de gérer sa vie et ses relations avec autrui. Leurs solutions sont-elles applicables à tout le monde ? Ils sont trop modestes ou trop sages pour donner des conseils. Pourtant, de leur témoignage collectif se dégagent quelques lignes de force qui devraient inspirer non seulement la génération des baby-boomers, mais également celle de leurs enfants.

Leurs recommandations s'organisent autour de deux thèmes en apparence contradictoires :
- Il faut « rester dans la parade », demeurer présent dans la société.
- Il faut oser ralentir, lâcher du pouvoir, s'alourdir du poids de la sagesse, découvrir le silence.

Au fil des rencontres, il m'est apparu évident que si nous considérons ces deux idées comme contradictoires, c'est que nos valeurs et nos schèmes de référence sont encore fermement implantés dans les modèles du monde agricole et du XIXe siècle industriel.

Autrement dit, nous allons devoir trouver de nouvelles façons d'être présents dans la société tout en ayant lâché le pouvoir.

Ces gens qui nous précèdent sont des défricheurs. Chacun dit à sa manière que nos modèles sont caducs. Les découvertes qu'ils ont faites chacun de leur côté, résultat de leur expérience, viennent confirmer ce que les experts, démographes, sociologues, psychologues et professionnels de la santé sont en train de découvrir scientifiquement.

RETRAITE N'EST PLUS SYNONYME DE VIEILLESSE

Quand Charles Aznavour lance durant son spectacle : «La retraite, c'est bien, mais le travail, c'est mieux», la salle explose en applaudissements.

Quand Gilles Vigneault dit en riant : «La retraite? J'ai essayé le vêtement, il ne me fait pas», il obtient la même réaction.

Nous avons tous encore de la retraite une image désuète qui ne correspond plus du tout à la réalité d'aujourd'hui. Jadis, la retraite correspondait au moment où le cultivateur était trop fatigué pour continuer et passait les rênes à son fils.

Le démographe Jacques Légaré nous rappelle que

> c'est Bismarck, en 1875, qui a été le premier à instituer une retraite qui ne soit pas nécessairement liée à la vieillesse, c'est-à-dire une retraite dont les gens pourraient profiter après avoir travaillé dur toute leur vie. Malheureusement, on est resté calqué sur les schémas du monde agricole, et on a conclu que si on prenait sa retraite, c'est qu'on était vieux. Puis, on a assisté à un paradoxe, en voulant réduire l'âge de la retraite. Le seuil de la retraite et le seuil de la vieillesse ne sont plus les mêmes. On ne peut plus assimiler les deux concepts. C'est la grande révolution de nos sociétés.

SOIXANTE-CINQ ANS, C'EST TROP TÔT!

À soixante-cinq ans, dans notre monde développé et industrialisé, on ne se sent pas vieux du tout. Nos participants nous l'ont tous abondamment fait savoir.

À soixante-cinq ans, Brenda Milner était en pleine recherche et faisait des découvertes fascinantes dans son laboratoire; à soixante-cinq ans, le père Emmett Johns commençait tout juste à mettre sur pied Le Bon Dieu dans la rue; Dominique Michel travaillait comme une forcenée au prochain *Bye bye*; Frédéric Back n'avait pas encore fait son film d'animation *Le fleuve aux grandes eaux*; Lise Payette était en train de produire *Marilyn*, le premier téléroman quotidien à Radio-Canada.

Les gériatres le confirment. Soixante-cinq ans, ce n'est pas une charnière biologique.

Y a-t-il une charnière biologique? «Oui», dit le Dr Yves Joanette, directeur du Centre de recherche de l'Institut universitaire de gériatrie de Montréal, mais elle se situe dix ans plus tard.

En observant les différents indicateurs de métabolisme de fonctionnement du corps humain, de l'audition, de la vision, de la cognition, on constate que... la courbe réelle de fléchissement est autour de soixante-quinze ans.

C'est pour cela que Paul Buissonneau a très mal vécu sa retraite de la Ville de Montréal à cinquante-huit ans, mais que Claire L'Heureux-Dubé a très bien vécu la sienne de la Cour suprême, où l'âge fatidique est de soixante-quinze ans: «Pour moi, la retraite est venue au seuil de la vieillesse.»

Selon le Dr Joanette, ce n'est qu'encore dix ans après que l'on commence à se sentir fragilisé:

À quatre-vingt-cinq ans, la personne moyenne souffre de trois diagnostics médicaux majeurs. Il peut s'agir d'une insuffisance rénale, cardiaque, d'un problème de vision ou autre, mais il y a trois choses qui ne fonctionnent plus très bien. Ce n'est pas nécessairement le drame, cela peut être contrôlé, mais on devient comme un château de cartes. On est fragilisé.

IL FAUT PRÉPARER SA RETRAITE

La personne en bonne santé qui prend sa retraite à soixante-cinq ans aujourd'hui a donc au moins vingt bonnes années devant elle. Ce devrait être une bonne nouvelle, mais le paradoxe, c'est que nous en faisons un problème!

Comme c'est tout nouveau, on ne sait pas qu'en faire, déplore Jacques Légaré. En début de retraite on devrait se poser les mêmes questions qu'en début de carrière. « Qu'est-ce que je veux accomplir? Quel est mon objectif? » On ne le fait pas. Pourquoi? Parce qu'on a encore cette vision dépassée de ce qu'était le grand âge à l'époque où retraite et vieillesse, c'était la même chose. Tout est à inventer dans cette période-là, puisqu'on n'a pas de modèle.

PREMIER PILIER : SE DONNER UN OBJECTIF

Le Dr Marie-Paule Dessaint[1], spécialiste des sciences de l'éducation, anime des ateliers pour les futurs retraités. Elle témoigne qu'il est très difficile, pour quelqu'un qui vient de passer trente ou quarante ans dans la vie active, de répondre à cette question en apparence toute simple : « Qu'est-ce que j'*aime* faire, qu'est-ce que je *veux* faire? »

Les gens se définissent énormément par leur travail. On ne demande pas à quelqu'un : « Qui es-tu? » On lui demande : « Que fais-tu? » Plusieurs années après avoir quitté leur emploi, les nouveaux retraités se définissent encore souvent par leurs fonctions passées.

---

1. *Une retraite heureuse? – Ça dépend de vous!*, Montréal, Flammarion Québec, 2005.

Conclusion

Cette carrière qui les a moulés pendant toutes ces années ne correspondait pas toujours à leur personnalité. Quarante ans plus tard, il peut être difficile et même pénible de retrouver et de laisser ressortir au grand jour ses aspirations fondamentales.

Le Dr Dessaint fait quelques mises en garde :

Ils veulent tous faire du bénévolat ! Pourquoi ? Parce qu'ils ont besoin de se sentir utiles. Beaucoup d'hommes surtout, récemment retraités, voient le bénévolat comme une façon de continuer à exercer du pouvoir. Or il faut accepter de perdre son statut professionnel si on veut être heureux dans sa nouvelle vie. S'ils n'ont jamais fait de bénévolat jusqu'alors, il est probable que ce n'est pas pour eux, et il arrive souvent qu'ils dérangent plutôt que d'aider.

Les gens voient les fameux retraités flyés qui vendent leur maison et partent dans l'Himalaya, et ils se sentent inadéquats parce qu'ils n'en font pas autant. Tout le monde veut aller faire le pélerinage de Compostelle (qui exige au moins neuf semaines de marche à pied), même ceux qui n'ont jamais fait de randonnée.

Nous avons tous des rêves basés sur des sortes de regrets. Les gens ne connaissent pas leur propre personnalité. Si mon plaisir est de faire des recherches, pourquoi irais-je me jeter dans le bénévolat ? Si je suis intéressé par l'argent et le confort, pourquoi quitterais-je ma maison pour aller travailler dans un village africain ?

Il y a bien d'autres choses à faire pendant sa retraite. Il faut se ressaisir et se dire : « Je suis retraité uniquement du point de vue de l'organisme qui paye ma retraite. Moi, je continue. Mais il faut que je sache qui je suis, que je trouve une activité qui me passionne, pour pouvoir me présenter, m'identifier autrement. »

Même recommandation de la part de la philosophe Renée Houde de l'Université du Québec à Montréal : « La retraite, ce n'est pas arrêter. C'est re-traiter sa vie[1]. »

Les trente et une personnalités rencontrées se sont livrées à cet exercice de différentes façons.

Certains s'appuient sur leur expérience pour se construire une nouvelle vie professionnelle

Pour Guy Saint-Pierre, industriel et homme politique, la carrière et l'après-carrière, cela se gère selon le même principe : « Il faut aimer ce qu'on fait et apprendre constamment. Dès qu'un de ces éléments cesse d'être présent, il faut songer à changer de carrière et faire autre chose. »

C'est le modèle qu'a suivi Richard Garneau. Il a quitté Radio-Canada parce qu'il n'y trouvait plus de plaisir et s'est construit une deuxième carrière à partir de ce qu'il aimait, ce qui ne l'a pas empêché de revenir dans le giron de Radio-Canada quelques années plus tard, au-delà de l'âge officiel de la retraite, et selon ses propres schèmes de référence.

Lise Payette a été tout aussi proactive : « Il est essentiel de retourner à la base de tout et de se demander : Qu'est-ce que je sais faire, et qu'est-ce que j'aime faire. Au fond, c'est la même question. » C'est grâce à cette démarche qu'elle s'est « inventé » une nouvelle carrière d'écrivain et auteure de téléromans, qui a duré pas moins de vingt-deux ans !

André Chagnon s'est appuyé méthodiquement sur les principes qui avaient fait le succès de Vidéotron pour se lancer dans une aventure philanthropique et il réussit au-delà de toute espérance, et il se régale !

---

1. Renée Houde, *Comment habiter sa vieillesse ?* Revue québécoise de psychologie, vol. 24, n° 3, 2003.

Certains retrouvent leurs rêves d'enfance

Charles Aznavour suggère aux futurs retraités la démarche suivante : « Trouver dans son for intérieur, dans son cœur, dans son esprit, une chose qu'on voulait faire quand on était jeune et qu'on n'a pas faite. »

C'est exactement ce qu'a fait Flora MacDonald en quittant la politique. Elle s'est souvenue des rêves de voyage qu'elle avait quand elle était enfant, et elle a entrepris de les réaliser.

C'est également le cheminement du père Emmett Johns qui rêvait d'être missionnaire quand il était jeune et s'est finalement épanoui avec Le Bon Dieu dans la rue, après avoir fait toute une carrière de paroisse dans des cadres trop rigides pour sa personnalité.

Pour d'autres, le plaisir consiste au contraire à prolonger et à affiner leur intérêt de toujours

Les artistes en particulier, tels que Gilles Vigneault, Claude Tousignant et Janine Sutto, le disent abondamment, mais également la neurologue Brenda Milner, qui creuse toujours plus profond dans sa recherche scientifique, et l'ex-juge de la Cour suprême Claire L'Heureux-Dubé, qui affine chaque jour sa connaissance du droit.

Certains d'entre eux sont habités par le devoir de laisser derrière eux un monde meilleur

Leur âge les a simplement amenés à modifier leurs façons de s'y prendre.

C'est ainsi que Jean Lapointe a accepté de devenir sénateur ; que Frédéric Back offre ses dessins à divers organismes humanitaires ; que Jacques Proulx continuera dans son village la bataille pour la ruralité qu'il a menée à l'échelle nationale par le passé ; qu'Hubert Reeves parle maintenant de l'avenir de la planète tout autant que du passé des étoiles.

Ce dont témoignent ces êtres exceptionnels qui l'ont vécu avant nous, c'est qu'il y a différentes façons de se trouver un objectif, mais qu'il faut impérativement s'en trouver un.

L'exercice est urgent car le fait d'avoir un projet de retraite structure la vie et permet de se définir, de se présenter, de se réaliser pleinement.

DEUXIÈME PILIER : AVOIR UN SENTIMENT D'APPARTENANCE

Selon toutes les études psychologiques sur les besoins humains, à commencer par celles de Maslow[1] dans les années cinquante, l'estime de soi et le sentiment d'appartenance constituent les ingrédients essentiels du bonheur.

Le sentiment d'appartenance, c'est ce qui donne un sens à la vie, constate le Dr Dessaint. Il peut s'agir de l'appartenance à la famille, à son cercle d'amis ou à un groupe tel que les collègues de travail. Le problème de ce dernier, c'est qu'on le perd en prenant sa retraite. C'est pour cela qu'idéalement, il faudrait commencer à se créer des réseaux en dehors du travail bien avant la retraite.

Notre génération a souvent sacrifié sa famille au profit de son travail. Combien sont malheureux en arrivant à la retraite ! Surtout les cadres, qui n'ont pas pris le temps d'équilibrer leur vie. Soudain, ils n'ont plus de pouvoir sur rien ni personne. Beaucoup tombent malades dans l'année qui suit la retraite.

Les capitaines d'industrie que j'ai rencontrés confirment que c'est le fait d'avoir une famille solide derrière eux qui leur a permis d'être aussi performants pendant leur carrière. André

---

1. Abraham Maslow, *L'accomplissement de soi. De la motivation à la plénitude,* Paris, Eyrolles, 2004.

Chagnon se vante d'avoir toujours tenu la gageure d'être dans sa famille à quatre heures le vendredi après-midi, même durant les années les plus intenses de Vidéotron. Jean Coutu a passé sereinement les rênes à son fils, et il continue à veiller sur l'empire des pharmacies qui portent son nom. Guy Saint-Pierre attribue à une vie de couple solide une transition tout en douceur vers la retraite.

Claire L'Heureux-Dubé a créé autour d'elle un réseau quasi-familial avec la quarantaine de jeunes juristes qui ont été ses clercs.

Clémence DesRochers accorde une très grande valeur à l'amitié : « Mes amis, je les choisis avec soin… je les aime, j'en prends bien soin. C'est une espèce de force de les avoir. »

Pour ses soixante-dix ans, Janine Sutto avait fait un gros party, « parce que j'avais besoin d'avoir mes camarades et ma famille autour de moi… Et à quatre-vingts ans, le party… énorme ! Ce jour-là j'avais vraiment besoin d'être entourée. »

Charles Aznavour recommande d'aller retrouver des amis qu'on a perdus de vue depuis longtemps : « C'est bien d'avoir quelqu'un avec qui ressasser des souvenirs. »

Brenda Milner confirme à quel point il est important d'avoir un cercle de collègues avec qui on peut échanger des nouvelles des uns et des autres.

Le sentiment d'appartenance, c'est aussi l'impression rassérénante de savoir d'où l'on vient. Pierre Dansereau a parcouru le monde entier, mais il vit maintenant à une rue de la maison où il est né et voit de sa fenêtre l'église où il a été baptisé. Jacques Proulx passe de plus en plus de temps dans son village de Saint-Camille. Claude Tousignant ne pense pas qu'il aurait pu accomplir toute son œuvre s'il n'avait pas été dans sa ville, entouré des siens. Quant au phare qui sert de refuge à Antonine Maillet en plein cœur de l'Acadie, c'est rien de moins qu'un monument à son appartenance !

TROISIÈME PILIER : SANTÉ DU CORPS ET DE L'ESPRIT

Avoir un projet qui vous anime, un cercle de gens qui vous aiment et qui vous estiment, tout cela n'aurait pas le même effet sans le troisième pilier d'une retraite réussie : maintenir en bonne santé son corps et son esprit.

Dans ce domaine comme dans les autres, les trente et un participants à ce livre ont fait empiriquement leurs propres découvertes.

Alimentation

Tout d'abord, il est arrivé un moment où tous ont éprouvé le besoin d'accorder davantage d'intérêt à leur alimentation.

Lorsque André Chagnon ou Phyllis Lambert sont devenus végétariens, c'était simplement parce qu'à l'usage ils avaient découvert qu'ils se sentaient mieux en ne mangeant pas de viande.

Ben Weider, le fondateur du culturisme, ne consomme pratiquement pas de sucre afin d'avoir une meilleure performance.

Charles Aznavour attribue son énergie au fait qu'il a toujours eu un petit appétit.

Dominique Michel n'a jamais fumé et boit rarement de l'alcool, parce que la caméra est impitoyable.

Clémence DesRochers mange en quantité des légumes qu'elle fait pousser elle-même dans son jardin.

Presque tous remarquent qu'ils consomment davantage de fruits et de légumes que par le passé, se servent de plus petites portions, et qu'ils semblent s'en porter mieux.

Or que disent les experts ? D'abord, que les vitamines que l'on absorbe en consommant des fruits et des légumes sont plus efficaces que celles qu'on absorbe en avalant un comprimé. Ensuite, qu'on vit plus longtemps en consommant moins de calories.

Conclusion

Le Dr Guylaine Ferland, professeure au département de nutrition de l'Université de Montréal, fait le point sur ce que l'on sait à l'heure actuelle :

> Sur les quelque trois cents marqueurs biologiques qui déclinent au cours du vieillissement, il y en a au moins deux cent quatre-vingt-quinze qui sont améliorés en réduisant l'apport en calories. Cela touche tous les systèmes : cognitif, cardiovasculaire, etc. Les animaux dont on restreint l'apport en calories (mais pas en vitamines ni en minéraux) vivent beaucoup plus longtemps et se comportent comme des animaux physiologiquement plus jeunes que leur âge. On n'a pas encore fait d'expériences chez l'humain, mais on a observé que les habitants de l'archipel d'Okinawa (dans le sud du Japon), qui mangent beaucoup de fruits et de légumes, peu de calories, n'ont aucun surpoids et sont très actifs.

Le Dr Ferland met cependant en garde contre la dénutrition. Réduire les calories, oui, mais il faut éviter les carences.

> Je conseille toujours aux personnes âgées : « Soyez vigilants et maintenez votre appétit. » Il faut être actif pour pouvoir manger, et manger beaucoup pour avoir une alimentation complète. L'exercice et l'alimentation, tout cela va ensemble. C'est le concept de *flux énergétique* : ce qui est important c'est justement de consommer de l'énergie et de la dépenser. L'exercice consiste à faire des muscles. Il faut exercer sa musculature, par exemple porter des paquets, marcher si on veut demeurer mobile.

En écoutant le Dr Ferland, je ne peux m'empêcher de penser à Brenda Milner, qui n'a jamais pratiqué aucun sport, mais qui, toute sa vie, a fait à pied le trajet de chez elle au bureau matin et soir, avec au retour un petit arrêt au magasin pour ramener son épicerie et ses bouteilles de vin. Elle a quatre-vingt-sept ans, aucun problème de santé, et c'est une bonne fourchette.

Exercice physique

Nos trente et un participants savent, comme tout le monde, qu'il est important de faire de l'exercice. Mis à part quelques irréductibles dont le principal exercice est de marcher derrière le corbillard de leurs amis sportifs, comme le dit Bernard Lamarre, ils s'y adonnent avec une certaine application.

Claire L'Heureux-Dubé s'impose une discipline de fer : une heure dans la piscine le matin au réveil, tous les jours depuis vingt ans. Hubert Reeves, également un adepte de la natation, a en outre découvert le taï-chi au sortir d'une grave maladie. André Chagnon se lève à cinq heures et demie chaque jour, même en hiver, pour faire ses quarante-cinq minutes de chi gong. Phyllis Lambert fait du yoga avec le même sérieux qu'elle fait tout le reste. Le régime de Ben Weider est également inséré dans sa vie quotidienne.

Et presque tous font de la marche. Jean Béliveau a son tapis roulant à la maison, Marguerite Lescop ses bâtons de marche norvégienne, Clémence DesRochers fait de la marche l'été et du ski de fond l'hiver, Dominique Michel marche une demi-heure chaque jour le long du fleuve et Monique Bégin se rend à pied à l'université. Même Jacques Languirand, qui souffre de la hanche et du genou, sort religieusement tous les jours se promener avec son chien.

Ils ne le font pas tous avec enthousiasme, dans certains cas c'est même un peu la corvée, mais ils savent que c'est une activité incontournable.

Or, elle l'est encore davantage qu'ils ne le pensent !

Activité physique et performance intellectuelle

Selon le Dr Louis Bherer, professeur à l'Université du Québec à Montréal, on sait maintenant de façon certaine qu'il existe un lien entre la capacité cardiorespiratoire et la performance intellectuelle.

Depuis une dizaine d'années, de nombreuses études ont établi qu'on peut même améliorer les fonctions cognitives en améliorant les fonctions cardiorespiratoires avec des exercices tels que la marche.

On observe également que les personnes qui ont maintenu un haut niveau de condition physique pendant plusieurs années montrent une plus grande densité neuronale dans certaines régions du cerveau. Et pas n'importe lesquelles ! Les régions frontales du cortex cérébral, qui typiquement déclinent plus rapidement que les autres régions du cerveau et qui sont associées aux fonctions exécutives[1]. C'est ce qui est encore plus fascinant. Il existe une protéine qui amène le cerveau à développer de nouveaux neurones, et elle semble augmenter en quantité chez les animaux à qui on fait faire des exercices cardiorespiratoires.

Il ne s'agit encore que de quelques études, il y a encore du chemin à faire avant qu'on puisse en parler pour les humains, mais on peut d'ores et déjà affirmer que la remise en forme, au-delà des effets bénéfiques pour le corps, a des effets bénéfiques sur les performances mentales, et qu'il n'est jamais trop tard pour commencer.

Agilité mentale

Nous savons tous qu'il faut faire travailler son cerveau pour demeurer agile mentalement, mais le Dr Bherer est beaucoup plus précis :

Le maintien des activités intellectuelles est souvent spécifique à un domaine d'expertise. Gilles Vigneault va rester créatif parce qu'il entretient cette faculté au maximum au même

---

1. Les fonctions exécutives sont les fonctions de performance dans des situations non apprises.

titre qu'un pianiste de concert reste bon parce qu'il pratique délibérément un certain nombre d'heures par semaine. La pratique délibérée, ce n'est pas la pratique répétitive, en dilettante, d'une activité. C'est vraiment l'effort volontaire orienté vers le maintien de l'habileté spécifique.

Nos héros l'avaient déjà découvert par eux-mêmes. Ainsi, Charles Aznavour écrit toujours et tous les jours pour maintenir sa plume; Claude Tousignant dessine chaque jour pour affiner son style; Antonine Maillet est à sa table de travail chaque matin, question de discipline, mais aussi question de pratique.

Hubert Reeves va encore plus loin. Il recommande d'entreprendre quelque chose d'entièrement nouveau, dans un domaine qu'on ne connaît pas du tout, avec un tuteur ou un professeur qui vous aide à mesurer vos progrès. Pour sa part, il a entrepris d'apprendre le taï-chi et la musique. Il rêvait depuis son enfance de diriger un orchestre, il a réalisé son rêve au festival de Prades. Cela l'a obligé à beaucoup travailler, avec une intention précise : « Il s'agit de persister dans une activité mentale à un niveau assez élevé, *avec des défis non assurés*. Comme à l'école quand vous deviez apprendre à lire. »

Pour le Dr Sylvie Belleville, qui se spécialise dans les problèmes de la mémoire au Centre de recherche de l'Institut universitaire de gériatrie de Montréal, le témoignage d'Hubert Reeves confirme ce qu'elle constate chaque jour dans ses groupes d'intervention.

Cela rejoint la notion de métacognition, c'est-à-dire la connaissance de ses propres capacités cognitives. Il arrive souvent que les gens soient surpris et rassurés quand on leur fait passer un test : « Je n'aurais jamais cru pouvoir apprendre quelque chose de nouveau, et maintenant je sais que j'en suis capable. » Les gens sous-estiment souvent leurs capacités.

Être en situation d'apprentissage, c'est être en mesure de visualiser ses fonctionnements cognitifs, de les apprécier, de voir qu'on peut encore apprendre quelque chose. C'est important parce qu'on se place dans une situation où on va essayer de développer de nouvelles stratégies. On ne peut pas vraiment faire ça tout seul ou avec un manuel ou un livre. On a besoin d'un feed-back extérieur, parce qu'on a peur. Par ailleurs, en apprenant le taï-chi, Hubert Reeves ne peut pas avoir trop peur, parce que c'est suffisamment éloigné de son domaine d'expertise. S'il ne réussit pas, il peut toujours se dire : « Peu importe, moi je suis astrophysicien. » Mais en même temps, s'il se fait dire par son professeur de taï-chi qu'il s'améliore, il peut se dire : « Bien, cela a marché », ou dans le cas contraire : « Cela ne marche pas, essayons autre chose. » Le fait de se mettre en situation d'apprentissage fait en sorte qu'on sait ce qui ne marche pas, on peut reculer, essayer autre chose.

Il faut travailler non seulement sur la cognition mais aussi sur le sentiment d'auto-efficacité. Le fait d'avoir l'impression qu'on a un pouvoir sur ses capacités cognitives, qu'on n'est pas ballotté, dépendant de phénomènes extérieurs, c'est très important comme prédicteur de nos aptitudes et habiletés. Donc quand Hubert Reeves dit qu'il faut se prouver à soi-même qu'on est capable d'apprendre, il a absolument raison. Quand on se prouve qu'on est capable d'apprendre, on se juge comme puissant dans l'acte d'apprendre. C'est un cercle vertueux.

Activités mentales inutiles

Par contre, le Dr Belleville fait une mise en garde contre plusieurs idées erronées. Par exemple, ce qu'on appelle parfois le « gym cerveau » et tous les exercices destinés exclusivement à tester sa mémoire, comme apprendre par cœur des numéros de téléphone et se les réciter chaque soir, sont inutiles et nuisibles.

Il est néfaste également de se dire : « Je ne prends pas de notes parce que cela va rendre ma mémoire paresseuse. » C'est faux. Il vaut mieux prendre des notes sur un papier pour éviter l'anxiété et réserver sa mémoire pour les activités où elle est essentielle.

Troisième idée erronée : « Il faut que j'apprenne vite. » Or le ralentissement est une donnée inéluctable du vieillissement. Il ne faut pas se battre contre cela. Si on le fait, on se met en situation d'échec, on perd confiance en soi, on crée une anxiété qui elle-même est créatrice de désordre.

Certaines activités mentales s'améliorent avec le temps

Tout n'est pas déclin dans le vieillissement. Le Dr Belleville souhaiterait qu'on le dise davantage.

On parle beaucoup des aspects négatifs du vieillissement, et on oublie qu'il y a aussi des aspects positifs. Tout ce qui est du domaine de la sémantique s'améliore avec le temps. La sémantique, c'est ce qui réfère au sens des choses, aux connaissances générales sur le monde, au langage, aux concepts, à la compréhension.

Si on compare des sujets de vingt ans à des sujets âgés, il est certain que les sujets âgés sont toujours meilleurs dans les tâches de définition de mots, de vocabulaire, de compréhension du langage. C'est ce qu'on appelle *wisdom*. La sagesse. La compréhension. À force de vivre des situations complexes dans la vie, on se développe des modèles, une sagesse sur le monde.

Je pense à Gilles Vigneault observant ses enfants adultes faire des erreurs de parcours : « Je me dis : Ah ! il n'a pas encore vu ou vécu telle chose. Il n'a pas encore souffert assez. »

Paul Buissonneau confirme : « C'est l'accumulation des expériences qui fait que j'arrive à penser complètement différemment d'il y a dix, quinze ou vingt ans. »

Comment peut-on mesurer la sagesse ? Voici comment procède le Dr Belleville :

> On donne au groupe des situations complexes, qui font appel à une dimension morale, où il faut tenir compte de nombreux éléments et où il n'y a pas une seule bonne réponse. On leur demande de conseiller une personne fictive qui ferait face à cette situation problématique. Et on réalise que les personnes âgées ont souvent une vision plus nuancée de la situation, elles sont souvent capables de mieux conseiller que les personnes plus jeunes. C'est intuitif, mais il est bon de se le faire redire.

Pierre Dansereau croit qu'il y a en effet des questions qui sont plus susceptibles d'être réglées par des personnes d'expérience.

Et Phyllis Lambert s'exclame à l'âge de soixante-dix-huit ans : « Quand je pense à quel point j'étais immature il y a un an ! »

L'EXPÉRIENCE RETROUVE SES LETTRES DE NOBLESSE

Le démographe Jacques Légaré remarque en observant les publicitaires américains que la maturité devient une valeur de plus en plus prisée dans notre société.

Gérald Larose, qui a passé sa vie à organiser le monde syndical et enseigne maintenant le travail social à l'Université du Québec à Montréal, constate qu'elle est en train de devenir un atout dans le monde du travail.

> Maintenant, on travaille davantage en équipe. On est donc passé d'une structure de *top down* à une structure plus horizontale de coopération, de négociation permanente, etc. Or, pour les gens qui avancent en âge, l'expérience accumulée devient une force dans le relationnel. Plus on a travaillé avec les différences, plus on a composé son travail avec les autres, plus on a accumulé de sagesse ; par conséquent, l'âge n'est pas un handicap, cela peut même devenir un avantage. »

Antonine Maillet fait une observation semblable : « Je pense qu'il y a eu un vide pendant une génération ou deux. Maintenant, nous sommes en train de redécouvrir la valeur, la richesse des aînés, mais pour d'autres raisons. Le vieux n'est plus celui qui nous raconte seulement le passé ou qui nous transmet obligatoirement une tradition. C'est celui qui est une richesse en soi parce qu'il a une expérience de vie. »

Le gérontologue Jean Carette va encore plus loin :
Psychologiquement, contrairement à ce qu'on pense, quand je vois un vieux, je ne vois pas le passé, je vois ce que je serai demain. C'est mon avenir que je vois. D'où la responsabilité des vieux de refléter un avenir qui mobilise les plus jeunes.

LA RESPONSABILITÉ DES AÎNÉS

L'image est alléchante, mais comment s'acquitter de cette responsabilité dans une société qui valorise le pouvoir et l'avoir, alors même qu'on est en train de se détacher de l'un et de l'autre ?

Jacques Languirand : « Il arrive un moment où il faut lâcher le pouvoir et assumer plutôt une fonction d'autorité. »

Phyllis Lambert : « À un moment de la vie, il faut cesser de gérer les choses et devenir plus contemplatif. »

Les trente et un ont appris que même eux, avec leur exceptionnelle visibilité et leur crédibilité sans pareille, ont du mal à se faire entendre, à partager leur expérience, à faire profiter les générations qui les suivent de la sagesse qu'ils ont acquise au cours de leur vie.

Philippe de Gaspé Beaubien exprime l'opinion générale en disant : « La seule façon dont je peux communiquer, c'est par mon exemple. »

Jacques Languirand, pourtant homme de paroles, utilise presque les mêmes termes : « Les paroles ne font pas grand-chose. Ce qui va faire la différence, c'est mon comportement, mon attitude, ce que je fais, ce que je suis. »

Plusieurs d'entre eux se sont tournés vers la méditation, et beaucoup parlent d'un besoin de silence. « Les bavardages dans la tête, cela n'arrête jamais », constate Jacques Languirand. Il est très important « de faire cesser ou de suspendre ou de ralentir le mental. »

« C'est rare qu'on soit capable de faire un beau silence aujourd'hui », ajoute Gilles Vigneault.

« Le silence est la réponse des sages », conclut le père Benoît Lacroix.

FAIRE UNE RELECTURE DE SA VIE

Pourquoi rechercher le silence, prendre une distance par rapport au quotidien ?

Parce qu'on a une tâche importante à accomplir quand on atteint la troisième partie de la vie. Les psychologues appellent cela « la relecture de vie », qui implique de « verbaliser son passé, se resituer face à ce passé... se laisser atteindre par les implications des souvenirs évoqués et leur attribuer une signification présente[1] ».

Le père Benoît Lacroix appelle à une démarche un peu similaire : s'identifier par rapport à son âge et à son milieu, accepter la réalité de ce qu'a été sa vie et faire l'offrande de soi.

Phyllis Lambert recommande de « prendre du recul... mesurer le chemin accompli, voir où l'on en est ».

---

1. Renée Houde, *op cit.*

Antonine Maillet, dans *Les chemins de Saint-Jacques*, parle du « sommet de son âge où l'on avait une vue imprenable sur toute une vie ».

Gilles Vigneault évoque une image semblable, avec les mots d'un poète : « C'est une belle immobilité que de s'attarder un peu à se voir au milieu de deux éternités : celle qu'il y a eu avant et celle qu'il y aura après nous... et voir qui on est, qui on a été, et comment construire qui on sera. »

Les gens qui ont accepté de participer à ce livre ont tous le sentiment, comme Jacques Languirand, qu'« on n'a jamais fini de se faire ». Ils ont l'intuition que l'exercice de retour vers l'intérieur que fait la personne âgée est tout aussi nécessaire à la communauté que les étonnements du petit enfant et les réalisations de l'adulte.

Il faut que tous les âges soient présents pour qu'une société soit saine. Il faut que tout le monde participe à la parade !